Empreendedorismo para Visionários

Desenvolvendo Negócios Inovadores para um Mundo em Transformação

O GEN | Grupo Editorial Nacional, a maior plataforma editorial no segmento CTP (científico, técnico e profissional), publica nas áreas de saúde, ciências exatas, jurídicas, sociais aplicadas, humanas e de concursos, além de prover serviços direcionados a educação, capacitação médica continuada e preparação para concursos. Conheça nosso catálogo, composto por mais de cinco mil obras e três mil e-books, em www.grupogen.com.br.

As editoras que integram o GEN, respeitadas no mercado editorial, construíram catálogos inigualáveis, com obras decisivas na formação acadêmica e no aperfeiçoamento de várias gerações de profissionais e de estudantes de Administração, Direito, Engenharia, Enfermagem, Fisioterapia, Medicina, Odontologia, Educação Física e muitas outras ciências, tendo se tornado sinônimo de seriedade e respeito.

Nossa missão é prover o melhor conteúdo científico e distribuí-lo de maneira flexível e conveniente, a preços justos, gerando benefícios e servindo a autores, docentes, livreiros, funcionários, colaboradores e acionistas.

Nosso comportamento ético incondicional e nossa responsabilidade social e ambiental são reforçados pela natureza educacional de nossa atividade, sem comprometer o crescimento contínuo e a rentabilidade do grupo.

Empreendedorismo para Visionários

Desenvolvendo Negócios Inovadores para um Mundo em Transformação

JOSÉ DORNELAS

O autor e a editora empenharam-se para citar adequadamente e dar o devido crédito a todos os detentores dos direitos autorais de qualquer material utilizado neste livro, dispondo-se a possíveis acertos caso, inadvertidamente, a identificação de algum deles tenha sido omitida.

Não é responsabilidade da editora nem do autor a ocorrência de eventuais perdas ou danos a pessoas ou bens que tenham origem no uso desta publicação.

Apesar dos melhores esforços do autor, do editor e dos revisores, é inevitável que surjam erros no texto. Assim, são bem-vindas as comunicações de usuários sobre correções ou sugestões referentes ao conteúdo ou ao nível pedagógico que auxiliem o aprimoramento de edições futuras. Os comentários dos leitores podem ser encaminhados à **LTC — Livros Técnicos e Científicos Editora** pelo e-mail ltc@grupogen.com.br.

Direitos exclusivos para a língua portuguesa
Copyright © 2014 by
LTC — Livros Técnicos e Científicos Editora Ltda.
Uma editora integrante do GEN | Grupo Editorial Nacional

Reservados todos os direitos. É proibida a duplicação ou reprodução deste volume, no todo ou em parte, sob quaisquer formas ou por quaisquer meios (eletrônico, mecânico, gravação, fotocópia, distribuição na internet ou outros), sem permissão expressa da editora.

O selo editorial Empreende é voltado a publicações nas áreas universitária e de negócios, sendo uma parceria entre o GEN/LTC e a Empreende.

Travessa do Ouvidor, 11
Rio de Janeiro, RJ – CEP 20040-040
Tels.: 21-3543-0770 / 11-5080-0770
Fax: 21-3543-0896
ltc@grupogen.com.br
www.ltceditora.com.br

Capa: PankDesign

Imagens de capa: Arranha-céus: Public Domain Pictures | pixabay.com / Pássaro amarelo: David Mark | pixabay.com / Lírio branco: Hans Braxmeier | pixabay.com / Borboleta: Public Domain Pictures | pixabay.com / Roseta: Stefan Schweihofer | pixabay.com / Flor de macieira: Hans Braxmeier | pixabay.com / Libélula: Domenic Blair | pixabay.com / Capim: Aquilatin | pixabay.com / Dente de leão: Public Domain Pictures | pixabay.com / Bordo norueguês: Hans Braxmeier | pixabay.com / Álamo: Hans Braxmeier | pixabay.com

Editoração Eletrônica: Design Monnerat

CIP-BRASIL. CATALOGAÇÃO NA PUBLICAÇÃO
SINDICATO NACIONAL DOS EDITORES DE LIVROS, RJ

D757e

Dornelas, José
Empreendedorismo para visionários : desenvolvendo negócios inovadores para um mundo em transformação / José Dornelas. - 1. ed. - [Reimpr.]. - Rio de Janeiro : Empreende / LTC, 2016.
il. ; 24 cm.

Inclui bibliografia e índice
ISBN 978-85-216-2442-4

1. Empreendedorismo. 2. Pequenas e médias empresas. 3. Cultura organizacional.
4. Administração de empresas. 5. Negócios - Administração. 6. Inovação. I. Título.

| 13-04696 | CDD: 658.406 |
| | CDU: 658.012.32 |

Aos que sonham grande,
que querem mudar o mundo,
que inovam e rompem obstáculos considerados intransponíveis,
que buscam incessantemente fazer acontecer e geram valor para a sociedade!

Agradecimentos

O embrião desta obra surgiu quando houve a inspiração para criar algo novo, diferente e complementar aos demais títulos que escrevi como autor ou coautor nos últimos anos. Para chegar ao resultado final, houve um processo de intensa imersão durante meses, possível somente devido ao apoio de pessoas especiais, sem as quais nada faria sentido e com as quais a celebração da conquista torna-se muito mais prazerosa: minha família, meus clientes e amigos, meus parceiros e sócios de jornada empreendedora e todos aqueles que sonharam juntos e me incentivaram a cada momento em busca de mais essa realização.

Apresentação

Empreendedorismo para visionários apresenta uma abordagem contemporânea do empreendedorismo do próprio negócio, valendo-se do conhecimento acadêmico gerado ao longo dos últimos anos sobre a prática do processo empreendedor, assim como da sistematização de experiências vividas pelos principais protagonistas no que se refere a empreendedorismo: os empreendedores inovadores, que buscam, de maneira incessante, realizar seus sonhos.

O livro é composto de capítulos estruturados em uma sequência lógica, mas que podem ser lidos separadamente, pois cada tema abordado não necessariamente depende da leitura dos capítulos anteriores. Inicia-se o primeiro capítulo com a apresentação de uma visão acerca do conceito de empreendedorismo dos dias atuais, comparando a experiência empreendedora contemporânea com o que se apregoava sobre o tema no passado. Assuntos relevantes são apresentados de maneira objetiva, como a importância da inovação para o sucesso de iniciativas empreendedoras; a globalização e seu impacto no empreendedorismo local e regional; a sustentabilidade como premissa para os novos negócios; a crescente participação das mulheres na criação e gestão de novas empresas; as oportunidades e os desafios advindos do rápido desenvolvimento tecnológico atual; e o dilema que permeia a vida de muitos empreendedores em potencial: a tomada de decisão de empreender agora ou no futuro.

O Capítulo 2 aborda a abrangência do tema empreendedorismo. Apesar de sua forte conotação como a criação do próprio negócio, o ato de empreender é apresentado com uma perspectiva maior, e discutem-se ainda as motivações que levam os indivíduos a empreender. Além disso, vários tipos de empreendedores são apresentados.

No Capítulo 3, o perfil do empreendedor do próprio negócio é discutido em detalhes, as principais características empreendedoras são mostradas, os mitos são debatidos e apresentam-se premissas que validam o fato de que empreender é para todos, e não apenas para os predestinados.

As principais inovações na interpretação do processo empreendedor ocorridas nos últimos anos são incorporadas a um novo modelo de processo, discutido nos Capítulos 4 e 5, com ênfase na fase inicial, que destaca várias possibilidades e ferramentas para a transformação de ideias em oportunidades.

O plano de negócios, a principal ferramenta de gestão dos empreendedores de negócios em fase inicial de desenvolvimento, é apresentado de maneira inovadora no Capítulo 6. Com um enfoque objetivo e didático, vários exemplos de planos de negócios são discutidos e analisados de maneira que o leitor extraia o máximo

Apresentação

do tema e coloque em prática o conhecimento adquirido para desenvolver seu próprio plano de negócios.

O Capítulo 7 pode ser considerado um dos mais inovadores de todo o livro, pois estimula a prática do empreendedorismo, propondo dinâmicas e atividades lúdicas que deveriam ser experimentadas por qualquer interessado em empreender o próprio negócio. Com isso, o leitor que ainda não tenha tido a oportunidade de colocar suas ideias em prática poderá simular, de maneira real, como ocorre o processo empreendedor. Trata-se de uma experiência extremamente útil em cursos de empreendedorismo, que utiliza como referência o que há de mais bem-sucedido mundialmente nessa área.

O Capítulo 8 estimula a reflexão e incentiva o ato de sonhar. O empreendedor que busca o sucesso, ou seja, que almeja realizar seus sonhos, pode usar a abordagem de planejamento adotada em sua empresa na própria vida pessoal e profissional. Por meio do Plano Empreendedor Pessoal – PEP, uma maneira sistematizada de estruturar cada decisão relevante relacionada com o ato de empreender é apresentada para facilitar a imersão no mundo do empreendedorismo. Com isso, busca-se tornar mais tangível a máxima muito utilizada no que se refere a empreender: "correr riscos calculados."

No Capítulo 9 são apresentados os principais interlocutores, sejam empresas, entidades ou indivíduos, com quem o empreendedor deverá dialogar ao longo do desenvolvimento de sua empresa; e as principais fontes de recursos utilizadas pelos empreendedores de negócios em fase inicial também são discutidas.

O último capítulo do livro (Capítulo 10) trata de uma reflexão sobre a jornada empreendedora, deixando claro ao empreendedor que os desafios continuam e não cessam após a criação da empresa e a obtenção dos frutos iniciais. Como na vida, a cada passo dado novos desafios surgem, e, com eles, uma realimentação do desejo de fazer acontecer.

Cabe ressaltar que, neste livro, buscou-se ainda uma abordagem inovadora para estimular a interatividade e a discussão de dilemas comumente vivenciados pelos leitores, sejam eles estudantes, empreendedores em potencial ou empreendedores já estabelecidos. Questões e exercícios foram propostos não só ao final dos capítulos, mas ao longo da apresentação dos conceitos-chave, de maneira a proporcionar uma rica troca de experiências entre os leitores. Para que isso se torne possível, no site do autor (*www.josedornelas.com.br*) foi criado um espaço para os debates (fórum de empreendedorismo) e o acesso a informações complementares do livro (área de *download*), como planilhas financeiras, apresentações e demais materiais. Assim, o livro pode ser utilizado não só pelos que pretendem empreender o próprio negócio de maneira inovadora, mas também como livro-texto em disciplinas de empreendedorismo, plano de negócios e áreas relacionadas.

No caso de utilização como livro-texto, recomenda-se que o professor ou instrutor cadastre-se gratuitamente no site do autor (*www.josedornelas.com.br*), na área exclusiva para professores, para ter acesso a material didático complementar (exemplos de provas, jogo de empreendedorismo, testes de perfil empreendedor, slides para as aulas, dinâmicas, vídeos, estudos de casos etc.) e demais informações relevantes para as aulas.

Espero que a experiência vivenciada ao longo dos próximos capítulos seja relevante para seu desenvolvimento como empreendedor do próprio negócio, agora ou no futuro. Se esse objetivo for atingido, o sonho que estimulou a criação desta obra terá sido realizado!

O Autor

Sumário

Capítulo 1 Empreendedorismo em uma era de transformação e mudanças 1

1.1 Empreender nos dias atuais é um pouco diferente 2
1.2 Empreender agora ou no futuro? 5
1.3 A globalização e seu impacto no empreendedorismo brasileiro 8
1.4 Inovar é preciso 11
1.5 O brasileiro é empreendedor 16
1.6 Negócios sustentáveis fazem a diferença 21
1.7 Uma revolução tecnológica criando novas oportunidades de negócio 25
1.8 Entendendo a realidade atual e criando as bases do futuro 28

Capítulo 2 Diferentes maneiras de empreender 33

2.1 Empreender não é sinônimo de criar empresa 34
2.2 Fatores que motivam o empreendedorismo por necessidade 36
2.3 Fatores que motivam o empreendedorismo por oportunidade 37
2.4 Tipos de empreendedores 39

Capítulo 3 Quem é o empreendedor do próprio negócio 49

3.1 Conhecendo o perfil do empreendedor 50
3.2 Dez verdades sobre o empreendedor 55
3.3 Empreender é para todos e também para você 57

Capítulo 4 O processo empreendedor revisitado 61

4.1 Onde tudo começa 62
4.2 Processo *versus* Método 64
4.3 O que vem depois da ideia de negócio definida 69

Sumário

Capítulo 5   Avaliando oportunidades 77

5.1 Modelo 3M (Timmons) 80
Checklist final (ou inicial) de avaliação de oportunidades *82*
5.2 Modelo de negócio (Canvas) 83
5.3 Modelo efectual 86
Viabilidade tecnológica *87*
Viabilidade mercadológica *87*
   Produto 87
   Cliente 87
   Mercado 87
Viabilidade econômica *88*
Viabilidade financeira *88*
O que será necessário *88*
Por que eu? *88*

Capítulo 6   O plano de negócios 91

6.1 Etapas de desenvolvimento do plano
de negócios 94
Conceito do negócio *98*
Mercado e competidores *101*
Equipe de gestão *117*
Produtos e serviços *124*
Estrutura e operações *131*
Marketing e vendas *137*
Estratégia de crescimento *147*
Finanças *153*
Sumário executivo *173*

Capítulo 7   Desenvolvendo seu potencial empreendedor 181

7.1 Convencendo os outros 182
7.2 Vivenciando o empreendedorismo 185
Observações finais relevantes e limitações da atividade *201*

Sumário

Capítulo 8   Plano empreendedor pessoal 203

8.1 Sonhar é importante 205
Outras considerações 210
8.2 Conheça suas competências empreendedoras e gerenciais 210
8.3 Criando métricas para tornar o sonho possível 216

Capítulo 9   Fazendo acontecer 223

9.1 Conhecer ou delegar? 224
Consultoria financeira 225
Assessoria jurídica 225
Escritório de contabilidade 226
Agência de publicidade 226
Assessoria de imprensa 226
Agência de recursos humanos 227
Outros fornecedores importantes 227
9.2 Fontes de recursos financeiros 228
Investidores-anjo 229
Aceleradoras 229
Financiamento coletivo 230
Capital de risco 230
Private equity 230
Recursos públicos 230
Incubadoras de empresas 231

Capítulo 10   Os desafios além da fase inicial 233

Notas Bibliográficas **237**

Índice **241**

xv

1

Empreendedorismo em uma era de transformação e mudanças

Capítulo 1

1.1 Empreender nos dias atuais é um pouco diferente

Empreendedorismo já não é uma palavra desconhecida no vocabulário do brasileiro há algum tempo. Jovens e adultos, homens e mulheres, e até crianças, já ouviram falar, leram ou de alguma forma empreendem no seu dia a dia. Empreender é a realização máxima dos sonhadores que almejam ver seus sonhos concretizados. Alguns empreendem por meio do próprio negócio; outros, em grandes empresas. Há aqueles que empreendem coletivamente, outros, sozinhos, e há ainda os que participam de organizações não governamentais. Empreender pode estar relacionado com o fazer acontecer em várias fases da vida do ser humano.

No mundo atual, empreender continua tendo o mesmo significado que no passado. Quem empreende está sempre visando ao futuro e à construção de algo novo que vai melhorar a vida das pessoas, de preferência com soluções criativas, inovadoras e sustentáveis. O resultado maior da atividade empreendedora leva à geração de valor, riqueza e à transformação do ambiente no qual vivemos. Os empreendedores mudam o mundo e são os grandes propulsores do desenvolvimento econômico. Como contrapartida, realizam-se e deixam um legado que ficará registrado na história.

> Empreender pode ser definido como o ato de realizar sonhos, transformar ideias em oportunidades e agir para concretizar objetivos, gerando valor para a sociedade.

A diferença de empreender nos dias de hoje em relação ao passado é que a quantidade de informação à disposição das pessoas e a velocidade das mudanças nunca foram tão grandes como agora. A revolução proporcionada pela inovação tecnológica, a intensidade com que os aplicativos de internet passam a fazer parte do dia a dia das pessoas e as mudanças no mercado de trabalho têm levado jovens e adultos a considerar o empreendedorismo do negócio próprio uma opção de carreira.

Geralmente, os jovens adultos (dos 25 aos 44 anos) têm sido os que mais se envolvem com a atividade empreendedora no Brasil nos anos recentes, mas as demais faixas etárias também são representadas quando o assunto é empreendedorismo.

Estamos presenciando um momento histórico ímpar da sociedade moderna. Inovações são apresentadas diariamente a todos, o novo rapidamente se torna obsoleto, o ser humano consome e descarta o que não lhe interessa com uma

Empreendedorismo em uma era de transformação e mudanças

frequência nunca vista na história da humanidade. O papel do empreendedor se torna cada vez mais central, e seu protagonismo dita como será o futuro de todos nós. Se você quiser fazer parte do grupo daqueles que constroem o futuro, o empreendedorismo é o caminho, mesmo que você ainda não saiba como.

Mesmo aqueles que não se sentem confortáveis ou não se veem envolvidos com a atividade empreendedora podem, em algum momento da vida, adotar essa opção e ser bem-sucedidos. Não existe restrição para você fazer parte do grupo intitulado empreendedores. Qualquer pessoa pode empreender. Não existe fórmula mágica para empreender com sucesso. Mas há muito conhecimento e experiências de pessoas que já passaram por isso ou vivenciam o empreendedorismo no seu dia a dia e que podem ser utilizados como referência para que você molde o seu próprio caminho. Esta é a essência do ensino do empreendedorismo: disponibilizar, de forma sistematizada, ferramentas e métodos comprovadamente eficazes e testados pelos empreendedores para que você possa construir sua própria jornada empreendedora. Por meio de exemplos, relatos de experiências e da prática, você poderá aumentar as chances de sucesso de sua própria iniciativa empreendedora.

É disso que tratamos neste livro. Em um momento de constantes mudanças, de preocupação com a sustentabilidade do planeta, da necessidade de inovação para garantir o futuro de qualquer iniciativa empreendedora, há de se ter uma nova abordagem para a prática do empreendedorismo. Novos olhares devem ser direcionados para experiências bem-sucedidas que não existiam há até pouco tempo. Uma nova maneira de pensar e agir se faz necessária para que você empreenda nos dias atuais e no futuro próximo. Algumas premissas, até pouco tempo, tidas com imutáveis são questionadas e talvez tenham de ser preteridas ao moldarmos o caminho empreendedor.

Isso está em consonância com a própria natureza do empreendedorismo, da destruição criativa cunhada por Joseph Schumpeter[1] há décadas. Da mesma maneira que o empreendedor deve buscar o novo, reinventar-se, o mesmo deve ser acompanhado pelo ensino de empreendedorismo, que deve adotar novas práticas comprovadamente eficazes e disseminá-las para a formação de novos empreendedores. Assim, neste livro, buscamos proporcionar a você, futuro empreendedor, o que há de essencial na teoria empreendedora consolidada e o que tem sido criado nos últimos anos para que sua jornada empreendedora seja forjada com sucesso.

Decidir quando empreender depende de um conjunto de fatores pessoais e circunstanciais, que moldarão o negócio ou a atividade e ainda o futuro profissional do empreendedor. Os desafios são consideráveis, pois não há como prever com exatidão se a iniciativa empreendedora que você colocará em prática será bem-sucedida. Os riscos são componente presente em todas as fases da jornada empreendedora e você terá de lidar com as incertezas em diversas situações e momentos limítrofes para decidir qual caminho seguir.

Capítulo 1

Mas a história está repleta de exemplos que poderão facilitar o empreendedor a moldar seu próprio caminho. Os que já enfrentaram o desafio de empreender tornam-se modelos de referência para os futuros empreendedores. Isso ocorre tanto com modelos de sucesso quanto com os de fracasso. Na verdade, o ensino do empreendedorismo procura trazer ambas as experiências para a sala de aula, de modo que o futuro empreendedor aprenda com os erros e acertos de quem já vivenciou a experiência empreendedora e se prepare para os próprios desafios.

Em seu livro *Capitalismo, Socialismo e Democracia* (1942), o economista americano de descendência austríaca, Joseph Schumpeter, definiu a destruição criativa como um impulso fundamental para o motor do desenvolvimento econômico no mundo capitalista. As inovações, geralmente trazidas ao mercado por empreendedores por meio de novos produtos e serviços, criam mudanças significativas e até proporcionam o surgimento de novos mercados. Com isso, passa a ocorrer uma renovação da dinâmica capitalista, com a destruição de modelos de negócio e mercados anteriormente dominantes, substituídos pelo novo. Em vários setores da economia, isso tem sido constatado, e, atualmente, essa proposição continua ainda mais vigente, haja vista a impressionante velocidade com que as mudanças ocorrem, regendo ou sendo regidas pelo surgimento das inovações. Como exemplo, imagine o mundo atual sem as redes sociais (Facebook, Twitter, LinkedIn, entre outros). Parece improvável, não? Agora, procure apostar no futuro dessas mesmas redes sociais e diga se ainda existirão daqui a dez anos. Ou será que serão substituídas por novas aplicações e soluções que ainda não conhecemos? Essa é a essência da destruição criativa de Schumpeter, que move o ímpeto empreendedor do "fazer acontecer".

Com certeza, você vai errar, mas, se souber identificar onde e por que errou, talvez suas chances de acerto aumentem na próxima tentativa. Errar faz parte do processo empreendedor e não deve ser visto como falta de competência ou pouco conhecimento por parte do empreendedor. De fato, muitas vezes os empreendedores falham por falta de preparo, mas mesmo os mais bem preparados não estão isentos da possibilidade da falha.

Por isso, o ato de empreender muitas vezes demanda sangue frio, tolerância a falhas, resiliência, entre outros atributos. Esses atributos, ou características, aliados à iniciativa, capacidade de assumir riscos, visão de futuro, espírito de liderança, capacidade de organizar recursos e planejar os próximos passos etc., acabam por definir o que se popularizou como perfil empreendedor. Ter ou não perfil empreendedor não é algo que se possa afirmar. As pessoas desenvolvem competências, habilidades, adquirem conhecimento e experiência ao longo da vida. Isso tudo é o que molda o perfil do empreendedor. Por isso, você, como qualquer outra pessoa, pode ser empreendedor, agora ou no futuro.

Empreendedorismo em uma era de transformação e mudanças

O empreendedorismo em um mundo em transformação

Pesquise na internet quais eram as dez maiores empresas brasileiras e as dez maiores empresas mundiais em receita nos anos 1996, 2004 e 2012. Quantas empresas marcam presença nas listas dos três anos pesquisados? Quais os países de origem das empresas e os setores da economia que se destacam em cada ano? O que é a destruição criativa para você?

Acesse o fórum de empreendedorismo em *www.josedornelas.com.br*, coloque sua resposta e veja o que outras pessoas pensam sobre a destruição criativa.

1.2 Empreender agora ou no futuro?

A diferença entre empreender cedo ou mais tarde na vida não se limita apenas à diferença de idade. Quem empreende muito jovem geralmente tem pouca experiência e praticamente não conhece o que vai encontrar à frente do negócio. Tudo é novidade, desde falar com potenciais clientes a entender o processo de desenvolvimento de produtos. Mas, por outro lado, os mais jovens geralmente estão mais antenados às inovações tecnológicas, mais dispostos a trabalhar horas a fio sem remuneração compatível e, o mais importante, o risco que assumem tem impacto dirigido a eles mesmos e a seus sócios. Se errarem, podem recomeçar de novo e têm uma vida toda pela frente. E ainda, na maioria das vezes, o jovem não tem família para sustentar, filhos e responsabilidades típicas dos pais de família. Muitas vezes, moram com os pais e não precisam arcar com grandes quantias para seu sustento. Essa é a regra, mas, naturalmente, existem exceções.

Aqueles que empreendem mais tarde já trilharam uma carreira profissional, atuando em determinado setor da economia. Podem ter galgado boas posições como funcionários, sabem o que é receber salário no final do mês e se adaptaram a essa realidade. Possuem compromissos mensais e sabem que dificilmente poderão se desvencilhar deles (aluguel, gastos com a manutenção da família, escola dos filhos, entre outros). Os riscos precisam ser medidos de maneira diferente, pois não envolvem apenas eles mesmos. Talvez não tenham a disposição dos mais jovens, mas possuem conhecimento e experiência, que podem acelerar o desenvolvimento da própria empresa.

Capítulo 1

Note que não há idade certa ou errada para começar o próprio negócio, e você sempre terá prós e contras à decisão de empreender. Mas o que se tem observado mais recentemente no Brasil é um significativo contingente de uma parcela jovem da população economicamente ativa envolvida com o processo de criação do próprio negócio, como mostra a Figura 1.1, que apresenta as faixas etárias mais envolvidas com esse processo. A taxa percentual de empreendedores em estágio inicial (definida internacionalmente como Total Early Stage Entrepreneurial Activity – TEA) é obtida dividindo-se do número de empreendedores em estágio inicial (aqueles em fase de criação do negócio e até os 42 meses iniciais da empresa) pelo número de participantes da pesquisa do Global Entrepreneurship Monitor no Brasil (GEM Brasil).[2]

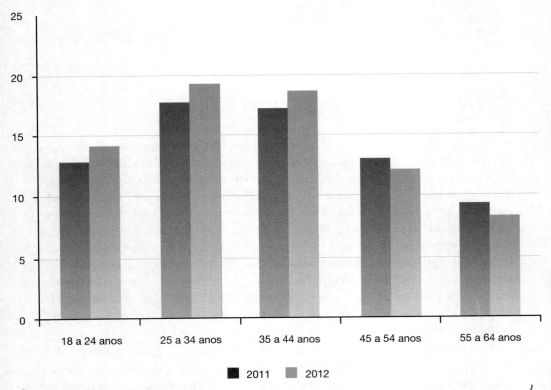

Figura 1.1 Taxa (%) de empreendedores em estágio inicial de desenvolvimento no Brasil segundo a faixa etária. Fonte: GEM Brasil, 2012.

Por que isso está ocorrendo? Responder a essa pergunta não é tarefa fácil, mas alguns fatores que contribuem para esses dados podem ser listados:

- As transformações do mercado de trabalho, tais como o fato de não se ter mais garantia de estabilidade no emprego, algo quase certo no passado.

- O sonho ou desejo de autonomia e de definir o próprio caminho, contraposto ao sonho que predominava no passado de se trabalhar em uma grande empresa, galgar posições aos poucos e atingir cargos relevantes.

- A vontade de conseguir realizar os sonhos rapidamente na vida e um senso incomum de urgência. Os jovens querem resultados rápidos hoje em dia e buscam no próprio negócio um caminho para atingir esse objetivo.

- Os exemplos e modelos de referência familiares: ao observar familiares que se dedicaram uma vida a trabalhar em grandes empresas e, eventualmente, foram demitidos ou não estão felizes no trabalho, muitos jovens ficam impelidos a evitar o mesmo caminho.

- As mudanças nas próprias empresas constituídas. Muitas fusões e aquisições transformam empresas centenárias ou aparentemente imutáveis em novas organizações, com nova cultura e clima organizacionais. Apesar de o novo ser um atrativo aparente aos jovens, também denota incerteza.

Brasil é a economia menos globalizada da América Latina[3]

Panamá, Nicarágua, Honduras e Chile são os países mais conectados aos fluxos de comércio global

Pelo segundo ano consecutivo, o Brasil continua a ser o país menos globalizado da América Latina, conforme mostra o oitavo Índice de Globalização Latina, publicado anualmente pelo Latin Business Chronicle. O índice de 18 países examina seis fatores que medem a interligação de um país com o mundo externo: Exportações de bens e serviços como porcentagem do Produto Interno Bruto (PIB); importações de bens e serviços como porcentagem do PIB; investimento estrangeiro direto como porcentagem do PIB; receita de turismo como porcentagem do PIB; remessas como porcentagem do PIB; penetração da internet.

O índice usa os dados do ano completo mais recente que, neste caso, é 2011. Apesar de o Brasil ser a sexta maior economia do mundo, tem o mais baixo nível de comércio exterior (como porcentagem do PIB) da região. Suas exportações de bens e serviços em 2011 foram equivalentes a 11,9% do seu PIB. Ao mesmo tempo, as importações foram responsáveis por apenas 12,6%. Essa desconexão com o fluxo de comércio mundial mostra que o crescimento brasileiro foi alimentado pelo consumo e investimento internos. Também mostra os ganhos que o aumento do comércio exterior poderia trazer a esse país sul-americano se ele aumentasse sua atividade comercial internacional.

Fonte: Latin Trade Group, http://latinbusinesschronicle.com

Capítulo 1

Empreendendo em qualquer idade

Veja exemplos e trechos de vídeos com empreendedores jovens e mais experientes no site do autor www.josedornelas.com.br. Como pensam e agem esses empreendedores? Quais as similaridades e diferenças entre eles?

Acesse o fórum de empreendedorismo em www.josedornelas.com.br, coloque sua resposta e veja o que outras pessoas pensam sobre empreender em qualquer idade.

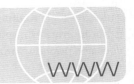

1.3 A globalização e seu impacto no empreendedorismo brasileiro

Apesar de a globalização ser uma realidade no mundo atual, o Brasil não tem aproveitado seu enorme potencial empreendedor para ser um protagonista mais efetivo do comércio internacional. Em todo mundo, os principais países desenvolvidos e em desenvolvimento buscam o comércio além-fronteiras para aumentar o alcance de seus negócios e, com isso, promover o crescimento econômico.

Um exemplo típico de empreendedorismo internacional são os Estados Unidos, país referência em inovação e, mesmo enfrentando uma severa crise econômica nos anos recentes, continua a ser um ator-chave no comércio global. Para comparar com países inseridos nas últimas décadas no grupo dos mais inovadores, pode-se citar a crescente presença da Coreia do Sul nos *rankings* de inovação tecnológica e de marcas globais, referências em seus mercados. Alguns exemplos de marcas sul-coreanas bastante conhecidas dos brasileiros e com presença mundial são Samsung, LG, Kia, Hyundai.

No Brasil, é fato que algumas empresas de origem nacional têm conseguido imprimir uma presença internacional mais efetiva, como é o caso da Embraer, líder mundial em aviação comercial regional, ou da Alpargatas, que conseguiu fazer da marca Havaianas um ícone internacional. Mas ainda somos majoritariamente dependentes de nossa agricultura e da extração mineral, essa última tendo como destaque a Vale, gigante mundial do setor. Isso nada tem de negativo, já que somos referência internacional nessas áreas. Porém, é muito pouco para um país das dimensões e da pujança econômica do Brasil. Nossos empreendedores não focam, em sua maioria, os mercados internacionais, e, com isso, as oportunidades que buscam ficam mais restritas ao mercado interno.

Na verdade, talvez por questões culturais ou mesmo por características do país e seu significativo mercado interno, nossos empreendedores não têm se preocupado em observar o mercado internacional. Mais recentemente, a ascensão das classes C e D e o aumento do consumo interno têm sido o foco da maioria dos negócios criados no país para suprir essa crescente demanda. Um exemplo que ratifica essa tendência é o crescimento das franquias, tipicamente voltadas ao mercado interno, com destaque para os setores de alimentação, vestuário e serviços. A Figura 1.2 apresenta a evolução do faturamento do setor em um período de dez anos,[4] o que claramente estimulou e tem estimulado milhares de empreendedores brasileiros a atuar nesses mercados.

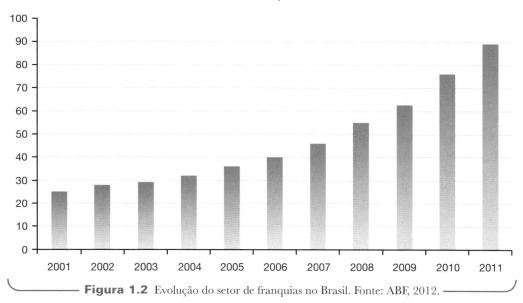

Figura 1.2 Evolução do setor de franquias no Brasil. Fonte: ABF, 2012.

O dado mais claro que mostra como nossos empreendedores não estão aproveitando os efeitos da globalização é o apresentado pela pesquisa anual do Global Entrepreneurship Monitor (GEM). Um dos resultados apresentados nessa pesquisa é o nível de internacionalização dos países, e o Brasil aparece, quase sempre, entre as posições de menor destaque, como mostra a Tabela 1.1. Esses dados são obtidos ao se questionar os empreendedores iniciais (aqueles em fase de criação do negócio e em até os 42 meses iniciais da empresa) quanto de suas vendas tem destino internacional. A posição do Brasil é apresentada em comparação com um grupo de 54 países participantes do estudo.[5]

Capítulo 1

Tabela 1.1 Orientação internacional de empreendedores iniciais

Orientação internacional	Posição do Brasil
Nenhum consumidor no exterior	3
1% a 25% dos consumidores são do exterior	48
26% a 75% dos consumidores são do exterior	53
Mais de 75% dos consumidores são do exterior	50

Fonte: GEM, 2011.

Alguns fatores podem ser citados como influenciadores desse desempenho: o pouco conhecimento do mercado externo por parte do empreendedor brasileiro; a pouca ambição de muitos empreendedores brasileiros (o "pensar grande" ou o desejo de ser um competidor global muitas vezes não são considerados um objetivo possível pelo próprio empreendedor); a acomodação com o mercado interno, mais facilmente identificado e mapeado; a barreira da língua (o mercado mundial padronizou o inglês, mas muitos empreendedores brasileiros não dominam o idioma o suficiente para realizar negociações internacionais); a falta de clareza e de suporte adequado aos empreendedores que querem exportar; os tratados de livre-comércio e barreiras protecionistas criadas pelo Brasil e por outros países, entre outros.

Não se pode, no entanto, rotular que tais problemas sejam típicos apenas do Brasil. Há, no mundo atual, uma tentativa efetiva dos países de conseguir diferenciais para seus empreendedores locais atuarem no mercado externo, e, com isso, se criam batalhas comerciais internacionais. A estratégia de muitos deles são diferentes das adotadas pelo Brasil. Nosso país tem priorizado acordos e negociações via Mercosul. Outros países mais pragmáticos, como o Chile, têm focado parcerias individuais com países-chave. Não se pode também dizer que a estratégia de um ou outro país é a mais correta para o futuro, mas é fato, na visão de especialistas no assunto, que o Brasil também precisa ser mais pragmático com vistas a facilitar maior inserção do empreendedorismo brasileiro no mercado mundial. Como exemplo de pragmatismo, podemos citar o potencial acordo econômico em negociação entre os Estados Unidos e a União Europeia. Em se efetivando tal acordo, o impacto para o Brasil e demais países emergentes pode ser significativo. Porém, essas são decisões cujos resultados o empreendedor não tem como individualmente definir ou influenciar. É preciso haver uma mobilização dos empreendedores, por meio de sindicatos setoriais, federações e demais órgãos que os representam, em prol de melhores condições para sua atuação no mercado global.

Empreendedorismo em uma era de transformação e mudanças

Internacionalização do empreendedorismo brasileiro

1. O que você sugere que deva ser feito para aumentar o nível de internacionalização do empreendedorismo brasileiro? Por quê?
2. Discuta com colegas três ideias de negócios que vocês podem criar para vender produtos e/ou serviços em outros países. O que vocês levaram em consideração para escolher tais ideias e países/mercados? O que você preferiria: Criar um negócio para atuar principalmente no mercado interno ou no internacional? Por quê?

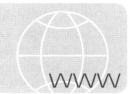

Acesse o fórum de empreendedorismo em *www.josedornelas.com.br*, coloque sua resposta e veja o que outras pessoas pensam sobre a internacionalização do empreendedorismo brasileiro.

 Inovar é preciso

Tanto quanto o empreendedorismo, outro tema na agenda do país é a inovação. Inovar é a premissa que permite a algumas empresas atingir a longevidade. Mais que isso, nós todos admiramos as empresas inovadoras, pois elas disponibilizam ao mercado produtos que facilitam nossas vidas. A inovação ocorre a partir de uma criação, invenção, da busca pela solução de questões ainda não resolvidas ou do aprimoramento de soluções já existentes para problemas que o homem enfrenta ao longo da vida e no dia a dia. Os problemas são desafios relacionados com as mais variadas áreas do conhecimento: da melhoria da saúde humana ao aumento da produtividade de uma indústria; da melhoria da qualidade de vida das pessoas nas grandes cidades ao aumento da eficiência nas comunicações; da criação de novas soluções por meio dos mesmos recursos minerais à diminuição de custos de um produto tecnológico desejado por muitos; da criação de produtos sustentáveis que não agridem o meio ambiente e a natureza ao desenvolvimento de um modelo de produção e venda de produtos orgânicos que seja rentável e ecologicamente correto.

Para que a inovação ocorra, deve existir pelo menos um protagonista: o empreendedor. Note que não é o criativo, o inventor ou a pessoa mais brilhante que necessariamente ocupa o papel de protagonista no processo de inovação, a não ser que ela dê um passo além e tenha a iniciativa para exercer o papel de empreendedor.

Capítulo 1

Mas nem todo empreendedor é inovador, pois a maioria dos empreendedores faz mais do mesmo, ou seja, não cria algo diferente para o mercado no qual pretende atuar e não compete com diferencial em relação à concorrência.

No Brasil, os empreendedores iniciantes e também os já estabelecidos ainda não atentaram para a importância de priorizar a inovação como um mantra para seus negócios. O brasileiro é bastante conhecido por ser criativo e cheio de ideias para resolver os problemas do dia a dia, mas, infelizmente, essas ideias criativas parecem não se refletir em inovações sustentáveis, que façam a diferença no mercado (Figura 1.3). Tal fato ocorre porque a criatividade em si não garante inovação, que geralmente advém de ideias criativas. No entanto, a ideia só se torna inovação quando se materializa na forma de uma solução (produto/serviço) eficaz para resolver problemas e pela qual as pessoas ou empresas mostram interesse em adquirir e utilizar. As inovações tecnológicas vão além e proporcionam ganho de performance, diminuição de custos, melhoria na usabilidade etc. para quem usa a nova solução. Para se obter uma solução inovadora, os empreendedores por detrás da criação trabalham duro, testam suas soluções, criam diversas versões de protótipos, investem em pesquisa e desenvolvimento, empregam muitas vezes o método da tentativa e erro, até chegar a algo viável e funcional.

Figura 1.3 Uma ideia criativa nem sempre leva à inovação.

Inovar não é fácil, exige esforço e investimento, e nem sempre o saldo final da empreitada leva a resultados positivos ao empreendedor. Por isso, muitos nem chegam a tentar, além daqueles que desistem quando não enxergam uma solução viável ao longo da pesquisa. A maioria ainda carece de conhecimento para poder inovar em áreas com grande potencial de retorno.

Hoje em dia, as inovações que geram valor, por mais simples que sejam quando observamos o resultado final, demandam profundo conhecimento do problema e da técnica que leva à solução. Se o empreendedor não tiver o hábito de pesquisar e não dominar determinada área do conhecimento considerada crucial para sua atuação no mercado, dificilmente vai inovar. Por isso, apenas criatividade não basta, há de se preparar para transformar ideias criativas em oportunidades de negócios com diferencial competitivo e com uma clara proposta de valor gerado ao cliente.

Empreendedorismo em uma era de transformação e mudanças

O empreendedor brasileiro precisa mudar sua mentalidade empreendedora se quiser ser protagonista do empreendedorismo inovador, que domina o mundo contemporâneo e promove o desenvolvimento econômico. Não basta achar que as ideias simples e incrementais serão suficientes para posicionar seu negócio à frente da concorrência, pois, se são simples de fazer, podem ser facilmente copiadas, e, assim, sua vantagem competitiva deixa de existir. Inovações duradouras não só ajudam a aumentar a perenidade de sua empresa, como criam barreiras de entrada para os competidores. Com isso, o empreendedor pode imprimir um crescimento sustentável ao seu negócio.

Apesar de esse ser o cenário do empreendedorismo mundial nos dias atuais, que premia com resultados mais duradouros os empreendedores à frente de empresas inovadoras, não é a realidade do Brasil. Nossos empreendedores, em sua maioria, não inovam, como mostram as pesquisas anuais do estudo GEM.[6] Os dados apresentados na Figura 1.4 medem a orientação inovadora das empresas em fase inicial (até 42 meses de existência) dentre os países selecionados. Os empreendedores brasileiros estão entre os que menos inovam no mundo. Da figura, pode-se concluir que cerca de nove em cada dez empreendedores brasileiros não inovam, ou apenas um em cada dez inova. Inovar, nesta pesquisa, é definido como um produto ou serviço desenvolvido pelo empreendedor que seja novo para todo o mercado no qual atua ou para alguns.

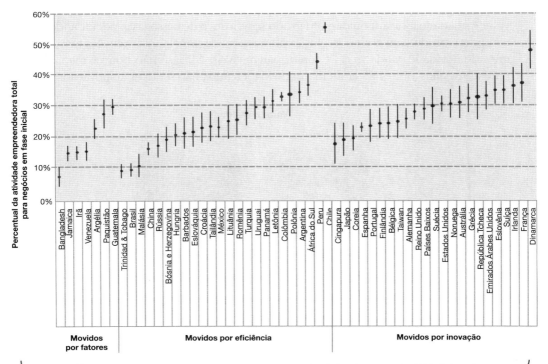

Figura 1.4 Nível de inovação de negócios em fase inicial no mundo (GEM, 2011).

Capítulo 1

Os grupos de países identificados na Figura 1.4 são: economias movidas por fatores (*Factor-Driven Economies*): baseadas na extração e comercialização de recursos naturais, doravante tratadas aqui como países impulsionados por fatores; economias movidas por eficiência (*Efficiency-Driven Economies*): norteadas para a eficiência e a produção industrial em escala, que se configuram como os principais motores de desenvolvimento, doravante nominados países impulsionados pela eficiência; economias movidas por inovação (*Innovation-Driven Economies*): fundamentadas na inovação ou simplesmente impulsionadas por ela.

Um país com o nível de empreendedorismo do Brasil, com a quantidade de jovens envolvidos com o próprio negócio, a qualidade de sua força de trabalho, suas riquezas naturais, biodiversidade, dimensão geográfica e importância econômica no cenário mundial, não pode continuar a ser rotulado como um país pouco inovador. Inovar é mais que preciso; inovar é urgente e deve fazer parte da agenda de todo empreendedor, não apenas do país. A inovação é a base do desenvolvimento econômico dos países mais desenvolvidos, e, se quisermos fazer parte desse seleto grupo, nossos empreendedores precisam mudar seu comportamento quando o assunto é inovação.

Para que esse cenário mude, o empreendedor brasileiro precisa entender a diferença entre uma ideia irrelevante (do ponto de vista de negócio), uma invenção e uma inovação. A Figura 1.5 apresenta uma matriz que mostra como verificar se uma ideia é inovadora.[7] O grau de novidade indica quão diferente e única é a ideia, enquanto valor e utilidade indicam quanto um grupo significativo de pessoas vai adotar a ideia, comprar o produto ou aceitar a solução proporcionada por ela. As invenções têm alto grau de novidade, ainda mais se forem patenteáveis. Mas, se não houver mercado para as mesmas (ou se não criarem um novo mercado), não serão uma inovação.

Figura 1.5 Matriz de classificação de ideia (Bygrave e Zacharakis, 2009).

Apesar de os exemplos de negócios inovadores brasileiros serem poucos diante da quantidade de empresas existentes no país, algumas se destacam e se posicionam entre as mais inovadoras do mundo. É o caso da Enalta, localizada em São Carlos (SP). A empresa iniciou suas atividades em uma incubadora de empresas e hoje é destaque internacional no quesito inovação. Qual é o segredo do sucesso dessas empresas e por que são diferentes da maioria? O que seus empreendedores fizeram para inovar? Como eles pensam e agem? Como os empreendedores brasileiros podem aprender com exemplos como o da Enalta?

Empresa brasileira de alta tecnologia está entre as 50 mais inovadoras do mundo[8]

O *ranking* de 2013 da revista americana Fastcompany apresentou a empresa ENALTA, de São Carlos (SP), na posição 43ª, dentre as 50 mais inovadoras do mundo. Reconhecida como a principal empresa de automação agrícola dos mercados em que está presente, a ENALTA é destaque pela qualidade dos trabalhos de implantação e gestão de processos operacionais no campo por toda América Latina. Desde sua fundação, em 1999, a empresa continuamente desenvolve equipamentos e programas para gestão e otimização de todo processo operacional, soluções para automação parcial ou total das atividades e que oferecem dados precisos em tempo real para gestores do agronegócio. Também auxiliam no acompanhamento e tomada de decisões, com tecnologia que garante segurança na gestão das operações e crescimento diário da inteligência dos negócios no campo.

Fonte: *Fastcompany.com* e *Enalta.com*

A cultura focada na inovação, o espírito empreendedor da equipe de gestão, a localização em uma cidade que proporciona um ambiente pró-inovação (São Carlos é conhecida como a Capital da Tecnologia no Brasil), o profundo conhecimento tecnológico de seus engenheiros, o investimento em pesquisa de alto nível e a vontade de fazer diferente e atingir a excelência são algumas possíveis respostas. Na verdade, não há receita mágica, mas um conjunto de fatores que leva as empresas a inovar com sucesso. O fato é que não é fácil, e, na maioria das vezes, há mais erros que acertos, mas os resultados, quando atingidos, compensam todo o esforço empreendido.

Capítulo 1

Identificando ideias inovadoras

Utilize a Matriz de classificação de ideias e identifique pelo menos uma ideia para cada um dos quadrantes nos mercados de tecnologia agrícola, alimentos orgânicos, produtos sustentáveis (por exemplo, os recicláveis ou biodegradáveis), turismo e entretenimento. O que você levou em consideração para posicionar cada ideia nos quadrantes da matriz? Debata com seus colegas as ideias inovadoras de cada um. Pesquise na internet negócios que poderiam colocá-las em prática. Caso não encontre nenhuma empresa, talvez você tenha identificado uma boa oportunidade de negócio baseado em inovação para criar. Faça esse mesmo exercício para outros mercados com os quais você tenha mais afinidade ou nos quais gostaria de atuar. Mas tenha calma, para criar uma empresa você precisará entender outros aspectos importantes além da ideia inovadora, que serão apresentados nos próximos capítulos...

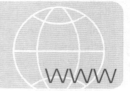

Acesse o fórum de empreendedorismo em *www.josedornelas.com.br*, coloque suas respostas e conheça ideias inovadoras de outras pessoas para esses e outros mercados.

1.5 O brasileiro é empreendedor

Apesar das barreiras e dos desafios que se apresentam ao empreendedorismo no Brasil, das deficiências apontadas, da pouca inserção no mercado externo, da carência de maior quantidade de empresas inovadoras de padrão mundial, o Brasil é um país repleto de empreendedores e de pessoas que querem empreender. O brasileiro é empreendedor, e esse fato é comprovado por diversos estudos mundiais comparativos entre nações. A Organização para a Cooperação e Desenvolvimento Econômico (OCDE) anualmente realiza estudos sobre a atividade empreendedora dos países participantes. O Brasil não faz parte da OCDE, mas participa de algumas atividades e estudos; por isso, as estatísticas referentes ao empreendedorismo apresentam dados brasileiros além de informações de outras nações industrializadas. Uma constatação de que o empreendedorismo é visto de maneira positiva no Brasil é apresentada pela Figura 1.6, que compara a população adulta brasileira (18 a 64 anos) com um grupo de países selecionados. Nota-se que mais de 80% dos brasileiros enxergam o empreendedorismo como

Empreendedorismo em uma era de transformação e mudanças

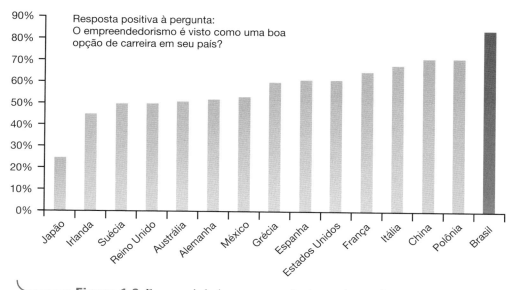

Figura 1.6 Empreendedorismo como opção de carreira na visão da população de países selecionados (OCDE, 2012).[9]

boa opção de carreira no país, índice alto e acima de todos os demais países apresentados na Figura, como Estados Unidos, China, Alemanha e Japão.

Além da OCDE, o GEM tem apresentado, desde o ano 2000, dados comparativos das atividades empreendedoras de diversos países do mundo. Na primeira edição do relatório GEM, em 2000, referente a dados de 1999, o Brasil aparecia como o país com a maior atividade empreendedora de todos os participantes do estudo. Desde então, a metodologia de pesquisa do GEM tem sido aperfeiçoada, e novos conceitos foram desenvolvidos, entre os quais a diferenciação entre empreendedorismo de oportunidade e de necessidade. Nos países menos desenvolvidos e em muitos dos em desenvolvimento, o empreendedorismo de necessidade predomina. Já nos países mais inovadores e com uma economia mais desenvolvida, a predominância é do empreendedorismo de oportunidade. A diferença entre os dois tipos de empreendedorismo é que o de oportunidade refere-se ao empreendedor que identificou uma lacuna no mercado, tem uma visão de negócio e quer desenvolver uma empresa para atuar nesse mercado. No caso do empreendedor de necessidade, sua motivação é a subsistência, conseguir desenvolver uma atividade econômica mínima, mesmo que informal, para ganhar algum dinheiro para seu sustento e de sua família.

Nos anos iniciais da pesquisa do GEM, a alta taxa de empreendedorismo do Brasil era decorrente de um misto de empreendedorismo de oportunidade e de necessidade, com predominância para o último. O que se tem observado nos anos recentes é uma mudança de mentalidade e do perfil da maioria dos empreendedores

Capítulo 1

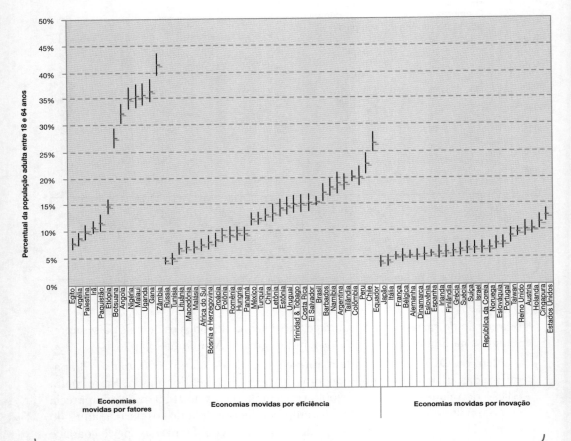

Figura 1.7 Atividade empreendedora inicial dos países (GEM, 2012).

brasileiros, que agora pode ser rotulada como de oportunidade. O fato é que a atividade empreendedora brasileira é sempre alta, mostrando que a população tem uma significativa parcela de pessoas em idade economicamente ativa e que deseja se envolver ou já está envolvida com a criação e gestão do negócio próprio.

A pesquisa mais recente publicada pelo GEM[10] traz novamente o Brasil como um dos países mais empreendedores do mundo. Nessa pesquisa, a taxa de empreendedores em estágio inicial (definida internacionalmente como TEA) indica o percentual de adultos entre 18 e 64 anos envolvidos na fase de criação de um negócio e até os 42 meses iniciais da empresa. A Figura 1.7 apresenta dados comparativos entre os países participantes. O Brasil apresenta uma TEA de 15%.

Empreendedorismo em uma era de transformação e mudanças

Outro estudo do qual o Brasil participou pela primeira vez em 2012, divulgado no início de 2013, foi o realizado pela Comissão Europeia,[11] que comparou a população dos países europeus e alguns países convidados, entre eles o Brasil, referente ao desejo de ser o próprio chefe em contraste a ser empregado. De um total de 40 países, o Brasil apresentou uma das maiores taxas do estudo, ficando atrás apenas da Turquia. A Figura 1.8 apresenta uma comparação entre o Brasil e alguns dos principais países participantes do estudo. Sessenta e três por cento dos brasileiros, ou bem mais da metade da população do país, preferem ser o próprio chefe a trabalhar para alguém. Na média, apenas 37% dos europeus têm o mesmo desejo. Nos Estados Unidos, esse índice é de 51% (uma diminuição em relação ao ano anterior).

Nota-se, portanto, que o brasileiro se destaca internacionalmente no quesito desejo de empreender e no envolvimento em iniciativas empreendedoras. Apesar dessa notável iniciativa do brasileiro para estar envolvido com o próprio negócio, o país não está entre os que mais geram condições adequadas aos empreendedores para criarem e gerirem suas empresas. Essa talvez seja uma das possíveis explicações para uma nada convidativa realidade quando o assunto é a sobrevivência das empresas criadas. Houve muita evolução na última década, o país iniciou uma mudança no marco regulatório de suporte aos micros e pequenos empresários, mas ainda há muito a ser feito.

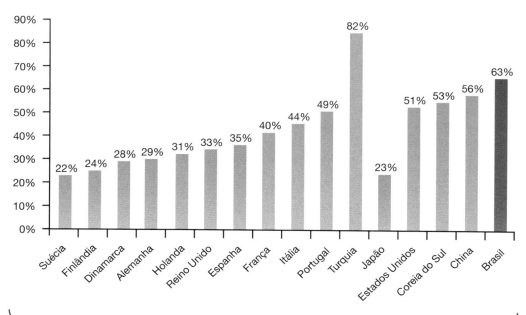

Figura 1.8 Profissionais que preferem ser o próprio chefe (Comissão Europeia, 2012).

Capítulo 1

Brasil já possui três milhões de Empreendedores Individuais[12]

O Empreendedor Individual é a pessoa que trabalha por conta própria e que se legaliza como pequeno empresário. Para ser um Microempreendedor Individual (MEI), é necessário faturar, no máximo, até R$ 60 mil por ano e não ter participação em outra empresa como sócio ou titular. O empreendedor também pode ter um empregado contratado que receba o salário mínimo ou o piso da categoria.

A Lei Complementar nº 128, de 19/12/2008, criou condições especiais para que o trabalhador conhecido como informal possa se tornar um Empreendedor Individual legalizado.

Entre as vantagens oferecidas por essa lei, está o registro no Cadastro Nacional de Pessoas Jurídicas (CNPJ), o que facilita a abertura de conta bancária, o pedido de empréstimos e a emissão de notas fiscais.

Além disso, o MEI será enquadrado no Simples Nacional e ficará isento dos tributos federais (Imposto de Renda, PIS, Cofins, IPI e CSLL). O Empreendedor Individual tem acesso a benefícios, como auxílio-maternidade, auxílio-doença, aposentadoria, entre outros.

Fonte: *portaldoempreendedor.gov.br*

Classificação do Brasil em algumas categorias do ranking *Doing Business* do Banco Mundial[13]

Categoria	Classificação do Brasil
Abertura de empresas	121
Obtenção de alvarás de construção	131
Obtenção de eletricidade	60
Registro de propriedades	109
Obtenção de crédito	104
Proteção de investidores	82
Pagamento de impostos	156
Comércio entre fronteiras	123
Execução de contratos	116
Resolução de Insolvência	143

Fonte: *doingbusiness.org*

Figura 1.9 Avanços e desafios do empreendedorismo brasileiro.

Empreendedorismo em uma era de transformação e mudanças

Um destaque positivo que tem contribuído para potencializar a quantidade de empresas criadas no país foi a concepção da figura do Empreendedor Individual, trazendo para a formalidade milhões de empreendedores brasileiros que até então atuavam de maneira não oficial.

Já um destaque negativo pode ser exemplificado pelas pesquisas realizadas anualmente pelo Banco Mundial, que comparam as condições para se empreender entre os mais de 185 países participantes do estudo *Doing Business*. O Brasil aparece, em 2013, na posição 130ª no quesito "facilidade para fazer negócios". Quanto menor a posição no *ranking*, mais facilidade existe naquela categoria em particular no país, ao compará-lo com as demais nações participantes do estudo. Há muita burocracia e procedimentos que impedem o empreendedor brasileiro de ser mais competitivo em nível mundial, o que prejudica o desenvolvimento dos negócios e da economia do país.

Criando um ambiente propício ao empreendedorismo

1. Pesquise no site do Portal do Empreendedor as atuais condições para que um brasileiro possa aderir ao Programa. Quais as restrições existentes que impedem mais brasileiros de aderirem ao Programa Empreendedor Individual? Debata com seus colegas alternativas para aperfeiçoar o Programa.
2. Pesquise no site *Doing Business* as explicações sobre as várias categorias analisadas no estudo. O que o Brasil deve fazer para melhorar sua posição no *ranking* mundial? Como os empreendedores podem contribuir para essa melhoria? Quais ações de melhoria devem ser exclusivas do governo?

Acesse o fórum de empreendedorismo em *www.josedornelas.com.br*, coloque sua resposta e veja o que outras pessoas pensam sobre a criação de um ambiente propício ao empreendedorismo brasileiro.

1.6 Negócios sustentáveis fazem a diferença

Empreender de forma inovadora é a premissa do mundo atual, mas, ainda assim, falta um importante componente ao modelo de negócio das empresas contemporâneas se seus criadores pretenderem levá-las à longevidade e deixar uma história

Capítulo 1

positiva como legado. Muitos empreendedores do passado construíram negócios sólidos financeiramente e inovaram em mercados ainda pouco explorados quando iniciaram as atividades. Porém, não são raros os casos de descompromisso com a sustentabilidade do planeta, a consciência ecológica ou mesmo os impactos desses negócios para o futuro da humanidade.

Em muitos desses casos, o empreendedor não se preocupou com a sustentabilidade porque não era um tema importante do ponto de vista de negócio e, sob sua ótica, não era crítico a ponto de se preocupar com as consequências. Há quem condene esse lamentável posicionamento, mas há também quem o releve, tendo como argumento o fato de os empreendedores não saberem o que de fato era a sustentabilidade. A sociedade não exigia uma resposta aos problemas causados por suas atitudes e decisões. Assim, esses empreendedores criaram conglomerados, mas deixaram rastros de poluição, destruição, contaminação, enfim, sequelas que a sociedade moderna tem tentado gerenciar e evitar que se proliferem.

O novo empreendedor, aquele que cria negócios no século XXI, preocupando-se não só com o seu futuro, mas com o impacto que suas decisões trarão ao planeta e àqueles que aqui habitam, deve necessariamente considerar a sustentabilidade como mantra. Não se trata apenas de criar um diferencial competitivo para se sobressair em relação à concorrência que ainda não tem a mesma consciência e não se preocupa com o tema, o que, aliás, infelizmente ainda é a regra. Trata-se de estabelecer uma nova maneira de se fazer negócio, de mudar o comportamento do empreendedor predador, que busca a vitória a qualquer preço, para uma mentalidade de vencedor e construtor de um futuro melhor para todos.

Esse é o seu desafio como novo empreendedor. Não basta fazer contas para saber se o negócio será lucrativo, sem se preocupar com os rejeitos do processo produtivo. Não adianta colocar a empresa para funcionar sem se preocupar em evitar gastos desnecessários com matérias-primas escassas. Não convém criar uma empresa inovadora em produtos lançados no mercado, mas que apresenta gastos excessivos de energia e água. E não vale a pena, para você e para a sociedade no longo prazo, colocar uma empresa em funcionamento mesmo sabendo que, no curto prazo, ela trará consequências desastrosas ao meio ambiente. Além de pecar do ponto de vista moral, e talvez até ético, o empreendedor que não se preocupar com a sustentabilidade poderá pagar um preço caro se não seguir as cada vez mais rigorosas leis criadas para restringir ações não sustentáveis.

A sustentabilidade passa a ser, portanto, um ingrediente importante e impossível de ser dissociado do modelo de negócio de qualquer empresa, seja uma pequena empresa de prestação de serviços ou uma fábrica que emprega processos de manufatura sofisticados. Até mesmo as pontocom, criadas puramente para atuar na internet, devem seguir tais premissas.

Uma prova de que a sustentabilidade é palavra de ordem dos negócios nos dias atuais pode ser constatada ao se analisar a pesquisa realizada anualmente pela

Empreendedorismo em uma era de transformação e mudanças

MIT Sloan Management Review em parceria com a empresa Boston Consulting Group.[14] No ano de 2012, os responsáveis pela pesquisa entrevistaram mais de 3000 executivos de empresas, em 113 países, para saber como a sustentabilidade está sendo considerada. Fica evidente, nos dados apresentados na Figura 1.10, uma crescente preocupação com o tema no mundo corporativo.

Quando o assunto é o impacto da sustentabilidade no modelo de negócio das empresas, alguns fatores apareceram como os mais importantes e lideram as preocupações ou iniciativas das empresas para dar mais atenção ao assunto. O destaque é a demanda do consumidor por produtos e serviços sustentáveis, ou seja, as empresas precisam ser proativas no quesito sustentabilidade se quiserem fazer diferença no mercado.

Porém, quando se analisam as regiões onde a sustentabilidade é considerada importante pelos executivos entrevistados, a América do Sul aparece com pouco destaque. Isso mostra o quanto os empreendedores sul-americanos, incluindo os brasileiros, precisam rapidamente mudar de atitude quanto à importância de uma postura mais sustentável no modelo de negócio de suas empresas e iniciativas empreendedoras. O destaque ocorre para as empresas localizadas em países europeus, referência no tema.

A lição de casa a ser feita pelo empreendedor brasileiro é considerável, mas aqueles que optarem por liderar o desenvolvimento de ações sustentáveis em sua empresa, algo ainda incipiente no país, poderão se diferenciar e assumir a dianteira em seu mercado de atuação. Trata-se de uma decisão consciente de negócio, que trará resultados positivos à sua empresa e ao ambiente na qual está inserida, gerando valor para a sociedade como um todo.

Sustentabilidade como tema contemporâneo

1. O que é sustentabilidade para você? Pesquise na internet definições de sustentabilidade e compartilhe com os colegas, promovendo um debate sobre o que pode ser considerada uma premissa básica para uma empresa ter um modelo de negócio (a maneira como ganha dinheiro e atua no mercado) sustentável.
2. Como o Brasil e a América do Sul podem melhorar a percepção do mundo em relação às suas práticas de sustentabilidade?

Acesse o fórum de empreendedorismo em *www.josedornelas.com.br*, coloque sua resposta e veja o que outras pessoas pensam sobre a sustentabilidade.

Capítulo 1

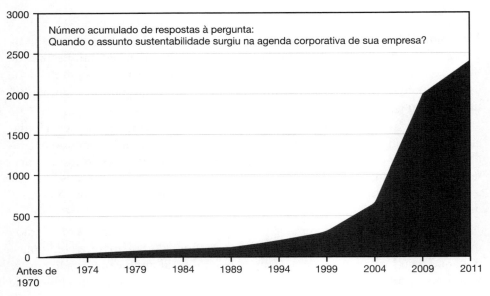

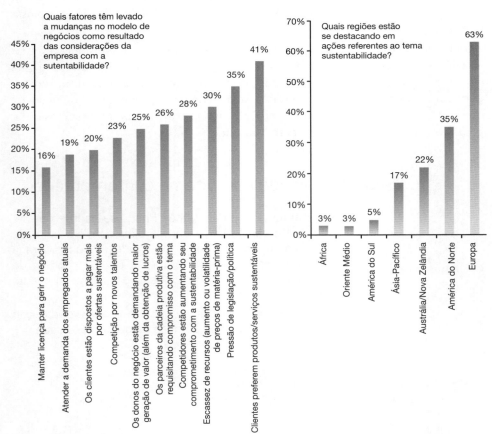

Figura 1.10 A sustentabilidade na visão dos executivos de empresas estabelecidas (MIT, 2012).

1.7 Uma revolução tecnológica criando novas oportunidades de negócio

Quando se fala em tecnologia, é fácil entender por que rapidamente vêm à mente exemplos relacionados com computadores, celulares e, mais recentemente, *tablets*. Isso ocorre porque são uma representação típica, presente no cotidiano de todos nós, e que têm influenciado nossas vidas de maneira definitiva. Ninguém consegue imaginar um jovem nos dias atuais que não tenha um celular. Os computadores móveis, ou notebooks, eram artigo de luxo há pouco mais de uma década e hoje são a preferência de quem quer ou precisa ter essa máquina em casa para atividades de lazer e de trabalho. A portabilidade dos notebooks pode ter inspirado a inovação mais recente dessa categoria, com o crescimento da adoção dos *tablets* como instrumento móvel de consumo de mídia. Os celulares inteligentes, ou *smartphones*, com acesso à internet, têm revolucionado o dia a dia das pessoas. Inicialmente, apenas no trabalho, mas agora, mais que nunca, de maneira ininterrupta, 24 horas por dia, sete dias por semana.

Tráfego global de dados móveis crescerá 13 vezes até 2017[15]

O tráfego de dados no Brasil deve crescer 12 vezes no mesmo período

De acordo com o Cisco® Visual Networking Index (VNI) Global Mobile Data Traffic Forecast 2012-2017, o tráfego global de dados móveis crescerá 13 vezes nos próximos cinco anos. No Brasil, é previsto aumento de 12 vezes no tráfego móvel no mesmo período. A previsão de crescimento constante no tráfego móvel deve-se, em parte, ao contínuo e forte crescimento no número de dispositivos conectados à internet móvel, que excederá o de pessoas na Terra (segundo as Nações Unidas, a população mundial estimada em 2017 será de 7,6 bilhões). Isso equivale a:

- 134 vezes mais que todo o tráfego gerado no ano 2000.
- 30 trilhões de imagens (como MMS ou Instagram) - o que equivale a dez imagens diárias, de cada pessoa na Terra, por um ano inteiro.
- Três trilhões de videoclipes (como YouTube) - um videoclipe diário, de cada pessoa na Terra, ao longo de um ano inteiro.

Capítulo 1

> No Brasil, alguns dos principais destaques do tráfego de dados móvel em 2017 são:
>
> - Atingirá o equivalente a 63 milhões de DVDs por mês ou 693 milhões de mensagens de texto por segundo.
>
> - O total do tráfego móvel será 568 vezes maior que todo o volume de tráfego móvel de 2007 no país.
> - O volume de tráfego por *tablets* terá aumento de 107 vezes entre 2012 e 2017. Os *tablets* serão responsáveis por 8% do total de tráfego em 2017 (em 2012, responderam por 0,12% do total).
> - O vídeo representará 72% do tráfego móvel em 2017, comparado com os 58% em 2012, o que representará um crescimento de 15 vezes, com taxa anual de 72%.
> - O número total de smartphones deve chegar a 139 milhões em 2017, contra os 55 milhões de 2012. O número de *tablets* deve chegar a 5,6 milhões (em 2012, eram 400 mil), enquanto o total de laptops conectados deve atingir 11 milhões, crescimento de 1,6 vez entre 2012 e 2017.
>
> Fonte: *cisco.com*

O que tudo isso traz de impacto ao empreendedorismo? Como o empreendedor brasileiro pode aproveitar as perspectivas advindas dessa revolução tecnológica e criar novas oportunidades de negócio? Ou mesmo aproveitar oportunidades claras, já identificadas, mas ainda pouco exploradas?

O empreendedor que delinear agora caminhos para criar soluções aos problemas que as pessoas talvez ainda não saibam que terão nos próximos anos e desenvolver uma visão de negócio para aproveitar essas tendências sairá na frente da concorrência e, com isso, terá vantagem competitiva.

Além de soluções ligadas diretamente à internet, no mundo e no Brasil, as pessoas em geral demandarão mais e mais serviços e produtos tecnológicos que ainda não existem hoje. As projeções apresentadas para os próximos anos, pela empresa Cisco, mostram que o que ocorrerá na tecnologia da informação é algo sem igual. O mercado atual relacionado com o mundo da tecnologia pode ser considerado simplesmente irrisório perto do que ocorrerá, por exemplo, em 2017. Novos aplicativos para celulares, *tablets*, computadores portáteis, TVs inteligentes, automóveis e outros serão criados por (novos) empreendedores que talvez ainda não estejam participando desse mercado.

O que é tendência hoje pode se tornar o lugar comum. Exemplos como impressoras de objetos em três dimensões, atualmente aparelhos relativamente caros que a maioria das pessoas ainda não tem condições de adquirir, podem mudar a maneira como as pequenas empresas manufaturam seus produtos. A prototipagem e até mesmo o processo produtivo podem ser simplificados de forma jamais vista.

Empreendedorismo em uma era de transformação e mudanças

A computação em nuvem permite o ganho de escala necessário para o armazenamento de informações na rede mundial de computadores. As experiências científicas relacionadas com a neurociência serão aceleradas, e a robótica estará cada vez mais presente no nosso dia a dia. Redes sociais diferenciadas e novas formas de relacionamento entre as pessoas, biossensores, nanotecnologia, soluções tecnológicas que aumentam a produtividade da agroindústria, novos materiais etc. também são exemplos de oportunidades para a criação de novos negócios inovadores.

A pergunta que fica para você, potencial empreendedor, é como aproveitar essas tendências e não ficar de fora desse celeiro de oportunidades de negócios. A lição de casa a ser feita é buscar conhecimento e se preparar para empreender. Isso não significa que você precise saber agora qual empresa deve criar para aproveitar essas oportunidades. Porém, se quiser fazer parte do grupo de empreendedores tecnológicos que vencerão nos próximos anos, o momento é propício para aguçar a curiosidade, levantar informação a respeito das tendências, conversar com colegas e potenciais futuros sócios e ficar atento aos problemas crescentes que a revolução tecnológica tem trazido às pessoas (ao identificar problemas, você terá dado o primeiro passo para criar soluções).

Mesmo que o mundo da tecnologia não seja o caminho que você deseja trilhar para empreender, ainda assim, a revolução tecnológica vigente trará impacto ao seu trabalho ou negócio. Por isso, fica o recado para que você busque acompanhar esses acontecimentos de perto e não se torne refém dessa revolução que está mudando o mundo.

O que vem aí

Pesquise na internet quais são as tendências tecnológicas para os próximos dez anos. A partir do que encontrou, debata com colegas negócios que podem ser criados para aproveitar essas tendências. Escolha um dos negócios discutidos e imagine-se à frente da criação dessa empresa. Que tipo de conhecimento você precisaria adquirir e quais habilidades precisaria desenvolver para ter mais chances de sucesso em uma iniciativa como essa?

Acesse o fórum de empreendedorismo em *www.josedornelas.com.br*, coloque sua resposta e veja o que outras pessoas pensam sobre a revolução causada pelos avanços tecnológicos e o perfil do empreendedor que atua nesse mercado.

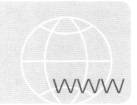

Capítulo 1

 1.8 Entendendo a realidade atual e criando as bases do futuro

Oportunidades e desafios são o que se apresentam ao empreendedorismo brasileiro neste novo cenário de mudanças do século XXI. Ainda há muito a fazer para melhorar os índices de sobrevivência de empresas na fase inicial, mas também deve-se dar mais atenção à criação de condições de sustentação e desenvolvimento dos negócios já existentes, acelerando seu crescimento. O SEBRAE divulga anualmente dados referentes à taxa de mortalidade da pequena empresa no Brasil. Há cerca de uma década, os índices de mortalidade eram consideráveis, acima de 50%, para empresas com até dois anos de vida. Atualmente, esses índices ficam abaixo de 30% e com tendência de queda.[16] Os dados da Tabela 1.2 mostram informações a respeito da expectativa de geração de empregos dos negócios em fase inicial no Brasil.[17] No mundo, as empresas em rápido crescimento são definidas como gazelas, e uma das métricas utilizadas para sua identificação é a quantidade de empregos criados por essas empresas em um período de cinco anos. Pelos resultados apresentados na Tabela 1.2, o Brasil ainda precisa evoluir consideravelmente nesse quesito, já que poucos empreendedores imaginam suas empresas com mais de 20 empregados em cinco anos.

Tabela 1.2 Expectativa de criação de empregos em até cinco anos

Expectativa de criação de empregos em cinco anos para os negócios em fase inicial no Brasil	
Nenhum emprego	43,20%
De 1 a 5 empregos	39,50%
De 6 a 19 empregos	11,70%
Mais de 20 empregos	5,50%

Fonte: GEM Brasil, 2012.

Um aspecto positivo do empreendedorismo brasileiro tem sido a efetiva participação das mulheres na criação e gestão de negócios. As brasileiras estão à frente praticamente da metade das iniciativas empreendedoras no Brasil (GEM Brasil, 2012), e pesquisas internacionais cada vez mais mostram maior participação das mulheres no empreendedorismo do próprio negócio. Isso se deve não só ao seu perfil empreendedor, mas a uma mudança de comportamento e da realidade das famílias. No mundo (com raras exceções) e também no Brasil, as mulheres já têm plena inserção no mercado de trabalho, e o empreendedorismo do próprio negócio naturalmente se apresenta como opção de carreira.

Como a mulher brasileira pode aumentar suas chances de sucesso com a iniciativa empreendedora? Quais os desafios da mulher brasileira no empreendedorismo? Como os homens têm observado a ascensão feminina no empreendedorismo e qual tem sido sua reação?

Essas são perguntas cujas respostas ainda estão sendo buscadas, pois a dinâmica do empreendedorismo feminino é considerável. Entender como pensam e agem as mulheres empreendedoras no Brasil e como as novas candidatas a empreendedoras podem usar esse conhecimento para tomar melhores decisões em suas próprias iniciativas ainda é um desafio que precisa ser enfrentado. Há pesquisas que mostram inclusive maior potencial de sobrevivência dos negócios quando há uma mulher envolvida na direção da empresa.[18]

De todo modo, experiências brilhantes e admiráveis de mulheres vencedoras servem de exemplo para outras, mas também aos homens, já que, quando se trata de empreender, o gênero não deveria definir a tendência do sucesso ou fracasso, e sim as decisões gerenciais e fatores circunstanciais que criam condições ou impedem o negócio de prosperar.

Apesar da análise bastante convidativa acerca do papel da mulher brasileira empreendedora, mais positivo será o dia em que tanto mulheres como homens passarão a ser tratados apenas como empreendedores, nas mesmas igualdades de condições. O mesmo se aplica às oportunidades de criar bons negócios, que deveriam estar disponíveis a todos os brasileiros.

O empreendedorismo não pode ser visto apenas como resultado de iniciativas isoladas de pessoas nos vários cantos do país, das regiões mais abastadas às menos privilegiadas, mas como a mola propulsora do desenvolvimento econômico da

---

Empresas iniciantes com mulheres na diretoria têm maior chance de sobrevivência

Um estudo liderado pelo pesquisador Nick Wilson, da Escola de Negócios da Leeds University, no Reino Unido, mostrou que empresas *startup* (nascentes) dirigidas por mulheres têm 27% menos risco de falir se comparadas com empresas que possuem apenas homens no corpo diretivo. Esse percentual diminui quando o número de mulheres aumenta, sugerindo que o importante é a diversidade, não um número específico de mulheres diretoras. Pesquisas anteriores mostram também que grupos com maior diversidade de gênero tendem a ter um pensamento mais inovador na resolução dos problemas.

Fonte: International Small Business Journal, fevereiro de 2013.

nação. O empreendedor é o grande protagonista que gera valor à sociedade e, com isso, passa a ser um valioso instrumento de diminuição das desigualdades sociais.

O papel completo do empreendedor talvez não esteja tão claro aos que começam um novo negócio, pois vai além de criar empresas que gerarão lucros e o tornarão eventualmente rico financeiramente. Se seu negócio prospera, mais empregos são gerados, mais impostos são pagos e mais retorno o país terá. Essa é a essência do empreendedorismo e do desenvolvimento econômico das nações. Por isso, ao optar pela rota empreendedora, você estará assumindo uma responsabilidade com seu futuro e contribuindo para a melhoria da qualidade de vida de toda uma sociedade. Não se trata, então, apenas de colocar ideias em prática, mas de contribuir para construir o alicerce de um país ainda em desenvolvimento e que precisa estar preparado para enfrentar e superar os desafios do século XXI.

Os empreendedores continuarão a ser agentes de mudança e transformações sociais; são eles que mudam o mundo e constroem o futuro para todos nós. Empreender é mais que uma opção de carreira. É um projeto de vida. Nos próximos capítulos, você terá contato com metodologias e ferramentas que o ajudarão a moldar seu próprio futuro empreendedor.

Mulheres empreendedoras

Identifique em sua rede de relacionamento ou na de seus conhecidos (amigos, familiares etc.) uma mulher empreendedora (ela pode atuar no seu bairro, cidade, estado e não precisa ser uma pessoa famosa, basta estar à frente do próprio negócio). Entre em contato com a empreendedora, diga que está desenvolvendo um trabalho sobre empreendedorismo e solicite a ela que responda a uma única pergunta, que tomará apenas um minuto de seu tempo. Na maioria dos casos, a empreendedora vai colaborar prontamente. Faça a pergunta: "Quais as diferenças e similaridades entre a mulher empreendedora e o homem empreendedor?" Após agradecer sua colaboração, prepare-se para compartilhar a resposta que obteve com os colegas em sala de aula e debata o assunto. Qual é a sua conclusão?

Acesse o fórum de empreendedorismo em *www.josedornelas.com.br*, coloque sua resposta e veja o que outras pessoas pensam sobre as mulheres empreendedoras.

Resumo

Neste capítulo, o empreendedorismo foi exposto como um tema contemporâneo, que apresenta diferenças em relação ao que significava empreender no passado. A tomada de decisão de quando empreender não pode se limitar apenas à idade do empreendedor, mas aqueles na faixa de 25 a 44 anos são os que mais têm se envolvido com a iniciativa no Brasil. O país ainda precisa evoluir consideravelmente no comércio internacional, e os empreendedores locais carecem de uma visão estratégica que vise ao crescimento além-fronteiras. Apesar dos problemas apresentados, o brasileiro é um povo empreendedor, mas precisa inovar para ter mais chance de sucesso e levar a economia do país ao desenvolvimento econômico duradouro. A sustentabilidade deve ser considerada pelo empreendedor, independentemente do negócio que criar. A revolução tecnológica em curso no mundo traz oportunidades para os empreendedores, e quem souber antecipar tendências poderá rapidamente conseguir resultados positivos ao construir negócios diferenciados. A realidade do empreendedorismo brasileiro apresenta desafios e avanços, e o empreendedorismo feminino está em evidência no país.

2
Diferentes maneiras de empreender

Capítulo 2

2.1 Empreender não é sinônimo de criar empresa

Empreender não se resume à criação do próprio negócio. Mas a maneira mais conhecida de se tornar um empreendedor é criando uma empresa. Por outro lado, com a disseminação do conceito de empreendedorismo na sociedade, o comportamento empreendedor passou a ser observado com mais atenção em ambientes nos quais antes não se pensava haver empreendedores.

Um ator, ao encenar uma peça, pode agir como empreendedor. Na verdade, ele pode agir como empreendedor desde a concepção da peça, no seu planejamento, na preparação para o papel, na execução (atuação) e na entrega do produto ao cliente final (proporcionar felicidade, alegria, satisfação, relaxamento, prazer etc. aos espectadores).

Um funcionário público pode ser um empreendedor ao propor maneiras de otimizar os recursos disponíveis para que o serviço prestado à população seja de excelência, com o menor investimento possível, e trabalhar para que sua proposta seja implementada.

Uma artista plástica, ao buscar realizar seu sonho de criar e compartilhar o que criou com outras pessoas, empreende e ainda pode fazer dinheiro com sua atividade, vendendo suas criações a um público-alvo seleto, disposto a pagar pela obra.

Pessoas insatisfeitas ou inconformadas com os problemas de sua comunidade (por exemplo, a precária educação formal das crianças em um bairro de periferia de uma grande cidade) podem se unir, estabelecer planos de ação, divulgar suas ideias à comunidade, angariar apoio e recursos e colocar em prática ações paralelas àquelas desenvolvidas pelo poder público. Nasce, assim, uma organização não governamental, empreendida por pessoas que querem mudar, não aceitam que os problemas não sejam resolvidos, ou seja, querem empreender algo novo e diferente.

Funcionários de grandes e médias empresas são cada vez mais solicitados a contribuir com ideias para fazer a empresa crescer. Alguns vão além, colocam as ideias em prática, trazendo resultados às suas empregadoras. Eles são os empreendedores corporativos, responsáveis por inovar em empresas estabelecidas.

Mais recentemente, o crescimento do mercado de franquias no Brasil tem motivado muitos brasileiros a aderir ao movimento, tornando-se um franqueado, ou seja, alguém que monta um negócio a partir de um modelo de negócio já comprovado e que aceita pagar uma parcela dos resultados ao franqueador. Com isso, o franqueado assume um risco calculado e está disposto a dividir os resultados do negócio com um parceiro, ou quase sócio, da empreitada.

34

Diferentes maneiras de empreender

Há ainda pessoas com conhecimento tácito (aquele que o indivíduo adquire ao longo da vida, fruto de sua experiência prática), mas pouco conhecimento explícito (o formal, que pode ser registrado e facilmente comunicado) que, por necessidade, começam a empreender, buscando o sustento para si e sua família. Alguns podem ainda se reunir em associações e cooperativas para melhor estruturar suas atividades, proporcionar ganho de escala e pensar em crescer e desenvolver o negócio colaborativo. A partir desse momento, a cooperativa ou associação pode passar a ser representada por empreendedores de oportunidade, e não mais por um conjunto de indivíduos que se enquadrava no empreendedorismo de necessidade.

Um exemplo claro de migração possível do empreendedorismo de necessidade para oportunidade ocorre com o empreendedor informal, muitas vezes solitário, que sempre atuou dessa forma por falta de condições ou circunstâncias que o fizeram agir para cumprir apenas o objetivo básico da subsistência. A possibilidade da formalização, tornando-se um Empreendedor Individual, não muda apenas a denominação ou legaliza a atividade desse empreendedor. A formalização vai além, pois pode trazer nova perspectiva e influenciar sua motivação para empreender. A partir daí, muitos podem migrar para o empreendedorismo de oportunidade, apesar de alguns, mesmo com a formalização, ainda permanecerem como empreendedores de necessidade. A principal mudança não se faz apenas pela legalização, mas principalmente pela maneira como o empreendedor vê sua atividade e vislumbra seu futuro. Seu comportamento e a vontade de fazer acontecer são a força-motriz que o fará migrar para o grupo dos empreendedores de oportunidade.

Portanto, há diferentes maneiras de empreender, e os exemplos apresentados não esgotam as possibilidades. Qual maneira é a mais ou menos adequada para determinada pessoa não vem ao caso, pois essa análise não é simples ou pode ser considerada praticamente impossível de ser feita com precisão. Porém, o mais provável de se identificar é a motivação que leva uma pessoa a empreender.

Como empreender está ligado à ação, a pessoa deve atentar para os eventos que ocorrem em seu ambiente e que, em muitos casos, acabam por apresentar o empreendedorismo como um caminho óbvio para seu futuro. Esses eventos podem ser exemplificados como momentos de disparo da fagulha empreendedora ou situações de mudança de atitude em virtude de acontecimentos ou marcos importantes ao longo de sua vida.

Pode haver ainda um conjunto de fatores, e não apenas um, que defina o momento de empreender. Alguns fatores são claros, facilmente definidos, outros nem tanto. Há pessoas consideradas empreendedoras pela sociedade que conseguem facilmente responder qual foi o momento de disparo ou quando a fagulha do empreendedorismo as atingiu; outras não se lembram de um momento específico.

Capítulo 2

 2.2 Fatores que motivam o empreendedorismo por necessidade

No caso dos empreendedores de necessidade, há fatores e circunstâncias comuns que levam a pessoa a essa situação. Alguns deles são apresentados a seguir, mas cabe ressaltar que esses exemplos não esgotam todas as possibilidades.

- *Falta de acesso a oportunidades de trabalho formal como empregado.* De fato, a falta de acesso ao emprego formal leva muitas pessoas a buscar alternativas para suprir suas necessidades de recursos mínimos para sobrevivência. O mais comum é que pessoas carentes de conhecimento explícito se enquadrem nessa categoria. A falta de educação formal, de preparo, conhecimento técnico ou de alguma habilidade que demande capacitação prévia elimina as possibilidades de acesso a oportunidades de emprego e, com isso, surgem os empreendedores de necessidade. Em países nos quais o desemprego é alto e o desenvolvimento econômico não ocorre em ritmo aceitável, é comum a presença desse tipo de empreendedor.
- *Necessidade de recursos financeiros mínimos para arcar com as demandas da sobrevivência.* O trabalho informal se torna rotina, e qualquer atividade que traga o mínimo de recursos para prover alimentação, quando muito, a si e à família, acaba por se constituir o dia a dia do empreendedor de necessidade.
- *Carência de conhecimento explícito.* Pessoas que não tiveram acesso à educação formal de qualidade ou não conseguiram evoluir no ensino formal quando crianças e adolescentes têm menos condições de empreender por oportunidade. Naturalmente, há empreendedores bem-sucedidos que conquistaram o sucesso a partir do conhecimento tácito que possuem e da habilidade de persuasão, vendas e intuição, por exemplo. Porém, são exceção à regra. Normalmente, os empreendedores mais bem-sucedidos são aqueles que tiveram chance de obter e desenvolver seu conhecimento tácito e explícito ao longo da vida.
- *Demissão e desemprego.* Muitas vezes, uma demissão inesperada faz com que a pessoa deixe de acreditar em si. O desemprego pode trazer ainda a perda da autoconfiança e, caso se prolongue por muito tempo, a pessoa passa a questionar os valores nos quais acreditava e, em situações limítrofes, entra em um círculo vicioso que tem como consequências maiores a depressão e/ou doenças decorrentes da sensação de rejeição pela sociedade. Muitos desistem de seu projeto de vida. Nesses casos, tornar-se um empreendedor de necessidade pode ser inevitável. Mas, por outro lado, pode ser visto também como o primeiro passo para, posteriormente, migrar para o mundo do empreendedorismo de oportunidade. Porém, não é fácil e, infelizmente, muitos não conseguem.

Diferentes maneiras de empreender

 ## 2.3 Fatores que motivam o empreendedorismo por oportunidade

A demissão pode ter outro significado e acaba por ser uma causa tanto do empreendedorismo de necessidade como de oportunidade. Em muitos casos, pessoas descontentes com o trabalho como empregados recebem uma demissão como um impulso necessário para se dedicar a um novo projeto de vida: a criação de uma empresa. Os empreendedores de oportunidade são motivados ainda por outros fatores. Alguns dos mais comuns são listados a seguir, mas, como já ressaltado no caso do empreendedor de necessidade, aqui também os exemplos apresentados não são os únicos possíveis.

- *Decisão deliberada e/ou planejada.* Muitas pessoas decidem empreender com preparo, planejamento prévio e até definem quando o negócio será criado. Não se trata da maioria, mas de um grupo composto principalmente daqueles que decidiram trabalhar como funcionário em grandes empresas por um período, adquirindo experiência e acumulando certa reserva financeira até a tomada de decisão de iniciar o negócio próprio. Para alguns, o momento da decisão pode ocorrer logo após a formatura na faculdade e em momentos importantes da vida adulta: aos 30, 40, 50 anos ou mais. A decisão deliberada e/ou planejada é acompanhada de uma meta predefinida de quando o negócio será criado e o que se pretende atingir com a empresa.

- *Ideia, descoberta, inovação.* Cientistas geralmente são relacionados com as descobertas, mas muitos empreendedores inovadores não são necessariamente os pesquisadores que descobriram maneiras geniais de resolver os problemas da sociedade. É claro que há empreendedores cientistas e pesquisadores brilhantes que empreendem a partir de suas descobertas. Porém, grande parte dos empreendedores que criam uma empresa a partir de uma ideia o faz pela observação dos problemas do cotidiano das pessoas e, em muitos casos, para resolver problemas pessoais. Ao criar produtos que solucionam tais problemas, trilha-se o caminho para a concepção de uma empresa baseada em inovação.

- *Convite.* Há pessoas que empreendem porque foram convidadas para um projeto diferente. Nem sempre o empreendedor inicial, aquele da ideia original para o negócio, é o único necessário para fazer a empresa se desenvolver. Esse empreender sabe que precisará de mais pessoas competentes ao seu lado para fazer acontecer. Por isso, convidam sócios que complementam suas habilidades. Esses sócios também são empreendedores, só não foram os primeiros a ter a ideia do negócio. Não é raro que os empreendedores convidados passem a liderar o desenvolvimento da empresa cuja ideia não tenha partido deles.

Capítulo 2

- *Busca sistemática (querer ganhar dinheiro e se realizar financeiramente).* Se você questionar os empreendedores sobre o que os levou a criar a empresa, poucos reconhecerão que o objetivo era ganhar dinheiro ou ficar rico. No entanto, ganhar dinheiro e obter a realização financeira faz parte dos objetivos dos empreendedores do próprio negócio. Mesmo sendo poucos os empreendedores que falam abertamente de ganhar dinheiro, alguns que pensam em criar uma empresa colocam esse objetivo como prioritário e, por isso, passam a fazer uma busca sistemática de ideias que possam se transformar em grandes oportunidades de negócio.

- *Desejo de autonomia.* Esse talvez seja o desejo número um da maioria daqueles que anseiam empreender. Ser dono do próprio nariz e definir os caminhos a seguir fazem parte do imaginário do brasileiro candidato a empreendedor. Isso ocorre porque, como funcionário, você sempre responderá a alguém, um chefe ou superior. Como empreendedor do seu próprio negócio, em tese, você é quem terá a última palavra e tomará as decisões que definirão os rumos da empresa. Do ponto de vista prático, isso de fato pode ocorrer, mas a autonomia do empreendedor nem sempre é total, principalmente quando há sócios e clientes-chave que não podem (ou não deveriam) ser preteridos ou contrariados.

- *Ganhar um recurso inesperado.* Você provavelmente já ouviu alguém falar que, se ganhasse na loteria, criaria uma empresa. O candidato a empreendedor muitas vezes posterga a decisão de criar a empresa porque considera a necessidade de recursos financeiros uma das premissas mais importantes. Como muitas pessoas não possuem os recursos necessários para criar a empresa que almejam, fatores inesperados, como ganhar na loteria ou receber um bônus especial no final do ano da empresa para a qual trabalha podem ser o impulso que faltava para colocar a ideia da própria empresa em prática.

- *Receber herança e/ou participar de sucessão de empresa familiar.* Ser herdeiro de uma família com posses ou que já tenha um legado de negócios bem-sucedidos é um caminho para se empreender. A sucessão familiar nos negócios hoje em dia não se baseia apenas nos laços familiares, e, muitas vezes, há executivos de mercado, sem vínculos com a família dona da empresa, à frente dos negócios criados há décadas pelos empreendedores pioneiros que iniciaram a geração da fortuna ou herança. Os familiares mais jovens que pensam em empreender têm a oportunidade de seguir à frente dos negócios da família ou, como não tem sido incomum ultimamente, podem utilizar parte dos recursos herdados para iniciar sua própria empresa, não necessariamente relacionada com os negócios atuais da família.

- *Projeto da pós-carreira (após a aposentadoria).* Parece contraditório, já que a aposentadoria significa deixar de trabalhar e viver dos rendimentos que o trabalho pregresso lhe possibilitou ou das economias poupadas ao longo da vida. Porém, para muitos empreendedores da pós-carreira, a aposentadoria é mais um ritual de passagem do mundo da carteira assinada como funcionário para uma nova fase da vida profissional, na qual o negócio próprio se torna o projeto a ser realizado. A pós-carreira pode ocorrer de várias maneiras, inclusive pela abertura de uma franquia.

Diferentes maneiras de empreender

- *Missão de vida (querer deixar um legado).* Há pessoas que têm bem claro para si e, às vezes, cedo na vida que estão no mundo para cumprir uma missão. Muitas acreditam ainda que essa missão será cumprida por meio do negócio próprio e do empreendedorismo. Ao empreender o próprio negócio, sua iniciativa gera empregos, paga impostos e transforma em riqueza suas ideias e projetos. Há geração de valor para a sociedade, e, ainda, em grande parte dos casos, deixa-se um legado que inspirará as futuras gerações.

Todos os fatores apresentados que motivam as pessoas a empreender por oportunidade podem levar o empreendedor não apenas à criação do negócio próprio. Na verdade, há inúmeras maneiras de empreender por oportunidade. Na Figura 2.1, há uma representação esquemática que sintetiza as principais motivações que levam as pessoas a empreender e as várias possibilidades de se empreender por necessidade e por oportunidade.

Já a Figura 2.2 apresenta alguns exemplos de caminhos possíveis ao empreendedor, ou seja, empreender não é algo estático, e a mesma pessoa pode fazê-lo de várias maneiras em momentos distintos ao longo da vida. Por exemplo: **(1)** um empreendedor informal pode tornar-se empreendedor individual, depois cooperado e, a partir da experiência que adquiriu, decidir alçar novo voo solo em outro tipo de negócio; **(2)** um empreendedor do próprio negócio pode negociar a venda de sua empresa para uma companhia de maior porte e se tornar um executivo (empreendedor corporativo) da empresa compradora (note que isso é comum, e geralmente o empreendedor aceita tal proposta devido a um ganho considerável de recurso financeiro ao vender sua empresa); **(3)** um franqueado identifica um novo nicho de mercado e, com sua experiência no setor de franquias, passa a ser franqueador de uma nova marca/negócio (é o negócio próprio, com mais autonomia que aquele do qual se é apenas franqueado); **(4)** um empreendedor público decide criar, logo após sua aposentadoria, uma organização sem fins lucrativos para continuar a ajudar as pessoas; **(5)** um atleta de alta performance decide criar o próprio negócio quando deixar de se dedicar à vida de esportista.

2.4 Tipos de empreendedores

Os vários tipos de empreendedores apresentados na Figura 2.1 são os mais comuns, mas, como o tema empreendedorismo está em franca expansão e disseminação, é provável que, com o passar dos anos, novas denominações surjam. Na sequência, alguns exemplos e considerações para cada denominação empreendedor são apresentados.

Capítulo 2

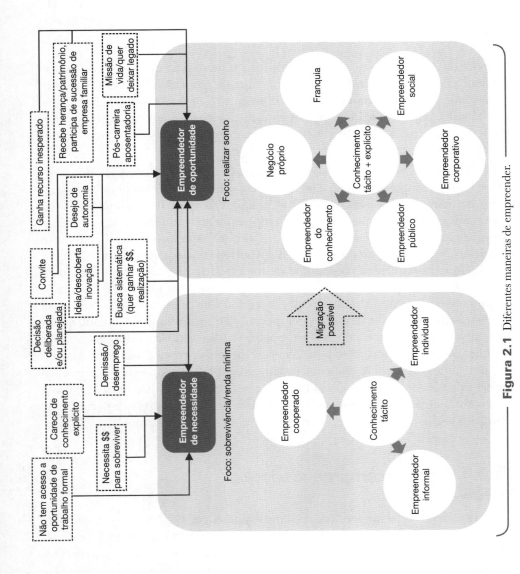

Figura 2.1 Diferentes maneiras de empreender.

Diferentes maneiras de empreender

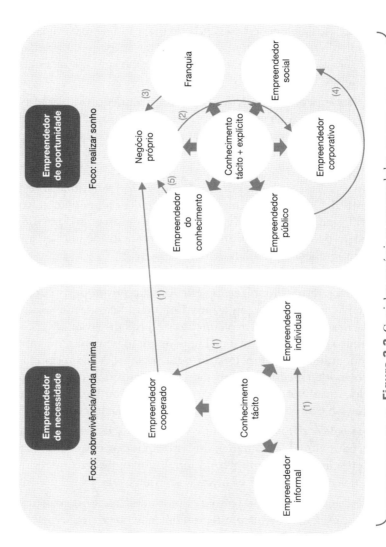

Figura 2.2 Caminhos possíveis ao empreendedor.

Capítulo 2

- *Empreendedor informal.* Há vários exemplos que se enquadram nessa categoria, como pessoas que vendem mercadorias nas esquinas das ruas, em barracas improvisadas, nos semáforos etc.; vendedores ambulantes; autônomos que prestam serviços diversos.

- *Empreendedor cooperado.* São, por exemplo, artesãos que se unem em uma cooperativa; catadores de lixo reciclável que criam uma associação para poder ganhar escala e negociar a venda do que produzem/reciclam com empresas; é o indivíduo que empreende seu pequeno negócio/propriedade rural e que se associa a demais empreendedores do mesmo ramo para, em conjunto, suprir a demanda de um laticínio.

- *Empreendedor individual.* É o antigo empreendedor informal que, agora legalizado, começa a ter uma empresa de fato, contrata funcionários, pode crescer e, quem sabe, deixará de ser um empreendedor individual para se tornar dono de um negócio maior.

- *Franquia.* O franqueado é aquele que inicia uma empresa a partir de uma marca já desenvolvida por um franqueador; sua atuação é local/regional, e alguns dos setores que mais se destacam são alimentação, vestuário e educação/treinamento. O franqueador é um empreendedor visionário que vê no modelo de negócio de franquias uma maneira de ganhar escala e tornar sua marca conhecida rapidamente.

- *Empreendedor social.* Pessoas que querem ajudar o próximo e criam ou se envolvem com uma organização sem fins lucrativos para cumprir determinado objetivo social: educação a quem não tem acesso, melhoria na qualidade de vida das pessoas, desenvolvimento de projetos sustentáveis, arte, cultura etc. O típico empreendedor social não aufere lucro com a iniciativa, mas pode ser remunerado como funcionário ou associado. Mais recentemente, surgiu um modelo intermediário, conhecido como setor dois e meio, no qual o empreendedor social busca cumprir seu objetivo de mudar e melhorar a sociedade na qual vive e ainda consegue auferir lucro com a iniciativa.

- *Empreendedor corporativo.* São funcionários conscientes de seu papel na organização para a qual trabalham e que trazem ideias e executam projetos que visem ao crescimento da empresa no longo prazo; pessoas que inovam na empresa estabelecida, em todos os níveis hierárquicos.

- *Empreendedor público.* São pessoas comprometidas com o coletivo, que não se deixam cair na monotonia por ter estabilidade no emprego; pelo contrário, querem melhorar os serviços à população e propõem maneiras de utilizar os recursos públicos com mais eficiência. Apesar do rótulo totalmente oposto ao empreendedorismo, comumente atribuído aos funcionários públicos, na verdade, há muitos empreendedores públicos que fazem a diferença e trabalham por um país mais justo e igualitário. Não se pode confundir esse empreendedor com os políticos que utilizam o conceito do empreendedorismo para autopromoção.

- *Empreendedor do conhecimento.* Há inúmeros exemplos que se enquadram nessa categoria, como um atleta que se prepara com dedicação, planeja a melhor estratégia para otimizar seu desempenho e executa com perfeição o que planejou, realizando seu sonho em uma olimpíada; o advogado, dentista, médico, enfim, o profissional liberal que quer fazer a diferença; o maestro que rege a orquestra com perfeição e entusiasma a plateia com o resultado obtido; o escritor que estimula as pessoas a sonhar e a viver o papel do protagonista da história.

- *Negócio próprio.* O típico dono do próprio negócio é o indivíduo que busca autonomia, que deseja ser patrão e cria uma empresa estilo de vida, sem maiores pretensões de crescimento, para manter um padrão de vida aceitável, que lhe atribua o status de pertencer à classe média; o problema é que o negócio estilo de vida é de alto risco, já que há muitos concorrentes fazendo o mesmo que você e tentando conquistar os mesmos clientes; o empreendedor do negócio próprio que pensa grande também arrisca, mas pode construir algo duradouro e que eventualmente muda o mundo, ou pelo menos sua região, cidade, comunidade; o dono do próprio negócio que cria uma empresa pensando em crescer pode inclusive ser um franqueador, permitindo que outros empreendedores utilizem sua marca e modelo de negócio em outras localidades, e, com isso, todos ganham.

Como já mencionado, o empreendedor do negócio próprio é o tipo mais comum, e, por isso, durante muitos anos, rotulou-se designar o empresário, dono de uma empresa, como sinônimo de empreendedor e vice-versa. As várias definições apresentadas anteriormente mostraram que empreender vai além da criação e gestão da própria empresa. Mas como o foco deste livro é o negócio próprio, cabe buscar entender como pensa e age esse tipo de empreendedor para, então, propor maneiras de se replicar o método e processo empreendedor em novas iniciativas no Brasil.

O empreendedor do negócio próprio pode ainda ser classificado em subtipos ou perfis que constituem os vários grupos de indivíduos que buscam realizar seus sonhos ao criar e gerir uma empresa. A maioria dos subtipos mais comuns já foi apresentada em detalhes no livro *Empreendedorismo na Prática*[19], e alguns desses são listados a seguir.

- *Empreendedor nato*. Geralmente, são os mais conhecidos e aclamados. Suas histórias são brilhantes e, muitas vezes, começaram do nada e criaram grandes impérios. Começam a trabalhar muito jovens e adquirem habilidade de negociação e de vendas. Em países ocidentais, esses empreendedores natos são, em sua maioria, imigrantes, ou seus pais e avós o foram. São visionários, otimistas, estão à frente do seu tempo e comprometem-se 100% para realizar seus sonhos. Suas referências e exemplos a seguir são os valores familiares e religiosos, e eles mesmos acabam por se tornar uma grande referência. Se você perguntar a um empreendedor nato quem ele admira, será comum se lembrar da figura

Capítulo 2

paterna/materna, de algum familiar mais próximo ou, em alguns casos, não haverá nenhum exemplo específico para citar. Exemplos: Bill Gates, Andrew Carnegie, Sílvio Santos, Irineu Evangelista de Souza (Barão de Mauá), entre outros.

- *Empreendedor serial (cria novos negócios).* O empreendedor serial é aquele apaixonado, não apenas pelas empresas que cria, mas, principalmente, pelo ato de empreender. É uma pessoa que não se contenta em criar um negócio e ficar à frente dele até que se torne uma grande corporação. Como geralmente é uma pessoa dinâmica, prefere os desafios e a adrenalina envolvidos na criação de algo novo a assumir uma postura de executivo que lidera grandes equipes. Normalmente, está atento a tudo o que ocorre ao seu redor e adora conversar com as pessoas, participar de eventos, associações, fazer *networking*. Para esse tipo de empreendedor, a expressão "tempo é dinheiro" cai como uma luva. Geralmente, tem uma incrível habilidade para montar equipes, motivar o time, captar recursos para o início do negócio e colocar a empresa em funcionamento. Sua habilidade maior é acreditar nas oportunidades e não descansar enquanto não as vir implementadas. Ao concluir um desafio, precisa de outros para se manter motivado. Às vezes, se envolve em vários negócios ao mesmo tempo e não é incomum ter várias histórias de fracasso, mas que servem de estímulo para a superação do próximo desafio.

- *Empreendedor "Normal" (planejado).* Toda teoria sobre o empreendedor de sucesso sempre apresenta o planejamento como uma das mais importantes atividades desenvolvidas pelos empreendedores. E isso tem sido comprovado nos últimos anos, já que o planejamento aumenta a probabilidade de um negócio ser bem-sucedido e, em consequência, leva mais empreendedores a usarem essa técnica para garantir melhores resultados. O empreendedor que "faz a lição de casa", que busca minimizar riscos, que se preocupa com os próximos passos do negócio, que tem uma visão de futuro clara e que trabalha em função de metas é aqui definido como o empreendedor "normal" ou planejado. "Normal" do ponto de vista do que se espera de um empreendedor, mas não necessariamente do que se encontra nas estatísticas gerais sobre a criação de negócios (a maioria dos empreendedores ainda não se encaixa na categoria "normal"). O empreendedor normal seria o mais completo do ponto de vista da definição de empreendedor, mas que, na prática, ainda não representa uma quantidade considerável de empreendedores.

A Tabela 2.1 apresenta uma comparação entre os vários tipos de empreendedores, considerando vários atributos comumente relacionados com o empreendedorismo.

O empreendedor do negócio próprio tem sido o objeto dos estudos internacionais de pesquisadores que se dedicam ao tema há várias décadas. Há tanto estudos relacionados com os processos, técnicas e métodos de gestão empregados

Diferentes maneiras de empreender

Tabela 2.1 Comparação entre os tipos de empreendedores

Tipo de Empreendedor	Ganho $	Nível de autonomia	Nível de risco	Dedicação ao trabalho	Trabalho em equipe	Recursos para a iniciativa	Objetivo
Informal	Precisa para sobreviver e almeja ganhar.	Alto, mas sem garantia de resultado.	Baixo, já está em situação limítrofe.	Parcial, trabalha o suficiente para garantir o sustento do dia.	Geralmente envolve a família, mas também pode ser solitário.	Não possui, usa apenas o conhecimento tácito.	Não possui, crê que, em algum momento, sua "sorte" pode mudar.
Cooperado	Precisa para seu sustento e almeja ganhar.	Médio, suas atividades devem estar em consonância com as dos demais cooperados.	Baixo, a cooperativa ajuda a manter uma renda média devido ao esforço coletivo.	Parcial, trabalha o necessário para cumprir as metas de produção.	É fator-chave de sucesso, pois, sozinho, não se atingem resultados nesse caso.	Pouco, geralmente a própria dedicação ao trabalho e pouco capital financeiro.	Crescer e, um dia, se tornar independente ou continuar na cooperativa em um ambiente protegido.
Individual	Precisa para seu sustento e almeja ganhar.	Alto, pois decide sozinho os rumos do negócio.	Baixo, tem pouco a perder.	Parcial, trabalha o necessário; ou alto, caso sonhe em mudar de patamar.	Parcial, tem geralmente um funcionário, mas não é solitário.	Pouco, resume-se às suas reservas financeiras ou às da família.	Crescer e mudar de patamar de empresa ou ficar como está.
Franquia	Vislumbra uma renda média mensal de acordo com o estimado pelo franqueador.	Médio, pois precisa sempre seguir as regras do franqueador.	Baixo, se a franquia for conceituada; médio ou alto se a franquia ainda não tiver resultados expressivos.	Alto, apesar de ser franqueado, precisa gerir uma empresa completa (a exceção são as microfranquias).	Importante para conseguir cumprir metas; no caso da microfranquia, é menos crítico.	Na maioria dos casos, recursos próprios; há casos de financiamento em bancos ou junto ao franqueador.	Conseguir o retorno do investimento inicial; há os que querem ainda criar outra franquia da mesma marca ou diversificar o setor.
Social	Não é seu objetivo; visa apenas ter um salário ou tem outra fonte de renda.	Médio, pois dificilmente realiza as ações almejadas sem o envolvimento de outras pessoas/entidades.	Baixo, mas pode ser frustrante não conseguir colocar em prática o que almeja.	Parcial, caso tenha outras fontes de renda; Integral, caso o foco seja o social.	Primordial para o sucesso da iniciativa.	Próprios, de amigos, família, doações de empresas e governo etc.	Mudar o mundo e inspirar outras pessoas a fazê-lo.

(Continua)

Tabela 2.1 Comparação entre os tipos de empreendedores (*Continuação*)

Tipo de Empre-endedor	Ganho $	Nível de autonomia	Nível de risco	Dedicação ao trabalho	Trabalho em equipe	Recursos para a iniciativa	Objetivo
Corporativo	Faz parte de suas metas, mas o principal é crescer na carreira.	Parcial, pois depende da empresa e de sua posição hierárquica; nunca será total, pois sempre haverá alguém a quem prestar contas.	Alto, se a cultura corporativa não incentivar o empreendedorismo; médio, mesmo em empresas empreendedoras.	Acima do normal se comparada à de funcionários que não abraçam o empreendedorismo.	Fundamental para colocar suas ideias em prática e cumprir metas.	Da própria empresa ou externos à empresa.	Crescer na empresa, obter promoção, ganhar bônus e ser reconhecido.
Público	Não é o que o motiva, pois já sabe qual será seu salário no final do mês.	Baixo, pois há muita burocracia a ser vencida.	Baixo, pois dificilmente projetos ousados são aprovados e implementados sem interferências ou modificações.	Acima do normal, se comparado a outros funcionários públicos não empreendedores.	Essencial e condição básica para conseguir fazer acontecer.	Públicos, mas de difícil obtenção.	Ajudar as pessoas, realizar-se profissionalmente e provar a si e aos outros que seu papel na sociedade é nobre.
do Conhecimento	Almeja ter recursos acima da média de seus pares para arcar com seus desejos de consumo.	Depende da atividade, mas, em geral, é alto, pois sua habilidade (e ativo principal) é o próprio conhecimento.	Baixo, mas precisa zelar pela reputação para não denegrir a própria imagem.	Acima do normal e, muitas vezes, confunde o pessoal com o profissional, pois "sua pessoa/imagem" é o produto que está à venda.	Não é o seu forte, pois há um componente egocêntrico que predomina; se necessário, faz esforço e sabe que precisa compartilhar trabalho, ideias, projetos para multiplicar resultados.	Geralmente, recursos próprios, mas não necessariamente financeiros.	Realização profissional e reconhecimento.
Negócio próprio	É um dos seus objetivos principais, apesar de nem sempre falar sobre o assunto.	Alto, mas, conforme a empresa cresce, precisa delegar e evitar o excesso de controle.	Alto, pois se envolve de corpo e alma à iniciativa, comprometendo geralmente mais do que imaginava inicialmente para fazer o negócio acontecer.	Total, muitas vezes confundindo e não sabendo separar adequadamente momentos de trabalho, lazer e a vida pessoal e familiar.	Rapidamente percebe que, se não tiver uma equipe competente de pessoas que complementem seu perfil, sua empresa não crescerá.	Na maioria dos casos, recursos próprios e/ou da família; há ainda os que conseguem financiamento em bancos ou investimento de risco, mas são a minoria.	Realização pessoal, autonomia financeira, deixar legado e contribuir para o crescimento e desenvolvimento econômico do país.

pelos empreendedores quanto os que se dedicam a entender o perfil e as características empreendedoras. A partir da década de 1980, a ênfase em entender o perfil do empreendedor deixou de ser o foco dos pesquisadores internacionais, apesar de ainda despertar a curiosidade de muitos pesquisadores brasileiros que se dedicam ao assunto.

Já os demais tipos de empreendedores começaram a ser discutidos e analisados mais recentemente, tanto em nível internacional como nacional, quando o foco da atenção deixou de ser apenas o negócio próprio. Isso porque o comportamento empreendedor pode ser desenvolvido e praticado em várias situações. O empreendedor deve estar atento ao ambiente no qual está inserido para poder praticar suas habilidades empreendedoras e aumentar suas chances de sucesso, seja qual for sua atividade profissional ou organização à qual pertence.

Diferentes maneiras de empreender

1. Pesquise na internet, jornais, revistas, livros etc. e identifique, pelo menos, um exemplo de empreendedor para cada um dos nove tipos listados na Tabela 2.1. Para qual dos tipos foi mais difícil encontrar um exemplo? Por quê? Compartilhe seu resultado com os colegas e debata se os exemplos citados podem de fato ser considerados empreendedores nos vários casos. O que você levou em consideração para chegar à conclusão de que um exemplo é ou não empreendedor?

2. Utilize a Figura 2.2 e sugira pelo menos três outros caminhos possíveis que podem ocorrer a pessoas que empreendem ao longo da vida. Cite algum exemplo de pessoa que percorreu pelo menos um dos caminhos que você sugeriu.

Acesse o fórum de empreendedorismo em *www.josedornelas.com.br*, coloque suas respostas e veja o que outras pessoas pensam sobre as diferentes maneiras de empreender.

Capítulo 2

Conhecendo empreendedores (Parte 1)

Seu desafio será, individualmente ou em grupo, identificar pessoas empreendedoras na sua cidade/região, contatá-las e convidá-las para uma palestra em sua faculdade/universidade, sob a supervisão e concordância do professor da disciplina.* O ideal é que, além do empreendedor do negócio próprio, sejam convidados pelo menos mais dois outros empreendedores entre os diferentes tipos apresentados neste capítulo. Após a apresentação de cada empreendedor (30 minutos a uma hora cada), deve-se promover um debate entre os participantes e os palestrantes. O objetivo dessa atividade é conhecer mais a respeito das atitudes que fazem um empreendedor ter sucesso, analisar os prós e contras de empreender, validar as comparações apresentadas na Tabela 2.1 e ouvir conselhos dos convidados àqueles que pretendem empreendedor um dia.

Resumo

Empreender não é exclusivo àqueles que criam um negócio próprio. A decisão de empreender é motivada por inúmeros fatores e circunstâncias que levam as pessoas a optar por se envolverem em atividades que acabam por defini-las como pessoas empreendedoras. Há motivações restritas ao empreendedorismo de necessidade, e outras ao empreendedorismo de oportunidade. A partir das várias motivações empreendedoras, podem-se identificar também as várias maneiras de se empreender, e, com isso, definem-se tipos de empreendedores. O tipo mais comum é o empreendedor do negócio próprio, mas, mais recentemente, outros tipos de empreendedores têm sido identificados. As pessoas que empreendem têm um comportamento similar, que não é restrito aos empreendedores do negócio próprio.

---

* É de extrema importância que esta atividade seja feita sob a supervisão e concordância do professor responsável e da coordenação da faculdade/universidade. A atividade visa estimular a iniciativa nos alunos, mas precisa ser feita de acordo com os critérios e regras do estabelecimento de ensino.

3

Quem é o empreendedor do próprio negócio

Capítulo 3

3.1 Conhecendo o perfil do empreendedor

A tentativa de rotular o perfil do empreendedor e definir os traços comuns àqueles que empreendem não é recente. Há décadas os pesquisadores se debruçam sobre dados das mais variadas fontes com o objetivo de identificar o que pensa e como age o empreendedor. Alguns dos estudos mais conhecidos e disseminados no Brasil pelo SEBRAE é o conjunto de características comportamentais empreendedoras, definidas por David McClelland nas décadas de 1960 e 1970.[20] Nos livros *Empreendedorismo, Transformando Ideias em Negócios*[21] e *Empreendedorismo na Prática*[22] também são apresentados estudos e uma relação de características empreendedoras, de maneira a ratificar que o rótulo de empreendedor é um dos mais difíceis de definir, já que a própria definição de empreender, como apresentada no Capítulo 1, permite interpretações subjetivas.

De todo modo, algumas características ou traços empreendedores quase sempre são citados pelos pesquisadores como bastante comuns aos empreendedores do próprio negócio. Assumir riscos calculados é uma delas e que acaba por contrariar o mito de que os empreendedores são loucos pelo risco. Na verdade, os empreendedores sabem que, se não arriscarem, dificilmente conseguirão grandes resultados. Por isso, buscam definir estratégias para calcular e minimizar o risco, mesmo sabendo que eliminá-lo é tarefa impossível.

Antes de assumir risco, porém, há de se ter iniciativa. Já a curiosidade pode levar à criatividade e à inovação. Para atrair talentos ao seu projeto, o empreendedor precisa ainda persuadir pessoas, convencê-las a aderir ao seu projeto e compartilhar seu sonho. Mas não basta apenas a habilidade de persuasão se não houver uma liderança para que todos sejam inspirados e concordem em seguir o projeto do empreendedor, o que geralmente se torna mais factível quando ele tem uma visão clara de futuro, mesmo sabendo que mudanças ocorrerão ao longo do caminho.

O fato é que, mesmo identificando as características mais comuns aos empreendedores e definindo uma estratégia pessoal para identificá-las e desenvolvê-las, não há garantias que você será um empreendedor bem-sucedido. Os fatores externos à empresa, geralmente relacionados com o mercado e a concorrência, e os fatores internos (as forças e fraquezas de seu negócio) influenciam tanto quanto as habilidades pessoais do empreendedor e sua equipe. Porém, sem habilidades empreendedoras bem desenvolvidas, você pode perder oportunidades e não se realizar como empreendedor. Por isso, é válido identificar suas principais competências empreendedoras e traçar uma estratégia para desenvolvê-las. Há vários testes e diagnósticos que podem ser aplicados para esse objetivo, como os apresentados nos livros *Empreendedorismo, Transformando Ideias em Negócios, Empreendedorismo na Prática* e *Criação de Novos Negócios,*[23] além do teste gratuito disponibilizado no

50

Quem é o empreendedor do próprio negócio

portal *planodenegocios.com.br*[24] e do teste de perfil empreendedor de McClelland, disponível para *tablets* e *smartphones* em *http://bit.ly/perfilempreendedor.*[25]

O que esses testes buscam identificar são padrões de comportamento e crenças pessoais, para então compará-los aos resultados obtidos quando foram aplicados aos indivíduos considerados empreendedores. Por isso, note que, ao se autoaplicar um teste de perfil empreendedor, você deve levar em consideração que suas crenças, habilidades, conhecimento, experiência, mudam com o passar do tempo e, por isso, um resultado obtido hoje não significa um rótulo que deve ser levado para o resto da vida.

Em resumo, caso você identifique deficiências que precisam ser aperfeiçoadas, considere o teste como um balizador que se propõe a auxiliá-lo na definição de metas de melhoria. Já o contrário também deve ser visto com ressalvas, uma vez que obter pontuações ou resultados máximos em testes pode levar o indivíduo a relaxar e achar que está "pronto" para os desafios e que nada mais precisa aprender. Isso é temerário e pode até soar tolo, mas muitas pessoas acabam por cair nesse tipo de armadilha e vivem por anos sendo consideradas excelentes empreendedoras em potencial, que não colocam em prática toda sua sabedoria.

A partir dessas ressalvas, cabe discutir algumas das habilidades mais comuns aos empreendedores para tentar entender como esses indivíduos especiais para a sociedade se comportam, mesmo sabendo que essa tentativa não levará a uma conclusão exata. A Tabela 3.1 apresenta 20 características comumente atribuídas aos empreendedores.

Tabela 3.1 Vinte características empreendedoras

Motivação	Os empreendedores geralmente são pessoas motivadas, pois têm um motivo para agir, uma missão a cumprir, um sonho a realizar. A realização do empreendedor não ocorre apenas por meio do ganho financeiro, mas ganhar dinheiro é uma das maneiras de se realizar!
Iniciativa	Os empreendedores não esperam os eventos acontecerem, eles se antecipam e tomam a iniciativa, são pioneiros, proativos e querem estar à frente da concorrência.
Paixão	Os empreendedores são pessoas otimistas e apaixonadas pelo que fazem. Isso ocorre porque geralmente o negócio criado é o caminho para realização de seu sonho e objetivos traçados (mesmo que informalmente) de realização pessoal.
Visão	O hábito de sonhar do empreendedor faz com que vislumbre cenários futuros, mudanças no ambiente, no comportamento das pessoas e no mercado. A partir dessa análise, o empreendedor passa a desenvolver uma visão clara do futuro de seu negócio.
Networking	Os empreendedores sabem que, se não se relacionarem, não conseguirão convencer as pessoas de que seu sonho é viável. A habilidade de relacionamento pessoal leva ao desenvolvimento de uma rede de contatos extensa, com os mais variados tipos de pessoas. Esse *networking* é o alicerce das relações que terá por toda a vida; e as conexões estabelecidas serão úteis ao seu desenvolvimento pessoal e ao negócio.

(Continua)

51

Capítulo 3

Tabela 3.1 Vinte características empreendedoras (*Continuação*)

Liderança	Os empreendedores são autênticos e demonstram possuir uma energia e crença incomuns. Esse comportamento inspira as pessoas ao seu redor, que são contagiadas por uma liderança natural.
Trabalho em equipe	O empreendedor aprende na prática que, sozinho, dificilmente conseguirá realizar seu sonho. A formação de equipes que pensam e agem conforme sua visão e que complementam seu perfil passa a ser um trunfo para o sucesso do negócio.
Fazer a diferença	Apesar de uma frase que permite interpretações subjetivas, o "fazer acontecer" resume o mantra dos empreendedores. A atitude perante os desafios resume-se nessa frase, que pode ainda ser interpretada como o ato de realização.
Conhecimento	O conhecimento é um ativo intangível, mas de extrema importância para o sucesso do empreendedor. Aqueles que conhecem em detalhes seu produto/serviço, o modelo de negócio de sua empresa, o setor/mercado no qual a empresa atua, adquirem uma vantagem em relação a seus competidores.
Criatividade	Ser criativo não é pré-requisito para ser empreendedor, mas os empreendedores criativos geralmente estão mais preparados para inovar. Um caminho para desenvolver a criatividade é praticar o ato de ser curioso, já que a curiosidade desperta no empreendedor o interesse por novas oportunidades.
Dinamismo	Não se contentar com o *status quo* e ser um inconformado são o que faz do empreendedor uma pessoa dinâmica, que se envolve em várias atividades e não se sente confortável com a calmaria. O lado ruim desse tipo de comportamento pode ser o excesso de impaciência, que muitas vezes leva ao estresse em demasia.
Assumir risco	Quem não arrisca não petisca. Essa é a essência do comportamento empreendedor. Para conseguir resultados relevantes, deve haver uma pitada de risco. E quando se arrisca, pode-se falhar. Aceitar que a falha com certeza pode ou vai ocorrer é o primeiro passo para lidar com o risco. Com isso, o empreendedor aprende a se levantar quando há um fracasso e dedica-se a novos desafios. O fracasso, portanto, faz parte da curva de aprendizado do empreendedor.
Planejamento	Quando se tem um objetivo claro do que se quer ou aonde se quer chegar, o planejamento passa a ser uma atividade quase natural. Por isso, o ato de planejar é considerado de suma importância para o sucesso do empreendedor. Porém, há empreendedores que têm o sonho claro, mas o objetivo não tão bem definido. Nesses casos, o planejamento tradicional parece não ter sentido, pois não se sabe aonde se quer chegar. O planejamento efectual (que será tratado no Capítulo 4) passa a ter grande relevância nessas situações.
Organização	Organizar, do ponto de vista empreendedor, não é o ato de ser metódico, burocrático ou detalhista. Trata-se de saber juntar adequadamente os recursos e as partes para formar o todo de que um projeto precisa para ser executado.
Explorar oportunidades	Ideias só se tornam grandes negócios quando transformadas em oportunidades. Os empreendedores estão sempre atentos para identificar lacunas nos mercados, propor soluções para problemas da sociedade ou desenvolver mercados a partir de ideias inovadoras que tiveram.
Tomar decisões	Quando precisam decidir entre as alternativas disponíveis, mesmo sem ter em mãos todas as informações de que gostariam, os empreendedores sabem que, se não tomarem uma decisão, podem deixar a oportunidade passar. Por isso, não titubeiam, não hesitam, são decididos.

(Continua)

52

Quem é o empreendedor do próprio negócio

Tabela 3.1 Vinte características empreendedoras *(Continuação)*

Dedicação	O olho do dono é que engorda o rebanho, dito popular que exprime como o envolvimento do empreendedor é essencial para o sucesso de seu empreendimento. Os empreendedores sabem disso e envolvem-se de corpo e alma no negócio, abrindo mão de horas de lazer, finais de semana e férias, por exemplo. Muitas vezes, essa excessiva dedicação leva a disfunções, como problemas de relacionamento familiar, deterioração da saúde, pouca qualidade de vida etc. Por isso, os empreendedores contemporâneos estão mais atentos ao equilíbrio entre o tempo dedicado ao trabalho, lazer, família e a si mesmo.
Autonomia	A sensação de liberdade para decidir os próprios caminhos, de independência, controle da situação e de poder resumem a autonomia do empreendedor. Trata-se de uma das características mais claras nos empreendedores e, ao mesmo tempo, um dos anseios mais buscados pelos que querem empreender um dia.
Persuasão	Os empreendedores precisam sempre vender sua tese, conceito, proposta de valor para que outros comprem seus produtos e serviços. A persuasão é típica dos empreendedores que buscam convencer o interlocutor que sua oferta é a mais apropriada. Como geralmente o empreendedor é o maior conhecedor de seu próprio negócio, não é difícil para ele assumir o papel de principal "vendedor" da empresa. Ao se juntar a ingredientes como paixão, prazer, conhecimento e dedicação, a persuasão se torna uma poderosa ferramenta nas mãos do empreendedor.
Valor para a sociedade	O empreendedor do próprio negócio cria empregos, paga impostos, gera valor e riqueza para a sociedade, não só para si. Seu papel é fundamental para o desenvolvimento econômico do país. Além disso, o empreendedor é um modelo de referência e inspiração aos mais jovens que sonham com um mundo melhor.

Muitas das características da Tabela 3.1 são ratificadas pelo estudo da Ernst & Young sobre o DNA do empreendedor de sucesso. Nesse estudo, foram entrevistados 685 líderes empreendedores de 30 países, atuando em 25 setores diferentes da economia. As empresas desses empreendedores faturaram, em 2011, entre U\$10 milhões e U\$20 bilhões.[26] Uma das perguntas feitas aos empreendedores buscou identificar, na sua própria visão, quais seriam as qualidades mais importantes de um líder empreendedor. O resultado é apresentado na Figura 3.1.

Algumas das qualidades ressaltadas no estudo merecem atenção dos candidatos a empreendedor, como foco (dedicação total a um projeto até conseguir os resultados almejados), resiliência (capacidade de resistir à pressão ou de lidar com problemas) e integridade (não se corromper e ser fiel a seus princípios de conduta ética).

Outro destaque desse estudo foi a resposta à pergunta: "Qual é o maior desafio para um negócio em fase inicial?". A resposta que aparece em primeiro lugar, para 33% dos participantes do estudo, foi "o investimento inicial"; em segundo lugar, empatadas com 19%, encontram-se "pessoas/equipe" e *"know-how*/conhecimento".

Conseguir recursos sempre foi e continua sendo um desafio para os empreendedores iniciantes. Já montar times ou equipes com as habilidades necessárias é considerado um desafio pelos empreendedores. Mais difícil ainda é encontrar

Capítulo 3

pessoas com os valores adequados e em consonância com os do empreendedor e da empresa que está criando. Eles relatam também ser essencial montar equipes com habilidades técnicas sólidas e com conhecimento de gestão abrangente, o que é raro encontrar na maioria dos indivíduos.

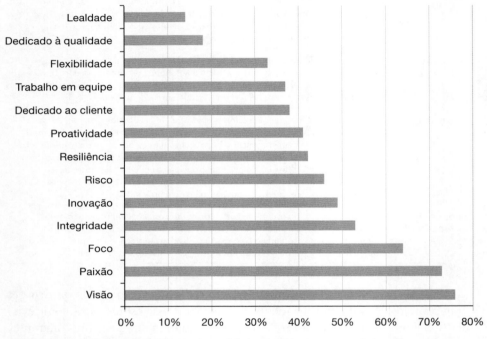

Figura 3.1 Principais qualidades dos líderes empreendedores[26]

O perfil do empreendedor do próprio negócio

1. Acesse o site *www.planodenegocios.com.br*, realize o teste de perfil empreendedor (McClelland) disponível gratuitamente e analise suas características empreendedoras. Compare seus resultados com a média de resultados apresentados no site e ainda com os resultados de seus colegas. Quais são as suas conclusões? Qual é a sua opinião sobre os testes de perfil empreendedor?
2. Das características empreendedoras trabalhadas no teste de McClelland quais não foram citadas na Tabela 3.1? A partir do que você estudou neste capítulo, de pesquisas na internet e do teste realizado, liste as dez características empreendedoras que você considera as mais importantes. Justifique sua escolha.

Quem é o empreendedor do próprio negócio

Acesse o fórum de empreendedorismo em *www.josedornelas.com.br*, coloque suas respostas e veja o que outras pessoas pensam sobre o perfil do empreendedor do próprio negócio.

 3.2 Dez verdades sobre o empreendedor

Além da discussão acerca do perfil e das características dos empreendedores também é comum encontrar estudos e mesmo análises empíricas e coloquiais que acabam por ser difundidas como mitos da personalidade do empreendedor. Por outro lado, há verdades confundidas com mitos e que também precisam ser mais bem entendidas para o benefício dos candidatos a empreendedor. Algumas das verdades que sobrepujam mitos bem difundidos sobre o empreendedor são apresentadas a seguir.

1. **Sorte**

    Para o empreendedor, a sorte é o encontro da oportunidade com sua capacidade de realização. O empreendedor não pensa na sorte, não conta com ela, mas a sorte pode aparecer, e, quando isso acontece, ele deve estar preparado para o evento. Por isso, quando muitos dizem que os empreendedores têm sorte, não estão errados, mas também estão sendo simplistas ao analisar os dados, uma vez que a sorte do empreendedor nada mais é que estar no lugar certo, na hora certa e com a competência certa para poder aproveitar a oportunidade.

2. **Quebrar a cara (fracassar)**

    "É muito melhor arriscar coisas grandiosas, alcançar triunfos e glórias, mesmo expondo-se à derrota, que formar fila com os pobres de espírito que nem usufruem muito nem sofrem muito, porque vivem nessa penumbra cinzenta, que não conhece vitória nem derrota." Essa frase, de Theodore Roosevelt, exprime um pensamento muito comum dos empreendedores. Eles arriscam, erram, fracassam, mas tentam. Não se arrependem de tentar e sabem que muitos que não tentam passam anos se lamentando por não terem dado o primeiro passo, por titubearem.

3. **Paciência *versus* agilidade**

    Um grande desafio do empreendedor é controlar a ansiedade, dar o ritmo correto ao desenvolvimento do negócio. Se a execução ocorrer muito lentamente, ele pode perder a oportunidade de crescer. Se for com muita sede ao pote, ele pode tropeçar nas próprias pernas, ainda sem condições de correr na velocidade almejada. Esse equilíbrio se aprende com o tempo e com a

Capítulo 3

experiência, mas se trata de um dilema que fará parte do dia a dia do empreendedor do próprio negócio.

4. Experiência

A experiência traz ao empreendedor o conhecimento tácito necessário para ser replicado e repassado a toda a equipe. Empreendedores jovens são rápidos, inovadores, ousados, mas carecem de experiência e, por isso, muitas vezes erram em áreas e decisões que os mais experientes conseguiriam contornar com maestria. Em tese, ao montar um time empreendedor, o líder pode conseguir resultados muito positivos ao trazer para a mesma equipe pessoas jovens e outras mais experientes. Essa colisão de pensamentos, comportamentos, visões a respeito do negócio e da vida, pode ser de extrema valia ao negócio.

5. "O homem não é uma ilha" (John Donne)

Não há negócio bem-sucedido alicerçado em um único personagem. Por mais que o líder empreendedor seja o principal garoto-propaganda da empresa, sozinho, não se constrói o futuro do negócio. Ao se isolar do mundo, o empreendedor se distancia do mercado, das pessoas que poderiam contribuir para seu sucesso e deixa de gerar valor à sociedade. O trabalho em equipe é essencial, e, por isso, pessoas são o ativo mais importante do negócio, não o dinheiro, como muitos imaginam.

6. Modelos de referência

Os empreendedores se espelham em modelos que lhe servem de referência. Esses modelos não são necessariamente pessoas famosas ou empreendedores conhecidos. Podem ser empreendedores da sua cidade ou região. Pessoas próximas do empreendedor, como familiares, pais e avós, também exercem grande influência na maneira de pensar e agir do futuro empreendedor. Para os empreendedores, é cativante ouvir, ver, conversar sobre personagens empreendedores que superaram grandes desafios e tornaram-se bem-sucedidos em suas áreas de atuação. Isso os inspira e ajuda a moldar seu próprio comportamento empreendedor, suas crenças e valores.

7. Perfil e influência do ambiente

O perfil do empreendedor pode mudar e ser formatado e aperfeiçoado a partir de sua interação com o ambiente no qual vive: na escola, na faculdade, na empresa, no círculo social, no ambiente familiar. As experiências vividas pelo indivíduo ajudam a moldar seu perfil, e, se o ambiente no qual esse empreendedor se insere for propício ao empreendedorismo, suas chances de prosperar aumentam significativamente.

8. Planejamento e resultados

Muitos empreendedores não desenvolvem um plano de negócios formal, o que não significa que não planejem. O planejamento tradicional, por meio

Quem é o empreendedor do próprio negócio

de um plano de negócios, tem seu papel e é fundamental em vários negócios. Mas há ainda o planejamento efectual (quando não se tem clareza do objetivo que se pretende atingir), que se baseia em um sonho claro, com várias possibilidades ou rumos para seguir. O fato é que planejar de maneira tradicional ou não ajuda o empreendedor a obter resultados. A atividade empreendedora é um caos controlado, principalmente no início do negócio, e os resultados têm mais chances de aparecer quando se planeja.

9. Sonhar acordado

Sem sonho, não há negócio. O sonho é a realização mental do futuro que se pretende para a empresa que o empreendedor está criando. Sonhar é importante, pois motiva, esclarece ideias, antecipa soluções e situações que o presente não permite discutir. Porém, há de se sonhar acordado, realizando o passo a passo para se chegar ao horizonte vislumbrado. Os empreendedores precisam sonhar acordados, ter os pés no chão e a cabeça nas nuvens. Isso estimula a criatividade, sem perder o alicerce da racionalidade.

10. Sua história é única

Por mais que exista a tentativa de rotular quem é, como pensa e age o empreendedor, cada história empreendedora é única, tem suas facetas, desafios, momentos de êxtase e de derrotas. Cada empreendedor constrói e trilha seus próprios caminhos, que servirão de referência para os novos empreendedores que surgirão. Por isso, mais importante que se comparar com outros empreendedores e tentar copiá-los integralmente é construir seu próprio estilo e ter sua própria história original. Afinal, a inovação cabe também na construção de seu legado como empreendedor.

3.3 Empreender é para todos e também para você

Um paradoxo bastante conhecido e atribuído ao filósofo grego Sócrates aplica-se perfeitamente quando tentamos entender se nosso perfil se encaixa na descrição do empreendedor de sucesso. Uma possível variação desse paradoxo pode ser descrita como: "Quanto mais adquirimos conhecimento, parece que mais distantes estamos de saber algo." A sensação que um indivíduo pode ter ao conhecer mais a respeito de si mesmo e entender o nível de suas habilidades empreendedoras pode levá-lo a imaginar estar à frente de um problema de difícil solução.

Muitos empreendedores tornam-se bem-sucedidos sem conhecer antecipadamente os problemas que enfrentariam. São os indivíduos que têm o "privilégio da ignorância" ou da falta de conhecimento e, assim, arriscam sem saber onde estão pisando. Quando se conhece em detalhes o ambiente e a si mesmo e, ainda, quando se tem uma clara visão dos cenários prováveis para o negócio, o indivíduo pode incorrer no erro do excesso de confiança. O fato é que conhecimento em

Capítulo 3

quantidade nunca é demasiado, pois nunca saberemos tudo acerca de todos os assuntos. Sempre teremos de progredir. Por isso, todos podem, em tese, desenvolver habilidades ao longo da vida, aperfeiçoar as que já possuem e constituir um alicerce forte o suficiente para enfrentar as tormentas do empreendedorismo.

Empreender é para todos e também pode ser para você. O importante é definir uma estratégia adequada para buscar seus objetivos. Não basta sonhar, mas o sonho é o início do processo, pois permite o surgimento de ideias, que podem ser transformadas em oportunidade pelo ato de empreender.

Conhecendo empreendedores (Parte 2)

Seu desafio será entrevistar um empreendedor(a) de negócio próprio. Você tem a liberdade de escolher a pessoa. A sugestão é que seja alguém fora de sua rede de relacionamentos, mas que você admire e gostaria de conhecer mais a respeito. Você pode/deve utilizar sua rede de contatos para chegar até o empreendedor. Apresente-se como um estudioso acadêmico, interessado em conhecer mais acerca do comportamento empreendedor, diga que se trata de um trabalho da faculdade e procure ter uma conversa sobre a história do empreendedor (e não da empresa, pois o foco é o empreendedor). Divida sua entrevista em fases da vida do empreendedor, buscando conhecer seu estilo de vida, o que gostava/gosta de fazer, sua formação e, principalmente, quais eram/são seus sonhos. Confronte os sonhos com as realizações atuais do empreendedor e questione se ele se sente realizado ou não. Como sugestão, crie um roteiro para a entrevista e, caso ele concorde, grave-a e coloque-a no YouTube. Você pode usar como referência o roteiro de entrevista com o empreendedor disponível no site *www.josedornelas.com.br*. Procure conhecer as entrevistas realizadas por seus colegas e promovam um debate sobre o comportamento empreendedor. Para concluir, procure responder à pergunta: "Quem é o empreendedor do negócio próprio?"

Acesse o fórum de empreendedorismo em *www.josedornelas.com.br*, coloque o link do YouTube de sua entrevista com o empreendedor e assista às demais entrevistas realizadas por outras pessoas para conhecer mais sobre o comportamento empreendedor.

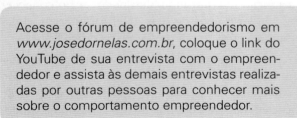

Resumo

A tentativa de rotular o perfil do empreendedor existe há décadas, e muitos estudiosos dedicam-se ao tema com o objetivo de definir um conjunto de características que distinguem os empreendedores. Há vários testes e descrições sobre as características comportamentais do empreendedor, mas não existe uma conclusão exata acerca das características que perfazem o comportamento empreendedor. Alguns dos traços empreendedores mais importantes são apresentados, bem como verdades sobre o empreendedor do próprio negócio. Empreender não é privilégio de poucos, e qualquer pessoa pode desenvolver habilidades empreendedoras.

4

O processo empreendedor revisitado

Capítulo 4

4.1 Onde tudo começa

O início do processo empreendedor ocorre quando a decisão de empreender é tomada pelo empreendedor. O que leva a essa decisão não depende de uma única variável, como já foi apresentado no Capítulo 2. Na Figura 4.1, esse momento é representado pelos quadros com setas direcionadas ao círculo "Decisão de empreender". Nos quadros constam representações de motivações empreendedoras, como vontade, desejo, busca, descoberta, sonho, missão, fazer acontecer, autonomia, ganhar dinheiro, pós-carreira, negócio familiar, convite etc. A partir da decisão tomada, as ideias devem ser analisadas pelo empreendedor de maneira que sejam consideradas ou descartadas na próxima etapa do processo empreendedor. É o que se recomenda para evitar cair na tentação comum quando se tem uma ideia aparentemente infalível. Essas ideias cegam o empreendedor que, sem qualquer análise mais criteriosa, muitas vezes cria o negócio e, com isso, corre grandes riscos de quebrar a empresa.

Em empreendedorismo, mais importante que ideias são as oportunidades. Elas podem ser definidas como ideias com potencial de retorno econômico, ou seja, são ideias que podem ser transformadas em produtos e/ou serviços que alguém vai querer adquirir (um mercado em potencial interessado em comprar o produto/serviço decorrente da ideia).

As ideias podem ser simples, sofisticadas, inovadoras, derivadas de algo existente, sustentáveis etc. Enfim, elas advêm da experiência do empreendedor, de sua rede de contatos, de seu conhecimento, do ambiente no qual vive. Muitas vezes, o empreendedor possui várias ideias e fica em dúvida sobre qual selecionar ou quais têm maior potencial de sucesso para ser a base de seu negócio.

Há também aqueles empreendedores que tomam a decisão de empreender, mas não têm ideias que considerem interessantes. Nesse caso, o dilema não é a escolha entre várias ideias, mas a identificação de uma única ideia de negócio.

Em ambos os casos, o empreendedor precisa se preparar para o próximo passo e não se contentar apenas com a simples definição do que é a ideia. De novo, o que importa é transformar ideias em oportunidades. Aos que têm várias ideias, a sugestão é seguir o fluxo do processo empreendedor, aplicar os critérios de análise de oportunidade a cada uma e, assim, selecionar aquela ou aquelas com maior potencial.

Aos que não têm ideias, o processo tem uma etapa anterior, que deve focar a pesquisa, busca, análise de problemas da sociedade, por exemplo, para então identificar ideias aparentemente interessantes para transformar em um negócio. Essa fase não pode ser feita com muitos critérios ou regras, pelo contrário, deve priorizar a criatividade. Também não se deve ainda questionar se a ideia é ou não viável; deve-se apenas tentar levantar o máximo de pensamentos que conseguir, mesmo que aparentemente soem "estúpidos" ou desnexos.

O processo de afunilar e selecionar as melhores ideias vem na sequência, ao analisar se podem ser consideradas oportunidades. Esse processo pode ser feito de várias maneiras, pois há modelos, métodos e técnicas de análise de oportunidades bem difundidos hoje em dia.

Na Figura 4.1, são apresentadas três possibilidades para auxiliar o empreendedor nessa tarefa. Não se espera que ele aplique todos os três modelos aqui apresentados para analisar suas ideias com o intuito de decidir se são ou não oportunidades. O processo pode ser desgastante e moroso. Por isso, recomenda-se escolher pelo menos um modelo. Os modelos de Timmons, Canvas e Efectual serão apresentados em mais detalhes adiante, no Capítulo 5. Ao considerar várias ideias, o empreendedor com certeza descartará algumas ao passar pelo funil de análise de oportunidades. Com isso, pode-se selecionar a oportunidade mais interessante para levar adiante como negócio. A partir daí, tem-se a ideia de negócio definida e encerra-se a primeira fase do processo empreendedor.

Apesar de ser apresentada com várias informações, essa fase inicial é, na verdade, muito prática e simples de ser executada por qualquer pessoa que pretenda empreender. A simplicidade dessa fase não condiz com sua importância, pois se a fase inicial for malfeita, o empreendedor pode colocar em risco todo o seu futuro negócio.

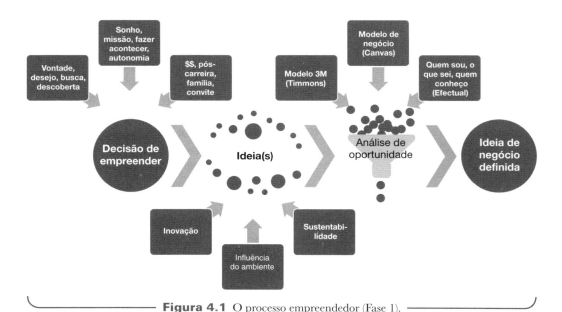

Figura 4.1 O processo empreendedor (Fase 1).

Capítulo 4

Como muitos dos empreendedores já estabelecidos não tiveram acesso a esse tipo de informação ou metodologia quando optaram por empreender, é natural que não tenham aplicado tais filtros ao escolher suas ideias de negócio. Mas àqueles que, como você, podem usufruir de tais ferramentas, o que se aconselha é que utilizem desse conhecimento com o objetivo de reduzir riscos e aumentar as probabilidades de sucesso da jornada empreendedora.

4.2 Processo *versus* Método

Da maneira como é apresentado na Figura 4.1, o processo empreendedor tem uma conotação de linearidade e de um objetivo claro a ser atingido. Porém, nem sempre é o que ocorre na prática. Os empreendedores muitas vezes não têm clareza de aonde querem chegar, ou seja, do objetivo a ser atingido. Mais recentemente, o conceito de empreendedorismo efectual tem sido difundido e foca mais o método empreendedor que o processo.[27] Não se trata de negar o processo empreendedor, mas de analisar alternativas para o ato de empreender o negócio próprio. Há casos em que o processo empreendedor é mais aplicável (quando o objetivo está claro), e outros nos quais o método empreendedor é o mais indicado (foco na experiência, na tentativa e erro, no que você tem em mãos, e não nos fins ou em um objetivo a ser atingido).

O método empreendedor é mais experimental e viável para prototipação de ideias. O empreendedor coloca as ideias em prática, testa seu conceito no mercado e, dependendo da receptividade dos clientes, altera, melhora ou descarta o que fez e tenta de novo. Em vez de analisar em detalhes a oportunidade, como sugere o processo empreendedor, no método efectual, o empreendedor cria a oportunidade. Naturalmente, esse tipo de abordagem não é aplicável para todo tipo de negócio, principalmente naqueles casos nos quais um planejamento criterioso deva ser feito e o investimento necessário extrapole a capacidade financeira do empreendedor, ou seja, quando se tem uma perda em potencial acima da capacidade de arcar com o prejuízo (em caso de o negócio não dar certo) por parte do empreendedor. O método efectual foca três perguntas-chave:

1. Quem sou?
2. O que sei?
3. Quem conheço?

As perguntas indicam ao empreendedor que ele deve avaliar o que tem em mãos para começar a empresa. Um resumo seria: comece a partir do que você possui e então parta para a ação. Essa abordagem indica ainda ao empreendedor que ele não deve ficar esperando pela oportunidade ideal ou adotar a estratégia

O processo empreendedor revisitado

de buscar o que não tem em outros lugares (por exemplo, a incessante busca por investimento, comum a muitos empreendedores, mas, nem sempre, são bem-sucedidos na empreitada).

As variáveis estão mais sob o controle do empreendedor, mas sua capacidade de escalabilidade é limitada, dependendo das respostas às perguntas. *"Quem sou?"* não se refere apenas à autoanálise de perfil do empreendedor, mas a suas crenças e valores. A pessoa do empreendedor é o principal ativo do negócio, além das pessoas que atrairá para compor a equipe que desenvolverá a empresa com ele. *"O que sei?"* refere-se ao conhecimento e à experiência do empreendedor. Por exemplo, você terá muito mais chances de sucesso ao criar um negócio que requeira conhecimento técnico caso suas áreas de atuação e formação sejam condizentes com esse tipo de negócio. Aliado a isso, deve ser considerada ainda sua capacidade de gerir o negócio, ou seja, seu conhecimento administrativo e de gestão. *"Quem conheço?"* refere-se às suas relações interpessoais, à sua rede de contatos. Os empreendedores mais experientes sabem que nutrir e desenvolver a rede de contatos é tão importante quanto qualquer outra atividade do negócio. As pessoas que você conhece ao longo da vida abrem as portas para novas oportunidades e o auxiliam a superar os desafios.

Após responder às três perguntas, o empreendedor deve definir quais são suas perdas aceitáveis, ou seja, o que ele está disposto a perder. Note que o processo tradicional de planejar para atingir um objetivo não se aplica a esse caso. Mais que pensar no que você quer ganhar, deve-se pensar no que você está disposto a perder. Essa regra pode ser resumida como em uma situação na qual você participa de um jogo no qual os resultados são imprevisíveis. O conselho é que você siga duas regras:[28]

1. Não aposte mais do que você pode esperar como retorno.

2. Não aposte mais do que você está disposto a perder.

De fato, a ideia aqui é que você defina o que está disposto a perder de dinheiro, tempo (ou período sem ganhos, por exemplo), oportunidades no mercado de trabalho (ao se dedicar ao negócio próprio, você fecha as portas para oportunidades de trabalho como empregado, por exemplo) e assim por diante.

Parece simples, mas há bastante risco nessa abordagem. Se não houver comprometimento do empreendedor, a perda que ele definiu como aceitável pode ser maior que o esperado. Como você lidará com situações imprevisíveis, deverá ter alta tolerância a situações ambíguas, incertas, e não terá como prever o futuro, já que não planejou ou não conseguiu planejar.

Como muitos empreendedores têm grande dificuldade de concatenar informações e prever o que ocorrerá no mercado nos próximos anos, acabam por não planejar adequadamente ou não conseguir de fato planejar. O método efectual acaba sendo uma boa alternativa nesses casos, mas lembrando das ressalvas

Capítulo 4

já apresentadas. Há alto grau de risco nesse método, apesar de muito utilizado, mesmo que informalmente, pelos empreendedores.

Em vez de mapear as oportunidades com uma análise de mercado estruturada, o empreendedor cria oportunidades, coloca suas ideias em prática e revê o modelo de negócio a partir da interação com os clientes e o mercado. É o método da tentativa e erro e de prototipagem, que pode funcionar melhor para alguns modelos e tipos de negócios que para outros. Por exemplo, muitas empresas *startup* de internet utilizam o método efectual, preterindo o planejamento formal por meio de um plano de negócios, pois são mais ágeis assim. O investimento para colocar o site no ar geralmente não é grande, e as perdas potenciais para o empreendedor são pequenas. Se a oportunidade realmente existir, em um segundo momento, quando a empresa se desenvolver mais e começar a ter certa estrutura, talvez caiba o planejamento mais formalizado, inclusive por meio de um plano de negócios.

De novo, cabe ressaltar que o método efectual deve ser utilizado em situações nas quais a previsão não é possível ou muito difícil de ser feita. Em vez de desistir, pelo fato de não conseguir prever como será o mercado e o crescimento do negócio, ou seja, não conseguir analisar cenários para o futuro, o empreendedor deve analisar o que tem em mãos e ir para a prática. Os resultados obtidos moldarão o que será a empresa. Provavelmente, as várias iterações e prototipações acabarão por constituir um negócio bem diferente do inicialmente imaginado pelo empreendedor.

Porém, caso a previsão ou o ato de criar cenários futuros seja possível, adote essa abordagem, já que você terá mais informação em mãos para tomar decisão. O fato é que não existe certo ou errado, e você pode também adotar uma abordagem mista, envolvendo o processo e o método empreendedor. A conceituada escola de negócios americana Babson College, considerada a principal referência mundial em empreendedorismo, resolveu chamar essas abordagens de *Entrepreneurial Thought & Action*, algo como "Pensamento e Ação Empreendedores". O Pensamento está muito relacionado com prever e planejar. Já a Ação está relacionada com criar e colocar ideias em prática. Uma comparação entre as duas abordagens é apresentada na Tabela 4.1.[29]

Tabela 4.1 Processo *versus* método empreendedor

Processo	Método
Entradas e saídas conhecidas	Um conjunto de técnicas e habilidades
Passos	Ferramentas
Foco na previsibilidade	Foco na criação
Linearidade	Iteratividade
Precisão	Experimentação
Teste	Prática

O processo empreendedor revisitado

A Tabela 4.2 apresenta um complemento da análise ao comparar o foco na previsibilidade com o foco na criação.[29]

Tabela 4.2 Previsão *versus* criação

Previsão	Criação
Lógica dedutiva: analisam-se dados para se chegar a possíveis conclusões	É o mais usado por empreendedores seriais (seguem a intuição e colocam as ideias em prática)
Utiliza ferramentas matemáticas e outros métodos analíticos	Utiliza o resultado real da prototipação/tentativa para definir os próximos passos
Lógica central, utilizada em grandes empresas (planejamento de cenários futuros)	O mantra resume-se a "A Ação vence qualquer coisa"
Funciona bem quando o futuro pode ser determinado ou extrapolado a partir dos resultados do passado	Funciona bem quando o futuro não pode ser previsto a partir do passado. É a única saída quando se lida com o desconhecido ou o incerto
Causal	Efectual

Um resumo de ambas as abordagens (Pensamento e Ação) é representado pela Figura 4.2.[29] O Pensamento está mais presente nas grandes empresas e é a base das análises gerenciais. A Ação é comum em empresas menores, iniciantes, e nas práticas dos empreendedores seriais.

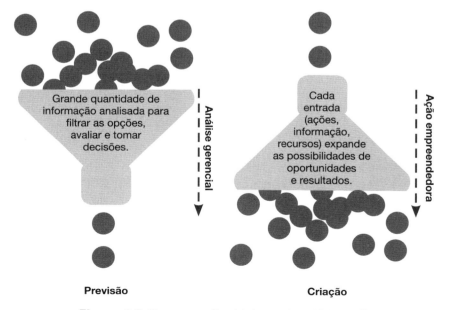

Figura 4.2 Pensamento (Previsão) *versus* Ação (Criação).[29]

Capítulo 4

Previsão *versus* Criação

Esta dinâmica foi desenvolvida por Heidi Neck, do Babson College, tendo como base as pesquisas desenvolvidas por Saras Sarasvathy, e resume as abordagens de previsão (causal) e criação (efectual). Recursos necessários: quebra-cabeça (um jogo de 200 peças para cada quatro a seis participantes); retalhos de pano (várias quantidades, tamanhos, formatos e cores, totalizando pelo menos dez retalhos por participante) e tesouras (uma para cada quatro a seis participantes).

Inicialmente, cada grupo de quatro a seis participantes deve se reunir durante 20 minutos em torno de uma mesa, ou mesmo no chão, para montar o quebra-cabeça. Todos os grupos devem iniciar a montagem ao mesmo tempo. O professor responsável pela disciplina deve acompanhar os grupos para garantir que sigam as regras!

A partir do décimo minuto do início da montagem do quebra-cabeça, o professor deverá levar para outra sala, vazia, um integrante de cada grupo. Cada um receberá um conjunto de retalhos e terá a missão de iniciar o desenvolvimento de uma colcha de retalhos (usando apenas os retalhos e tesoura).

No 12º minuto, o professor deverá levar mais um integrante de cada grupo que está montando o quebra-cabeça para a sala de retalhos. Esses novos integrantes deverão se juntar aos líderes que já estavam criando uma colcha de retalhos. Não há necessidade de eles se juntarem aos mesmos integrantes que estavam em seu grupo de origem, mas todos os grupos que estão criando a colcha de retalhos devem possuir o mesmo número de integrantes.

Esse processo deve se repetir até que se chegue ao 20º minuto ou quando não houver mais participantes montando um quebra-cabeça.

Quando todos os participantes encontrarem-se reunidos na mesma sala por, pelo menos, cinco minutos criando a colcha de retalhos, o professor deve finalizar a dinâmica. Todos devem então analisar o resultado de suas criações, bem como até onde conseguiram chegar na montagem do quebra-cabeça.

Qual a sua conclusão sobre as duas atividades? Quais abordagens cada uma usa (causal e/ou efectual)? Quando cada abordagem deve ser utilizada pelo empreendedor?

Obs.: No site *www.josedornelas.com.br*, você tem acesso a uma apresentação que resume a dinâmica e as possíveis conclusões, mas procure fazer a atividade antes de ler a apresentação.

4.3 O que vem depois da ideia de negócio definida

Retomando o processo empreendedor, após a ideia de negócio definida (conforme representação da Figura 4.1), há uma nova etapa antes de criar a empresa. Dependendo da abordagem adotada pelo empreendedor, pode-se optar por desenvolver um planejamento estruturado, com previsões e projeção de mercado, receita, custos e despesas, entre outros, o que se resume no plano de negócios tradicional. Já, se o empreendedor não tiver condições de fazer previsões mais detalhas do futuro e não tiver um objetivo claro a ser atingido, recomenda-se que opte pelo plano de negócios efectual. Ambas as etapas são representadas pela Figura 4.3.

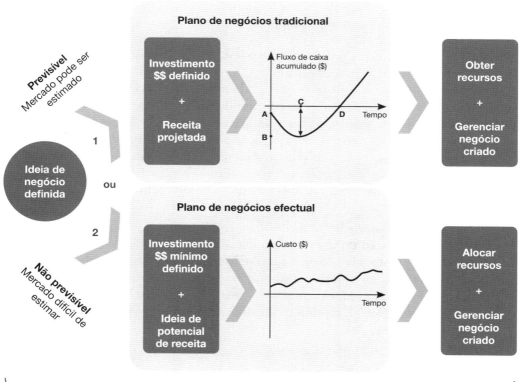

Figura 4.3 O processo empreendedor (Fase 2).

O processo empreendedor apresenta, portanto, dois caminhos possíveis na Fase 2. São caminhos distintos, com a mesma finalidade: estruturar o que será o negócio no papel, antes de colocá-lo em prática. Como já mencionado, o Caminho 1

Capítulo 4

é o que foca o planejamento estruturado, e o Caminho 2 é o que foca o método efectual, quando não há clareza de onde se quer chegar e o que se recomenda é que o empreendedor tenha definido, pelo menos, o limite de recursos investidos na empreitada, a partir do qual o projeto será abortado ou paralisado até que alternativas viáveis sejam analisadas e aplicáveis.

O Caminho 1, percorrido quando se desenvolve um plano de negócios tradicional, envolve o entendimento do que será o negócio, o investimento necessário para tirá-lo do papel e seu potencial de receita e lucros. Por isso, a Figura 4.3 traz a representação do gráfico de fluxo de caixa acumulado, ou exposição do caixa, que permite ao empreendedor identificar visualmente informações financeiras importantes do seu futuro negócio. A explicação de como desenvolver e obter esse gráfico será apresentada no Capítulo 6, que trata do plano de negócios.

A partir das premissas de mercado identificadas e da estratégia de crescimento adotada pelo empreendedor, pode-se prever, com o auxílio de uma planilha financeira, como serão as prováveis projeções de receita e custos e, como consequência, dos lucros prováveis do negócio. O plano de negócios tradicional proporciona uma maneira estrutural para que o empreendedor simule como será o futuro de seu negócio, o que ajuda a antecipar eventuais problemas, mitigar riscos e capitalizar sobre as oportunidades identificadas. Deve-se ressaltar, no entanto, que mesmo o plano de negócios tradicional mais bem desenvolvido e substancial não garante que a empresa será um sucesso e que todas as definições do plano de negócios tradicional serão executadas, pois não há como garantir que o planejamento seja realizado à risca e que o mercado se comporte exatamente como o empreendedor considerou no plano de negócios tradicional.

Com o plano de negócios tradicional concluído, como é possível definir uma estratégia de obtenção do investimento inicial para o negócio (uso de recursos próprios, busca junto a bancos e/ou investidores, busca junto a amigos, familiares, entre outros). Com os recursos garantidos, o empreendedor está pronto para colocar a empresa em funcionamento e gerenciar o negócio. Esta etapa do processo é geralmente longa, morosa e cansativa, mas faz parte da saga da maioria dos empreendedores.

Cabe ressaltar ainda que a execução, ou a implantação do plano de negócios tradicional, depende e é influenciada por vários fatores, desde a experiência do empreendedor, seu conhecimento do negócio e do mercado, bem como de variáveis externas ao negócio, que influenciam seu desempenho, como o comportamento dos consumidores, dos concorrentes e questões macroeconômicas, de desenvolvimento do país, de legislação entre outros.

A Figura 4.4 apresenta uma síntese da etapa de desenvolvimento do plano de negócios tradicional, que como pode ser observado, geralmente permite ao empreendedor criar cenários com objetivos claros, de crescimento acelerado e com ambição de conquistar uma boa participação de mercado. É por isso que muitos investidores e fundos de investimento solicitam o plano de negócios tradicional para análise. Eles querem conhecer o que é o negócio, como crescerá e se o potencial de retorno financeiro é grande o suficiente para as ambições do investidor e do empreendedor.

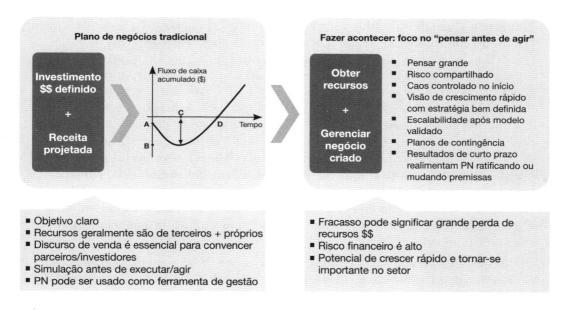

Figura 4.4 Criando o negócio a partir do plano de negócios tradicional.

Quando o empreendedor opta pelo Caminho 2, na Fase 2 do processo empreendedor, nitidamente está preterindo um planejamento mais formal, ou seja, o plano de negócios tradicional não será considerado. Isso ocorre por opção do empreendedor ou por dificuldades de levantar informações de mercado que sustentem um planejamento mais estruturado. Nesse caso, o empreendedor adota uma abordagem mais prática de tentativa e erro, pela qual é mais raro obter recursos de terceiros para iniciar o negócio. É provável que o empreendedor coloque seus próprios recursos e/ou de pessoas de sua rede de contatos as quais consiga convencer.

Trata-se de um caminho muito utilizado pelos que priorizam a ação, a prática, ou seja, o método efectual. O risco financeiro geralmente não é grande, pois o empreendedor define um teto máximo para investir e a partir do qual aborta ou paralisa o projeto. Como não se tem clareza de rumos o projeto tomará, se

Capítulo 4

conseguirá clientes suficientes, se o produto/serviço atende aos anseios dos clientes/consumidores, o empreendedor adota uma abordagem parecida com a prototipagem: coloca um produto não ideal no mercado, sente a reação dos clientes, melhora/modifica/adapta e lança nova versão. Como se nota, não se trata de uma abordagem simples de ser seguida por qualquer tipo de negócio.

Negócios que não têm como ser executados sem um parque fabril preestabelecido, sem uma quantidade mínima de pessoas trabalhando e sem uma quantidade considerável de recursos financeiros não se enquadram nesta abordagem e são mais indicados a seguir o Caminho 1. Já negócios que dependem mais do conhecimento e experiência do empreendedor para serem colocados à prova, que demandem pouco investimento inicial, poucas pessoas envolvidas, pouca ou nenhuma estrutura operacional, processo produtivo, entre outros podem utilizar essa abordagem com mais chances de sucesso. É o que ocorre com os negócios ou *startups* de tecnologia da informação e que utilizam a internet como meio básico de contato com o mercado e distribuição do produto/serviço. Muitos empreendedores iniciantes colocam um website ou um aplicativo de celular no ar e testam se seu serviço será bem-aceito pelo mercado. De acordo com a reação do teste de realidade ao confrontar sua ideia de negócio com o cliente ou potencial usuário, ele pode ratificar suas premissas ou mudar a concepção do projeto até que se chegue a uma abordagem mais adequada, sempre dentro do que definiu como limitações financeiras para investir no negócio.

Por isso, diz-se não haver um objetivo claro a ser atingido no método efectual. Os resultados dependerão da iteração com o mercado e não podem ser mensurados adequadamente nesse estágio. Ao desenvolver o plano de negócios efectual, o empreendedor está mais preocupado com a alocação dos recursos sob seu controle, que na busca de recursos externos para investir no negócio. O empreendedor naturalmente sonha que o negócio seja um sucesso, fature bastante e dê lucro, mas, nesse estágio, não tem ideia de quais serão os cenários mais prováveis para o futuro da empresa.

O plano de negócios efectual auxilia a organizar a ideia de negócio, definir o recurso mínimo para colocá-la em prática e ainda definir os momentos limítrofes, a partir dos quais o empreendedor deve abortar ou paralisar o projeto/negócio. Esse tipo de abordagem faz com que o negócio geralmente cresça mais devagar no início, já que tem limitações financeiras. Porém, se o modelo de negócio pensado pelo empreendedor for ratificado e bem-aceito pelo mercado, uma nova fase pode surgir para a empresa, possibilitando inclusive a atração de capital externo para acelerar seu crescimento. Neste momento, é provável que o plano de negócios tradicional seja a ferramenta mais apropriada para planejar a próxima fase futura do negócio.

Finalmente, cabe salientar que as várias etapas e fases do processo empreendedor são uma tentativa de representar de maneira lógica todo o percurso que

O processo empreendedor revisitado

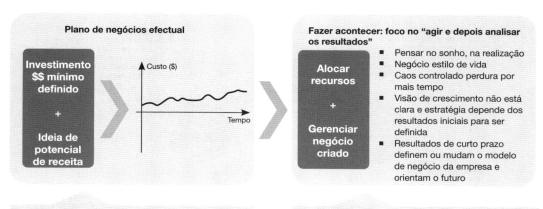

Figura 4.5 Criando o negócio a partir do plano de negócios efectual.

se inicia no momento em que o empreendedor decidiu empreender uma nova empresa até sua efetiva criação. Com isso, caso siga os passos aqui sugeridos, ele terá mais chances de sucesso na jornada. Isso não significa que as várias etapas e fases apresentadas são estáticas. Pelo contrário, provavelmente o empreendedor adotará uma abordagem cíclica, que talvez tenha ficado mais evidente no caso do plano de negócios efectual (método empreendedor), mas que ocorre com muita frequência também quando se desenvolve o plano de negócios tradicional. Isso é devido ao fato de não necessariamente se chegar a um resultado interessante, na visão do empreendedor, ao final da confecção do plano de negócios tradicional. O mesmo pode ocorrer quando se desenvolve o plano de negócios efectual, caso o empreendedor perceba que a quantidade de recurso que quer destinar ao negócio não é a mais adequada para testar suas hipóteses no mercado.

Nesses casos, ele retoma o processo do início, revê suas premissas, repensa suas ideias, analisa novamente as oportunidades, faz novas versões do plano de negócios (tradicional ou efectual) até decidir que é chegada a hora de colocar a empresa para funcionar. Essa abordagem cíclica é apresentada na Figura 4.6.[30]

Capítulo 4

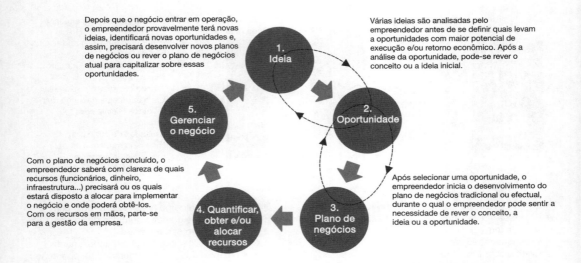

Figura 4.6 Abordagem cíclica do processo empreendedor.

Executando o processo empreendedor

Na prática

Para cada uma das ideias a seguir, qual abordagem você adotaria para colocá-las em prática: O processo empreendedor por meio de um plano de negócio tradicional (Pensamento) ou de um plano de negócios efectual (Ação)? Justifique suas escolhas.

1. Um website de comércio eletrônico de produtos orgânicos em grandes cidades.
2. Uma empresa de coleta seletiva e reciclagem de lixo.
3. Um restaurante italiano em uma cidade de 200 mil habitantes.
4. Uma empresa de treinamento presencial e *online* de gestão para empreendedores.
5. Um aplicativo para celulares e *tablets* que facilite a vida das pessoas quando precisarem de transporte coletivo em grandes cidades.

Acesse o fórum de empreendedorismo em www.*josedornelas.com.br*, coloque suas respostas e veja o que outras pessoas pensam sobre as alternativas de se implantar o processo empreendedor.

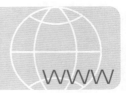

Resumo

O processo empreendedor é uma abordagem esquemática de representação das várias etapas e fases que o empreendedor deve percorrer a partir do momento que decidiu empreender até a efetiva constituição da empresa. Suas principais etapas são a definição de ideias e avaliação de oportunidades decorrentes, desenvolvimento do plano de negócios, definição e alocação/obtenção de recursos e criação do negócio. O plano de negócios pode ser tradicional, quando se tem um objetivo claro a ser atingido, ou efectual, quando não se tem um objetivo claro, mas se tem um limite definido de recursos que o empreendedor pretende alocar ao negócio. O processo empreendedor é cíclico e pode se repetir inúmeras vezes até que o empreendedor consiga conciliar todas as variáveis que influenciam na criação de seu negócio.

5

Avaliando oportunidades

Capítulo 5

Como foi discutido no Capítulo 4, a análise de oportunidades ocorre a partir das ideias que o empreendedor considera para a criação da empresa. Muitos empreendedores em potencial têm várias ideias de negócios para criar, outros se sentem frustrados por querer empreender, mas acham que não têm ideias interessantes para colocar em prática.

A ideia criativa, genial, singular, sem precedentes, é rara e privilégio de poucos. Esses poucos empreendedores acabam por mudar o rumo da história com suas criações e invenções. Exemplos recentes e que impactam a vida da maioria das pessoas são os empreendedores da tecnologia da informação e suas ideias que mudaram a maneira como as pessoas se comportam, se relacionam e consomem mídia. Google, Facebook, Twitter, Instagram e similares encaixam-se muito bem nesses casos.

Mas há também empreendedores muito bem-sucedidos que não tiveram ideias únicas, geniais, espetaculares e, mesmo assim, fizeram acontecer. Esses são a maioria e, caso você não se encaixe no grupo dos privilegiados com ideias geniais, pode ser seu caso daqui a algum tempo, quando estiver à frente da própria empresa (se essa for a sua escolha).

Há ainda exemplos de ideias do mundo de tijolo e cimento (e não do mundo digital) que criaram novos mercados. Pense em modelos inovadores, como as entregas expressas de produtos, comida (disque pizza, entre outros), itens etc., e nos restaurantes de comida a quilo, nos quais a inovação foi a proposta de agilidade e de permitir ao cliente pagar apenas pela quantidade que consome.

Outros exemplos históricos de inovação ou invenções com as quais convivemos até os dias de hoje são o vaso sanitário, talheres, travesseiros e a própria cama, por exemplo. Sempre há variações desses produtos para comprar, mas seu conceito e função, ou finalidade, continuam os mesmos.

Por isso, analisar ideias de negócios não é tarefa fácil. Algo que aparentemente pode parecer complexo, impossível de realizar, acaba por se constituir o desafio de um empreendedor que, ao inovar e criar uma solução prática, não só vence esse desafio como pode transformar sua invenção em uma grande oportunidade de negócio.

Já ideias simples, fáceis de copiar, não deixam de ser oportunidades de negócios, desde que o empreendedor consiga colocar no mercado uma solução com algum diferencial competitivo em relação aos demais concorrentes (que provavelmente serão muitos), como maior rapidez/agilidade, melhor qualidade, design mais bonito e assim por diante. Além disso, cabe a questão do preço mais barato, dependendo da estratégia que você quer adotar e do valor que será percebido pelo cliente. Mas nem sempre o mais barato será o vencedor. Há clientes que querem o simples e estão dispostos a pagar caro, desde que obtenham outros diferenciais, como exclusividade.

Avaliando oportunidades

Há várias maneiras de se ter ideias, desde o desenvolvimento da dinâmica do *brainstorming* (atividade geralmente desenvolvida em grupos para estimular a resolução de um problema, com o incentivo de que todos pensem em soluções), o estímulo à criatividade, pesquisas na internet, entre outros. Mas uma atividade que você pode desenvolver no seu dia a dia e que, com certeza, lhe trará várias ideias, é a prática da curiosidade. Ao praticar a curiosidade em todo e qualquer ambiente, você começa a se abrir para mais e mais ideias, a prestar atenção aos problemas do cotidiano, a entender como as pessoas resolvem tais problemas hoje e a se perguntar: "Não há uma maneira melhor de resolver a questão?"

Como exemplo, imagine-se em um consultório médico, aguardando na sala de espera para ser atendido. Se você observar ao redor, verá algumas pessoas lendo revistas (muitas vezes, não tão recentes), outras, impacientes, muitas acessando a internet do celular ou *tablet* etc. Mas todas estão ali esperando para ser atendidas e buscam fazer algo enquanto esperam sua vez.

Quais ideias de negócio você enxerga nesse cenário fictício? Lembre-se de que uma ideia, diferentemente de uma oportunidade, é algo livre, sem preconceitos, sem a obrigação imediata de ser viável ou factível.

Você pode ter pensado em um sistema de comunicação por celular (SMS ou outra solução ainda mais simples), que poderia ser usado pelo médico (sua secretária), o qual, em tempo real, avisaria a pessoa quanto tempo ainda levará para ela ser atendida. Assim, ela poderia fazer outras atividades na região e não precisaria ficar ali esperando. O sistema poderia sugerir um cafezinho em uma cafeteria próxima, uma visita à livraria da esquina ou outras opções. Nesse momento, você precisa fazer com que a ideia flua, cresça, e, para isso, não pode haver preconceitos. A ideia começa a se tornar aparentemente estranha quando mais e mais sugestões ou possibilidades surgem, mas não há nenhum problema nisso, já que você ainda está na fase da ideia! Muitos pensam em vender publicidade em aplicativos, paga pelos estabelecimentos sugeridos aos clientes, ou "apenas" cobrar para que o consultório utilize o serviço e o ofereça como benefício aos pacientes. Enfim, as ideias fluem...

Quando você já estiver satisfeito com a(s) ideia(s) que teve, começa então a fase de analisá-la(s) como um negócio. Entra, então, a análise da oportunidade. Será que a ideia pode dar certo? Será que consigo ter um produto que resolva o problema identificado? Será que as pessoas (ou os clientes que defini como público-alvo) vão comprar? Ou seja, são muitas as questões. A análise estruturada de uma ideia para transformá-la em uma oportunidade existe para facilitar essa decisão. A seguir, serão apresentadas três metodologias ou modelos de análise de oportunidade que você pode utilizar. Não há necessidade de utilizar os três ou apenas um. Trata-se de opções que você tem em mãos para filtrar as melhores ideias com maior potencial de se tornar oportunidade. A partir daí, você terá dado um passo importante no processo de empreender. A Figura 5.1 apresenta

Capítulo 5

novamente os três modelos na fase de avaliação de oportunidades do processo empreendedor.

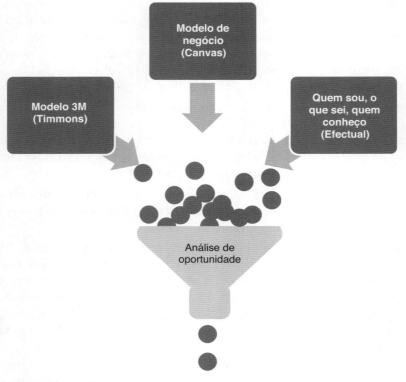

Figura 5.1 Modelos para a análise de oportunidades.

5.1 Modelo 3M (Timmons)

Este modelo de avaliação de oportunidades foi proposto inicialmente pelo professor Jeffry Timmons, do Babson College.[31] Para entender o modelo 3M, o empreendedor precisa ter em mente que qualquer oportunidade deve ser analisada, pelo menos, sob os seguintes aspectos:

- A qual mercado ela atende?
- Qual o retorno econômico que ela proporcionará?
- Quais são as vantagens competitivas que ela trará ao negócio?
- Qual é a equipe que transformará essa oportunidade em negócio?
- Até que ponto o empreendedor está comprometido com o negócio?

Avaliando oportunidades

Note que as cinco perguntas abordam questões-chave de um negócio: mercado, viabilidade econômica, diferencial competitivo (estratégia), equipe empreendedora ("o empreendedor não é uma ilha") e, talvez a mais importante, você está realmente 100% comprometido e com a vontade necessária para transformar esta oportunidade em negócio?

Essas perguntas formam a base da *checklist* que compõe o 3M, detalhada a seguir, na forma de um roteiro. Os 3Ms são definidos como Demanda de Mercado, Tamanho e Estrutura do Mercado e Análise de Margem.[32]

Ao analisar o primeiro "M", Demanda de Mercado, o empreendedor deve procurar responder às seguintes perguntas:

- Qual é o público-alvo? (*Quem é o seu cliente principal?*)
- Qual a durabilidade do produto/serviço no mercado? (*Qual é o ciclo de vida do produto?*)
- Os clientes estão acessíveis? (*Como você pretende chegar até os clientes e que canais utilizará?*)
- Como os clientes veem o relacionamento com a sua empresa? (*Qual o valor agregado proporcionado ao cliente?*)
- O potencial de crescimento deste mercado é alto? (*Exemplo: Maior do que 10%, 15%, 20% anuais?*)
- O custo de captação do cliente é recuperável no curto prazo? (*Exemplo: Recupera-se o investimento em menos de um ano?*)

O segundo "M", Tamanho e Estrutura do Mercado, está relacionado com outras questões críticas, listadas a seguir:

- O mercado está crescendo?; é emergente?; é fragmentado? (*É um mercado novo, maduro, com diferentes tipos de competidores?*)
- Existem barreiras proprietárias de entrada ou excessivos custos de saída? Você tem estratégias para transpor essas barreiras? (*Há leis, contratos ou regras que possam impedir sua empresa de operar? Ou, caso queira sair do mercado, haverá muitos custos com os quais sua empresa deverá arcar?*)
- Quantos competidores/empresas-chave estão no mercado? Eles controlam a propriedade intelectual? (*Quais e quantos são os seus principais concorrentes? Eles possuem alguma patente ou conhecimento diferenciado desse tipo de negócio?*)
- Em que estágio do ciclo de vida está o produto? (*Dependendo da fase do ciclo de vida do produto/serviço – se é lançamento, inovação, algo maduro/já dominado pelo mercado etc. –, o seu risco pode ser maior ou menor ao montar esse negócio.*)
- Qual é o tamanho do mercado em reais e o potencial para se conseguir uma boa participação de mercado? (*Quanto é o movimento financeiro do mercado? Há algum*

Capítulo 5

competidor que se destaca com participação significativa nesse mercado? Quanto você pretende conquistar de participação de mercado nos próximos anos?)

- Como é a cadeia de valor do setor? (*Quais os poderes e influências dos fornecedores, compradores, competidores e eventuais substitutos?*)
- Quais são as tendências e que eventos influenciam os cenários para o futuro do setor no qual sua empresa está inserida?

Finalmente, ao "M", de Análise de Margem, aplicam-se as seguintes perguntas e atividades:

- Quais são as forças do seu negócio? (*Exemplo: baixo custo, alta qualidade, agilidade, inovação, atendimento ao cliente etc.*)
- Qual a margem de lucro típica de uma empresa desse setor? (*Exemplo: margem bruta de 20% e margem de lucro de 5%*).
- Quais os custos típicos de uma empresa desse setor? Qual o investimento inicial mínimo? Qual a previsão de prazo para retorno do investimento inicial nesse setor?

Os 3Ms são abrangentes e envolvem questões críticas que, se respondidas e bem entendidas, com certeza serão úteis na avaliação e seleção das melhores oportunidades para serem desenvolvidas e capitalizadas pelo empreendedor. É sempre interessante fazer uma *checklist* final. Aliás, aconselha-se sua aplicação logo no início da avaliação, quando se está formatando a oportunidade. As questões são simples; porém, as respostas nem sempre são fáceis de se obter.

Checklist final (ou inicial) de avaliação de oportunidades:

- Existe um problema a ser resolvido? (*Ou só você, mais ninguém, está vendo esse problema no mercado?*)
- Existe um produto ou serviço que solucionará o problema? (*A solução que você está propondo pode atender à necessidade do mercado?*)
- É possível identificar com clareza os potenciais clientes? (*Quem é o comprador da solução? Procure descrever em detalhes o principal cliente-alvo: como ele é, o que compra, como se comporta, quanto gasta, a qual classe social pertence e assim por diante.*)
- Será possível implantar uma estratégia de marketing/vendas que funcione? (*O investimento necessário para vender a solução aos clientes trará resultado? A estratégia utiliza canais de venda rentáveis e permitem ganhos de escala?*)
- A janela da oportunidade está aberta? (*O momento é este? Ou será que já passou, pois há muitos competidores fazendo o mesmo? Ou será que ainda não é o momento, pois sua proposta é muito inovadora, e poucas pessoas mostram-se interessadas agora – quem sabe no futuro?*)

Avaliando oportunidades

5.2 Modelo de negócio (Canvas)

O Modelo de negócio é a explicação de como sua empresa funciona e cria valor. Há muitas definições que buscam explicar o que significa o termo, mas a essência resume-se em buscar entender como a empresa fará dinheiro, qual será ou é seu modelo de receita e como as várias áreas e processos de negócio se relacionam para atingir o objetivo de fazer com que a empresa funcione, gerando valor aos clientes.

O desenvolvimento de um plano de negócios estruturado ajuda a delinear e a entender em detalhes o modelo de negócio de uma empresa. Ao final, o plano de negócios mostrará os custos e despesas do negócio, investimento inicial, máxima necessidade de recursos para colocar a empresa em operação, a estratégia de crescimento e de marketing e vendas, bem como a projeção de receita e lucro para os próximos anos. Para se concluir um plano de negócios, o empreendedor pode levar semanas ou até meses. Porém, quando concluído, o resultado nem sempre é considerado uma fotografia real do que é ou será o negócio. A ajuda principal do plano de negócios é proporcionar um norte ao empreendedor e, com isso, faz com que a gestão de sua empresa tenha métricas para acompanhar adequadamente seu crescimento. De novo, como já mencionado antes, o plano de negócios se justifica em casos nos quais o empreendedor tem um objetivo claro a atingir.

Mais recentemente, com o intuito de focar algo mais prático e rápido, conceitos como Modelo de negócio Canvas e Lean startup (empresa iniciante enxuta) têm se popularizado, principalmente no mercado de tecnologia da informação, internet e áreas correlatas. O Lean startup foca a prototipação e experimentação (empreendedorismo efectual) e propõe uma abordagem prática e rápida para testar um conceito, um produto/serviço, analisar os resultados, fazer as devidas melhorias ou adaptações e lançar nova versão no mercado. O especialista Steve Blank tem sido um defensor e evangelizador desse conceito, o qual explica em detalhes em seus livros.[33,34] Seu mantra resume-se em não dar tanta atenção à análise de mercado, projeções financeiras e de crescimento. Ao contrário, ele sugere que o empreendedor deva "sair do prédio", ou seja, ir para a rua sentir na prática a reação do cliente em relação ao produto ou serviço. Com base no *feedback* do cliente, novos ciclos de prototipação podem ser iniciados até que se chegue a um produto considerado adequado pelo empreendedor, ou melhor, pelo cliente.

Na verdade, essa abordagem também é sugerida quando se discute o plano de negócios tradicional. O empreendedor entenderá melhor o mercado caso consiga fazer um teste real junto ao cliente. Porém, isso não é possível para todo tipo de negócio, como também já foi discutido anteriormente neste livro.

O conceito de Lean startup não é novo, mas ficou ainda mais popular no mundo das *startups* a partir da disseminação de outro conceito recente: o Modelo de negócio Canvas. A proposta do Modelo de negócio Canvas combina perfeitamente

Capítulo 5

com o de Lean startup, pois apresenta uma representação esquemática visual, em blocos, que resume os principais componentes do modelo de negócio de uma empresa. Como é prático, o empreendedor consegue criar um modelo de negócio por meio desse esquema em uma única folha de papel. Então, ele pode testar o conceito, discutir com outros membros da equipe, com clientes etc. e começa a aprimorar o modelo de negócio, com novas versões do Canvas. Essa foi a ideia de Steve Blank ao contribuir para disseminar o Modelo de negócio Canvas como ferramenta para aceleração de *startups*. Porém, esse modelo foi criado e proposto originalmente por Alexander Osterwalder e Yves Pigneur.[35] A tese que defende Steve Blank é a de que uma *startup* está em busca de um modelo de negócio sustentável e replicável e, por isso, precisa criar protótipos, testar hipóteses, "dar a cara para bater" para, então, começar a crescer. Já empresas maiores buscam executar modelos de negócios comprovados. Assim, ele sugere que, nos casos das empresas iniciantes, não se dê tanta atenção ao plano de negócios e se priorize o Canvas.

O Canvas pode ajudar muito o empreendedor na fase de análise da oportunidade, importante etapa do processo empreendedor que ocorre antes do plano de negócios. Se o empreendedor aplicar o Canvas e complementar a análise com a parte financeira e mercadológica, bem como a análise de competidores do plano de negócios, poderá ter algo prático que talvez seja um meio-termo entre um conceito que precisa de mais informação para ficar completo e um plano de negócios denso e detalhado.

Ultimamente, o mercado já vem exigindo do empreendedor planos de negócios mais enxutos e objetivos, mas com a parte financeira mais completa, ou seja, com um modelo de negócio exequível e compreensível. Por isso também, além da já mencionada facilidade de entendimento visual, o Canvas tem sido tão difundido. A Figura 5.2 apresenta o Canvas com seus nove blocos integrados.[35] A ideia é que o empreendedor responda de maneira objetiva às perguntas de cada bloco, iniciando pelo bloco de clientes, e, então, mostre sua proposta de valor, canais, relacionamentos etc. A maneira sugerida para aplicar o Canvas é a utilização de blocos de *post-it* para "colar" as respostas no quadro, no lugar das perguntas que constam da Figura 5.2. Assim, o modelo de negócio vai sendo construído visualmente de maneira cíclica, ou seja, o próprio modelo de negócio evolui a partir de uma concepção simples, que seria o protótipo ou modelo inicial.

Note que as perguntas do Modelo de negócio Canvas se assemelham às do 3M em alguns aspectos, mas de maneira mais objetiva. Ao concluir o Canvas o empreendedor terá uma análise de oportunidade em mãos e poderá, então, decidir partir para um plano de negócios mais detalhado ou pelo caminho do plano de negócio efectual, que pode até ser o Canvas agregado a uma planilha financeira que mostre mais detalhadamente, em números, as respostas dos nove blocos do modelo.

Avaliando oportunidades

Parceiros-chave	Atividades-chave	Propostas de valor	Relacionamentos com os clientes	Segmentos de clientes
Quem são seus parceiros-chave? Quem são seus fornecedores-chave? Quais recursos-chave adquirimos de nossos parceiros? Quais atividades nossos parceiros realizam?	Quais atividades nossa proposta de valor requer? Quais são nossos canais de distribuição? Como é o relacionamento com o cliente? Quais são as fontes de receita?	Que valores entregamos aos nossos clientes? Quais problemas dos nossos clientes ajudamos a resolver? Que categorias de produtos e serviços oferecemos a cada segmento de clientes? Quais necessidades dos clientes nós satisfazemos? O que/qual é o nosso mínimo produto viável?	Como nós conquistamos, mantemos e aumentamos nossos clientes? Quais relacionamentos com o cliente nós definimos/temos? Como esses relacionamentos estão integrados no nosso modelo de negócio? Qual o custo envolvido?	Para quem nós criamos valor? Quem são nossos mais importantes clientes? Quais são nossos clientes típicos/padrão?
	Recursos-chave Quais recursos-chave nossa proposta de valor requer? Canais, relacionamentos, modelo de receita?		**Canais** Através de quais canais nossos segmentos de clientes querem ser alcançados? Como outras empresas chegam até eles hoje? Quais canais funcionam melhor? Quais canais são mais eficientes em custo? Como promovemos a integração dos canais com a rotina dos clientes?	

Estrutura de custos	Fontes de receita
Quais são os custos mais importantes de nosso modelo de negócio? Quais recursos-chave são os mais caros? Quais atividades-chave são as mais caras?	Para qual proposta de valor nossos clientes estão dispostos a pagar? O que eles estão comprando/pagando hoje? Qual é nosso modelo de receita? Quais são nossas políticas de preços?

Figura 5.2 Modelo de negócio Canvas.[35]

5.3 Modelo efectual

A análise de oportunidade pelo Modelo efectual resume-se em quatro questões-chave, a saber:

- A oportunidade é factível?
- Vale a pena colocá-la em prática?
- Consigo fazê-la acontecer?
- Quero fazê-la acontecer?

Note que, diferentemente dos modelos anteriores, além da análise da oportunidade em si, no Modelo efectual há uma grande ênfase no papel do empreendedor. Para cada uma das perguntas, há uma série de perguntas complementares, como sugere Saras Sarasvathy e seus colegas no livro *Effectual Entrepreneurship*.[36] A Figura 5.3 resume a avaliação da oportunidade utilizando o Modelo efectual.

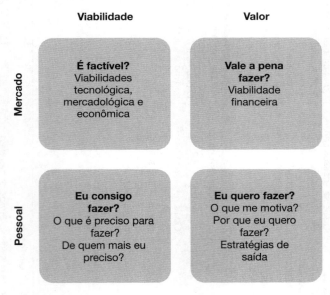

Figura 5.3 Avaliação de oportunidade pelo Modelo efectual.[36]

A partir da pergunta: "A oportunidade é factível?", surgem perguntas derivadas, tais como:

Avaliando oportunidades

Viabilidade tecnológica

- A tecnologia para seu produto já está disponível ou ainda em desenvolvimento?
- Se a tecnologia está em desenvolvimento, qual o estágio e o que pode vir a dar errado?
- Se a tecnologia está disponível, quem mais a está utilizando para desenvolver o mesmo produto/serviço que você?
- Eles podem vir a afetar seu negócio, ganhar seus clientes?
- Que barreiras de entrada a tecnologia proporciona?
- Por quanto tempo essas barreiras de entrada podem persistir de modo que sua ideia possa ser considerada de alto potencial?
- Quais são os riscos de adoção da tecnologia?
- Quais outras tecnologias podem concorrer com a sua, agora ou no futuro?

Viabilidade mercadológica

Produto

- O que você está vendendo de fato?
- Como você define seu nicho de mercado?
- Como a necessidade de mercado tem sido preenchida até então?
- Quem são seus competidores?
- Quais são as vantagens/desvantagens do seu produto/serviço?
- O que seu produto tem de único e diferente?

Cliente

- Quem é seu cliente típico?
- O cliente pagará o suficiente?
- Como você chegará até ele?

Mercado

- Há um mercado?
- Qual o tamanho desse mercado?
- Qual é a estrutura desse mercado?
- Como o mercado está crescendo?
- De onde poderiam vir seus futuros competidores?

Capítulo 5

Viabilidade econômica

- Há barreiras legais claras ou entraves burocráticos de origem governamental?
- Há questões macroeconômicas que podem interferir no seu negócio?
- Quais são suas estratégias de saída?
- O momento atual é adequado para o negócio?
- Você está à frente dos competidores?; pode mudar ou criar um novo mercado?
- Qual a provável duração da janela de oportunidade?

Para a pergunta: "Vale a pena colocá-la em prática?", as questões derivadas são:

Viabilidade financeira

- Qual a necessidade de recursos para começar esse negócio?
- O que convenceria um investidor a colocar dinheiro nesse negócio?
- Se você possuísse o dinheiro necessário, investiria nessa oportunidade de negócio?
- Você consegue estimar informações financeiras críticas, como ponto de equilíbrio, máxima necessidade de recursos, prazo para retorno do investimento etc.?

Já a pergunta "Consigo fazê-la acontecer?" traz as seguintes questões complementares:

O que será necessário

- De quantas horas preciso para me dedicar a esse negócio?
- Consigo enfrentar problemas que, com certeza, existirão, e até uma eventual falência?
- Estou disposto a buscar, entrevistar, contratar e gerenciar pessoas?
- Consigo e posso aprender questões jurídicas, contratuais, burocráticas etc.?
- Consigo garantir que os principais envolvidos continuem no negócio mesmo em tempos de tormenta?

Por que eu?

- Quais minhas forças e características especiais que agregam valor a esse negócio?
- Quais minhas principais fraquezas? Como vou superá-las ou administrá-las para não impactarem negativamente o negócio?

88

Finalmente, a pergunta "Quero fazer?" deve proporcionar uma reflexão profunda ao empreendedor, por meio das seguintes perguntas derivadas:

- Isso me motiva?
- Por que realmente quero fazer isso?
- Quais são minhas estratégias de saída, caso o negócio não dê certo?

O Modelo efectual enfatiza o comprometimento do empreendedor na análise da oportunidade e não apenas aspectos relacionados com o negócio e o mercado. Isso é bastante coerente, uma vez que, se o empreendedor e sua equipe não estiverem totalmente comprometidos com o negócio, dificilmente uma grande oportunidade vai se transformar em uma empresa de sucesso.

Não basta apenas a análise de números que envolvam o potencial de mercado, distinção tecnológica e a inovação, se o líder empreendedor não estiver 100% confiante, comprometido e disposto a fazer acontecer.

Avaliando oportunidades

1. Acesse a internet e descubra como se pratica a técnica de *brainstorm*. Apresente um roteiro objetivo de passos e regras e valide com o professor da disciplina.
2. A partir do roteiro de *brainstorm* selecionado pelo professor da disciplina, todos devem reunir-se em grupos para escolher a melhor ideia de aplicativo que reduza o tempo de espera em consultórios médicos (ou outra(s) ideia(s) que o professor e a turma achem interessante(s)).
3. Após selecionada e melhor ideia (pode ser a mesma para toda a turma ou uma diferente por grupo), cada grupo deve utilizar os três modelos de análise de oportunidade para avaliar se a ideia escolhida é uma oportunidade. Qual foi a conclusão? Houve diferença de resultado ao aplicar os três modelos à mesma ideia? Qual modelo é mais fácil de aplicar? Qual é o mais completo? Por quê?

Acesse o fórum de empreendedorismo em *www.josedornelas.com.br*, coloque suas respostas e veja o que outras pessoas pensam sobre ideias e oportunidades para diminuir o tempo de espera em consultórios médicos.

Capítulo 5

Resumo

A ideia é algo livre e geralmente não possui restrições. Porém, para um empreendedor aumentar suas chances de sucesso na jornada, deve aprender a transformar ideias em oportunidades, ou seja, analisar as que possuem maior potencial de retorno econômico e que sustentem o modelo de negócio da empresa a ser criada, gerando receita, lucros e criando valor. Há várias maneiras de se analisar uma oportunidade. Três modelos são destacados: 3M (Timmons), Canvas e Efectual. Os três podem ser aplicados em conjunto ou individualmente. Após a análise da oportunidade, o empreendedor pode decidir se partirá ou não para o desenvolvimento de um plano de negócios ou mesmo para a criação da empresa.

6

O plano de negócios

Capítulo 6

Ao concluir a análise de oportunidade, o empreendedor tomará a decisão de levar a frente ou não sua ideia de negócio. Se houver uma desistência por considerar que a ideia não é uma boa oportunidade de negócio, sugere-se que reinicie o ciclo do processo empreendedor, reveja suas ideias e analise novas oportunidades em potencial até selecionar aquela que, em princípio, parece ser a base de um bom negócio.

Como já discutido, a partir da oportunidade identificada, o empreendedor tem duas possibilidades: partir para o desenvolvimento de um plano de negócios tradicional ou desenvolver um plano de negócios efectual. Na verdade, há empreendedores que não desenvolvem nenhuma das duas opções de planejamento e já criam a empresa. Os riscos dessa alternativa já foram tratados nos capítulos anteriores.

O plano de negócios popularizou-se nos últimos anos como uma das principais ferramentas de gestão dos empreendedores, principalmente dos interessados em iniciar uma empresa. Por meio do plano de negócios, o empreendedor consegue ter uma visão mais clara do que será a empresa, do mercado e simular projeções de crescimento do negócio, bem como custos, despesas e potencial de lucratividade.

Como se trata de uma simulação ou uma previsão antes de colocar o negócio para funcionar, naturalmente não será perfeita. Ou seja, o plano de negócios não é infalível e não diz exatamente como tudo vai acontecer em detalhes. Isso é praticamente impossível. Mas, mesmo com suas deficiências conhecidas, o ato de planejar utilizando um plano de negócios auxilia consideravelmente na tomada de decisão do empreendedor.

Muitos empreendedores confundem o processo de desenvolvimento do plano de negócios com uma lição de casa obrigatória, com regras rígidas, que não podem ser mudadas. Isso é um mito, já que o plano de negócios é e precisa ser dinâmico. Quando determinada premissa utilizada no seu desenvolvimento muda, o plano precisa ser revisto para atender à realidade do ambiente de negócio do empreendedor.

Alguns críticos do plano de negócios o consideram uma ferramenta de difícil desenvolvimento, que leva tempo para se obter e que, ao ficar pronta, já está obsoleta. De fato, a dificuldade existe, principalmente quando o empreendedor tem pouco conhecimento de gestão e de estratégia de negócio. O tempo para se desenvolver um plano de negócios pode variar muito, mas, em média, entre 30 e 60 dias seria uma boa estimativa. É bastante tempo, mas pode poupar o empreendedor de inúmeros problemas no futuro. Quanto à obsolescência, como qualquer planejamento, tão logo concluído, pode necessitar de revisão, caso haja alguma mudança brusca no ambiente de negócio do empreendedor.

Porém, como o plano de negócios é uma ferramenta para ajudar o empreendedor no planejamento de longo prazo, não se deve confundi-lo com um plano de ações ou atividades operacionais para o dia a dia da empresa. O plano de negócios é escrito, sintetiza a estratégia de crescimento da empresa e define como

O plano de negócios

o negócio fará dinheiro. Por isso, não há a necessidade de ser um documento extenso. Mais importante que o documento em si é o processo de desenvolvimento, pois, por meio do plano de negócios, o empreendedor começa a conhecer em mais detalhes como será, de fato, sua empresa.

Por isso, o plano de negócios é considerado uma ferramenta de gestão do empreendedor, pois o auxilia a tomar decisões. No passado, os planos eram desenvolvidos em detalhes e envolviam questões estratégicas, táticas e até operacionais de uma empresa. Com o passar dos anos e devido à necessidade de respostas rápidas para tomar decisões, os empreendedores foram otimizando a elaboração de seus planos de negócios de maneira que ficassem mais curtos e mais fáceis de atualizar.

Assim, os planos de negócios evoluíram e, atualmente, em poucas páginas (em média, de 15 a 25) ou slides, se obtém um plano de negócios de qualquer empresa. Cabe ressaltar que àqueles que preferem fazer planos apenas em slides (lâminas), com informações mais objetivas, o desafio pode ser grande, pois o poder de síntese não é privilégio da maioria dos empreendedores.

Uma dificuldade que ainda persiste hoje em dia é o entendimento da seção que trata das finanças em um plano de negócios. Para muitos empreendedores, essa seção é de difícil compreensão. Porém, há maneiras simples de se simular o futuro de uma empresa, sem a necessidade de criação de demonstrativos financeiros complexos. A utilização de planilhas financeiras didáticas é o que se indica nesses casos, e, no site *www.josedornelas.com.br*, você tem acesso a exemplos de planilhas para ajudá-lo no desenvolvimento do seu plano de negócios.

Além do empreendedor, vários são os interessados em seu plano de negócios, já que esse documento continua sendo o cartão de visitas do empreendedor para tratar com inúmeros interlocutores. Exemplos de interessados e que podem demandar um plano de negócios antes do próximo passo em uma negociação são os investidores ou potenciais sócios, incubadoras de empresas, bancos e agências governamentais, parceiros, entre outros.

A justificativa mais importante para convencê-lo da importância de desenvolver um plano de negócios está nas estatísticas mundiais, que indicam o fato de não planejar adequadamente o início de uma empresa como uma das causas da precoce mortalidade de muitos negócios. Isso ocorre na maioria dos países, inclusive no Brasil. Não se pode confundir, no entanto, o desenvolvimento do plano de negócios com a obrigação de criar um documento que detalha como será seu negócio. Esse tipo de plano detalhado e apenas descritivo não funciona e pode significar perda de tempo para o empreendedor dedicar-se ao desenvolvimento de um, em vez de focar a gestão da empresa. O plano de negócios que auxilia na gestão é aquele de cujo desenvolvimento o empreendedor participou (em vez de tê-lo terceirizado totalmente para consultores ou outros envolvidos) e que sintetiza sua visão de negócio e aonde sua empresa pode chegar no futuro. É um guia que dará o norte necessário para o crescimento da empresa e não

93

Capítulo 6

necessariamente uma obrigação que deixa o empreendedor de mãos atadas, impedindo-o de tomar decisões.

Por isso, entender como construir um plano de negócios é de extrema importância para todo candidato a empreendedor. Mesmo que o empreendedor não opte por desenvolver um, mesmo que prefira "pular" essa etapa do processo empreendedor e que se dedique apenas ao desenvolvimento de um modelo de negócio no estilo Canvas, por exemplo, ele deve ter em mente o que vai preterir de informação ao não dedicar ao plano de negócios a atenção devida. É muito mais fácil e menos trabalhoso começar um negócio sem o plano de negócios. Mas será que o negócio terá mais chances de sucesso dessa forma? Dificilmente, como já comprovado por inúmeras pesquisas mundiais realizadas ao longo dos últimos anos.

Isso posto, cabe entender o que compõe o plano de negócios, quais as seções mais importantes de um plano e como desenvolver cada uma. Mesmo que você não tenha conhecimento profundo de administração e gestão de empresas, é possível desenvolver um plano de negócios objetivo e útil na construção de um negócio de sucesso.

Em síntese, o plano de negócios mostrará ao empreendedor o potencial e a viabilidade do negócio que pretende criar antes de colocá-lo em prática. A diferença do plano de negócios tradicional para o efectual é que o último foca mais os recursos sob controle do empreendedor, quanto está disposto a investir e as perdas aceitáveis, e menos no potencial de receita e lucratividade da empresa. O plano de negócios efectual acaba sendo mais uma previsão orçamentária, agregada de uma visão estratégica de crescimento. Porém, não dará tanta atenção a projeções mercadológicas, financeiras e de crescimento de receita do negócio, já que o empreendedor terá apenas uma ideia do potencial de ganho que a empresa proporcionará. Sua atenção estará focada na validação de hipóteses e, então, em definir a melhor estratégia para fazer a empresa crescer. Como o plano de negócios efectual é mais simples de se obter, o foco deste capítulo será no entendimento do plano de negócios tradicional. Ao entender como se desenvolve um plano de negócios tradicional, será simples criar um plano efectual, já que o último é uma versão menos completa do primeiro. No entanto, o contrário não é necessariamente verdadeiro.

6.1 Etapas de desenvolvimento do plano de negócios

A Figura 6.1 apresenta o fluxo de desenvolvimento do plano de negócios tradicional.[37] As várias etapas seguem um processo lógico de seis grandes etapas, mas não definitivo, já que sempre existirão revisões, interações (representadas por elipses) e mudanças do conteúdo das seções do plano de negócios, mesmo que já tenham

O plano de negócios

sido desenvolvidas. Portanto, não considere esta sequência uma regra rígida, mas um ponto de partida para o desenvolvimento do plano de negócios, que se inicia com a análise da oportunidade e encerra-se com o documento final completo. O ciclo é reiniciado (seta que indica uma ligação/sequência entre as Etapas 6 e 1) quando se faz uma revisão completa do plano de negócios ou quando a oportunidade de negócio precisa ser revista.

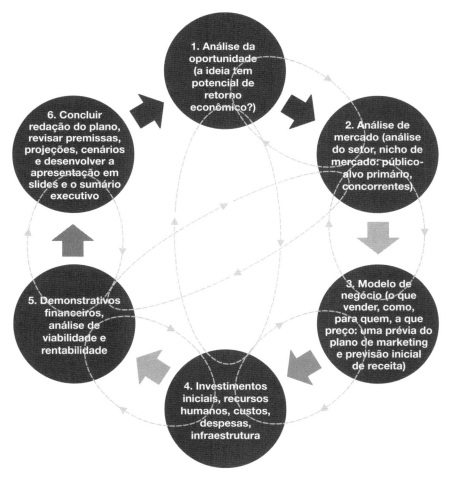

Figura 6.1 Etapas de desenvolvimento de um plano de negócios.[37]

Há várias estruturas possíveis para se desenvolver um plano de negócios, mas uma das mais práticas e completas, sugerida pelo site *www.planodenegocios.com.br*, é composta de nove seções:

Capítulo 6

1. Sumário executivo

O sumário executivo é a síntese do plano de negócios. Apesar de aparecer no início do documento, deve ser a última seção a ser desenvolvida, pois depende das demais para ser concluída.

2. Conceito do negócio

Nesta seção, o empreendedor deve apresentar o que é a empresa, como é seu modelo de negócio (como fará dinheiro), seus principais diferenciais, uma prévia de suas soluções (produtos e serviços) e a qual mercado a empresa atende.

3. Mercado e competidores

A seção de mercado e competidores serve para o empreendedor explicar o panorama macro do mercado no qual a empresa atua, o nicho de mercado que será o foco da empresa, como o consumidor desse mercado-alvo se comporta e como os competidores da empresa estão posicionados no mercado.

4. Equipe de gestão

Além de falar do papel e do perfil do próprio empreendedor, nesta seção, ele deve apresentar quais são os principais cargos-chave da empresa, quem os ocupa ou, caso ainda não tenha as pessoas certas para os cargos definidos, qual o perfil estabelecido para a equipe de gestão. Além disso, o empreendedor deve apresentar a necessidade de recursos humanos e a previsão de seu crescimento para os próximos anos.

5. Produtos e serviços

Aqui o empreendedor deve apresentar seus principais produtos e serviços, dando preferência à descrição qualitativa de seus diferenciais e às necessidades que tais produtos e serviços visam suprir junto aos clientes/consumidores. É recomendado que aspectos técnicos e descritivos fiquem em anexo no plano de negócios.

6. Estrutura e operações

Os principais processos de negócio da empresa, estrutura administrativa, comercial, de produção, infraestrutura, tecnologia etc. devem ser objetivamente descritos nesta seção. Todos os aspectos citados devem constar de uma planilha financeira, que sintetize os principais investimentos, custos e despesas da empresa.

7. Marketing e vendas

A estratégia de marketing e vendas deve ser apresentada nesta seção, com destaque para o posicionamento da empresa no mercado, sua política de preços, localização de seu ponto de venda e quais serão seus canais de distribuição, além de como fará promoções, propaganda e publicidade dos seus produtos e serviços. Além disso, o empreendedor deve apresentar uma projeção de vendas estimada para os próximos anos.

O plano de negócios

8. Estratégia de crescimento

Esta seção complementa a de marketing e vendas e deve mostrar como o empreendedor pretende atingir seus objetivos de negócio, apresentando as estratégias usadas para essa finalidade.

9. Finanças

A seção de finanças compila em números tudo que foi feito ao longo das demais seções do plano de negócios. O resultado final mais importante desta seção é a conclusão sobre o potencial ou viabilidade do negócio. Informações financeiras importantes, como o investimento inicial, máximo investimento total, ponto de equilíbrio financeiro e prazo para retorno do investimento, são as mais importantes para se apresentar nesta seção.

Além das seções apresentadas, é comum os empreendedores inserirem uma seção de anexos, na qual colocam mais detalhes que consideram importantes e que não constaram das várias seções do plano. Exemplos: resultados de pesquisas de mercado; currículo da equipe de gestão; fotos e descrição técnica dos produtos; *layout* e planta da fábrica; contrato social da empresa; relação detalhada de impostos, alíquotas e demais obrigações legais da empresa; declarações, depoimentos de clientes, certificados e licenças; cenários alternativos ao plano principal entre outros.

O empreendedor pode optar por desenvolver seu plano de negócios como um documento e criar, a partir dele, slides (lâminas) com uma apresentação do plano de negócios para utilizar junto a interlocutores. Como já mencionado, uma alternativa é desenvolver o plano de negócios em uma única versão diretamente em slides. Essa é uma estratégia comumente utilizada por empresas de consultoria.

Além do plano escrito (em um documento ou em slides), o empreendedor deve necessariamente anexar a planilha financeira completa utilizada em seu desenvolvimento, da qual constarão as premissas financeiras, investimentos, custos, despesas, relação de funcionários e salários, projeções de receita e os resultados financeiros obtidos a partir do planejamento feito para o negócio.

Cabe ressaltar que o plano de negócios é uma simulação teórica do que será a empresa. Na prática, quando a empresa for criada de fato, é provável que muitas considerações do plano de negócios sejam diferentes, mas, mesmo assim, a estratégia de negócio delineada no documento deverá ajudar o empreendedor na concretização de seus objetivos, pois dará o norte e definirá os melhores caminhos a serem traçados para se atingir os resultados almejados. Isso ajuda a antecipar problemas e a rápida tomada de decisão, flexibilizando a gestão do negócio e dando mais confiança ao empreendedor, pois ele não assumirá um risco não calculado. Suas chances de sucesso, em tese, deverão ser ampliadas.

A seguir, cada seção do plano de negócios será explicada por meio de exemplos adaptados a partir de planos de negócios reais[38] e comentários práticos, que ajudarão você a compreender como desenvolver o seu próprio plano.

Capítulo 6

> Em prol de melhor entendimento, a seção Sumário executivo será apresentada ao final, após a explicação das demais seções.
>
> Observação

Conceito do negócio

Esta seção deve ser objetiva e apresentar o histórico da empresa, caso ela já exista. O histórico deve prezar por informações-chave, como faturamento, crescimento dos últimos anos, quantidade de clientes, número de funcionários, participação de mercado e assim por diante. Se for uma empresa ainda em criação, o empreendedor deve apresentar qual será seu modelo de negócio, que pode ser sintetizado ao responder às seguintes perguntas:

- O que é ou será seu negócio?
- O que sua empresa vende?
- Para quem sua empresa vende?

Além disso, deve-se mostrar, de maneira sucinta, a linha de produtos/serviços da empresa, seu mercado-alvo (qual a oportunidade de negócio identificada) e diferencial competitivo.

Aspectos legais, societários, certificações etc. só devem ser considerados nesta seção caso sejam imprescindíveis para o entendimento do negócio. Na maioria das vezes, tais informações devem ficar em anexo, não no corpo principal do plano.

Finalmente, deve-se falar da localização da empresa, se há filiais, sua área de abrangência e principais parcerias, caso se aplique.

Por meio de exemplos, ficará mais fácil entender como desenvolver a seção Conceito de negócio (CN) em seu plano de negócios.

Exemplo 1

Empresa de aplicativo de celular para usuários de transporte público

A TranspFacil é uma empresa desenvolvedora de aplicativos (app) para *smartphones*, cuja principal missão é melhorar a qualidade de vida dos moradores de grandes centros urbanos, fornecendo serviços diferenciados. Nosso

O plano de negócios

primeiro produto é um app para *smartphones* Android e iOS, voltado a facilitar a locomoção dos usuários de transportes coletivos da Grande São Paulo, com possibilidade de expansão futura para outros grandes centros.

Esse app tem como principal função mostrar em tempo real as condições em que o transporte se encontra, utilizando os *inputs* dos usuários, os quais poderão informar aspectos como: tempo de espera, qualidade do transporte, lotação e principalmente a localização do meio de transporte em determinado momento. Por meio de um *check-in* do usuário, o aplicativo calcula, para outros usuários dessa mesma linha, o tempo estimado de espera e poderá oferecer alternativas.

O público-alvo é formado basicamente por jovens que preferem o transporte público ou não possuem alternativas a ele e são ávidos consumidores de internet móvel, redes sociais e gostam de interagir por meio da internet. O modelo de negócio se dará nos moldes de um aplicativo grátis, já que boa parte das informações cruciais para o negócio dar certo depende da rápida adesão do público-alvo. A rentabilidade virá das publicidades de pequenos negócios no entorno dos pontos e estações de ônibus, trem ou metrô.

O principal diferencial desse produto será a troca e disponibilização de informações sobre o transporte em tempo real, funcionalidade (linguagem de interface limpa, rápida e interativa) e, incialmente, o custo zero de aquisição. A vantagem competitiva é o fato de ser o primeiro app especializado em São Paulo com uma proposta voltada à troca de informações entre usuários de transporte público. Outro diferencial é a forma como os pequenos negócios podem vir a utilizar o app para realizar propagandas localizadas de maneira direta, sem a necessidade de ter um website para essa finalidade.

Comentários:

a. Apesar de um texto longo (quatro parágrafos), de maneira geral, fica claro para o leitor o que é o negócio. Nota-se que a empresa ainda não existe, pois não foi apresentado um histórico com informações-chave do negócio.

b. O modelo de negócio segue o que muitas empresas baseadas na web fazem: oferecer gratuitamente o aplicativo, conseguir uma base substancial de assinantes e cobrar de estabelecimentos comerciais para anunciarem no aplicativo. A resposta às três perguntas que denotam o modelo de negócio ocorre de maneira indireta: empresa que produz app para usuários de transporte público; vende espaço publicitário aos anunciantes no aplicativo; há dois públicos: o usuário e o anunciante.

Capítulo 6

c. A localização não é mencionada na descrição do negócio, mas presume-se que esteja em São Paulo, já que, inicialmente, esse será o foco da empresa. A informação deveria constar desta seção.

d. A oportunidade de negócio parece existir, haja vista a menção de não haver concorrência direta para este tipo de solução, pelas vantagens competitivas apresentadas e pelo fato de ser notório o tempo de espera dos usuários de transporte público em São Paulo. Porém, poderia haver uma breve citação de alguma pesquisa de mercado que ratificasse a oportunidade.

e. Note que não se deu atenção a aspectos legais e societários, por exemplo. Essas informações deverão ser mencionadas em outras seções do plano ou nos anexos.

Exemplo 2

Empresa de aulas de reforço escolar

A ReforçoTotal oferece reforço escolar e tira dúvidas por meio de aulas ao vivo ou gravadas, disponibilizadas em um portal interativo, comunicativo e informativo. O conteúdo das aulas faz parte do cronograma pedagógico dos ensinos fundamental (1º ao 9º ano) e médio, com foco nas disciplinas: matemática, física, química, história, geografia, ciências, biologia e português.

As fontes de receita da empresa são assinantes de planos mensais, bimestrais, semestrais, anuais e anúncios de empresas e serviços de educação e cultura.

O público-alvo é uma fração dos alunos matriculados nas escolas públicas e particulares do Brasil. Segundo o Censo da Educação Básica de 2011, naquele ano foram matriculados 39 milhões de alunos, sendo 13,2% na rede particular.

A vantagem competitiva da empresa encontra-se na maneira mais atraente e dinâmica de comunicação, utilizando uma plataforma capaz de explorar o contato visual, sonoro e o compartilhamento de arquivos em tempo real. Em nossa sala virtual, a interação entre alunos e professor proporciona um ambiente de estudo mais interessante, comparado às atividades passivas dos concorrentes. Além disso, há o foco no desempenho do estudante, ou seja, buscamos que todas as dúvidas apresentadas sejam sanadas, visando de fato à melhoria do rendimento escolar.

O plano de negócios

Comentários:

a. Neste caso, a descrição do conceito de negócio foi um pouco mais sucinta que a do primeiro exemplo. Objetivamente, descreve-se o que é o negócio, suas fontes de receita (o que vende), público-alvo (para quem vende) e diferencial competitivo.

b. Em relação ao público-alvo, ficaria mais claro para o leitor se os empreendedores apresentassem o foco ou o nicho que se busca. Apenas dizer que se trata de uma fração da vasta quantidade de alunos dos ensinos fundamental e médio matriculados no Brasil não é suficiente. Deve-se lembrar que, nesse tipo de negócio, a venda pode ser definida tanto pela receptividade do usuário final em relação ao que se está ofertando (qualidade, funcionalidade, didática das aulas) como ao preço final e ao custo/benefício percebido por quem vai pagar pelos serviços (geralmente, os pais dos alunos).

c. A premissa de um ambiente interativo, dinâmico e tecnologicamente mais bem explorado que os concorrentes pode ser, de fato, um diferencial, haja vista que o público-alvo dos serviços é familiarizado com o ambiente internet. Resta saber se, nas seções de análise de mercado e competidores, o que foi descrito aqui se ratifica, ou seja, se a oportunidade de fato existe.

d. Novamente, não se deu atenção a aspectos jurídicos e societários que devem ser mencionados em outras seções do plano ou nos anexos.

e. A localização da empresa e sua abrangência poderiam ter sido citadas, apesar de ser um website que pode ser acessado em todo o país.

Mercado e competidores

A análise de mercado tem o objetivo de identificar o potencial de sucesso de sua empresa. O empreendedor deve inicialmente levantar informações sobre o mercado macro ou o setor principal no qual sua empresa está inserida. Caso você tenha realizado a análise de oportunidade, as informações levantadas poderão ser aproveitadas praticamente de maneira integral nesta seção do plano. Geralmente, essas informações são obtidas na internet, em relatórios setoriais e documentos publicados por entidades representativas do setor no qual sua empresa atua, como associações comerciais e industriais, em prefeituras e outros locais.

A informação mais relevante que o empreendedor precisa identificar nesses relatórios refere-se ao potencial de crescimento do mercado para os próximos anos. Dados como o número de pessoas ou empresas que são os típicos clientes do mercado, região ou abrangência geográfica, volume financeiro movimentado (quanto cada consumidor/cliente gasta em determinado período, por exemplo, anualmente), taxa percentual histórica de crescimento e perspectivas de crescimento são fundamentais para se concluir acerca do potencial do mercado para sua empresa.

Capítulo 6

Mas apenas os dados macros não são suficientes, pois uma empresa iniciante raramente conseguirá atender a todo o mercado e aos mais variados tipos de clientes. Por isso, recomenda-se ao empreendedor definir um nicho de mercado principal, aquele que sua empresa pretende ter como objetivo. Isso não significa necessariamente rejeitar os demais nichos do mercado, apenas que o empreendedor está deixando clara a sua prioridade.

Para conseguir identificar o nicho de mercado principal, o empreendedor deve levar em consideração não só o que vai vender, as peculiaridades de suas soluções em produtos e serviços, mas, principalmente, o que o consumidor está disposto a comprar, qual a necessidade básica do cliente-alvo que, preferencialmente, ainda não esteja sendo bem atendida pelos demais competidores desse mercado.

Esse tipo de informação é difícil de obter em um nível de detalhes que ratifique com certeza a oportunidade de negócio. Uma maneira, ainda pouco usada pela maioria, mas que ajuda muito os empreendedores a definir com mais clareza o nicho de mercado é a realização de uma pesquisa de mercado primária: aquela que busca informações específicas junto ao consumidor ou cliente-alvo.

A construção de um instrumento de pesquisa primária não é tão simples para quem não tem experiência, mas, mesmo assim, o empreendedor pode se envolver nessa tarefa por conta própria, caso queira conhecer mais sobre o tema. Uma alternativa bastante utilizada por muitos empreendedores é a contração de empresas de consultoria para ajudá-los nessa tarefa. Há também sites, como *www.enquetefacil.com, www.surveymonkey.com* e o Google docs, que disponibilizam ferramentas práticas e ajudam o empreendedor a construir instrumentos de pesquisa *online*, aplicá-los a um grupo selecionado de respondentes e ainda sintetizar os resultados da pesquisa em relatórios.

Com as informações do mercado macro e do nicho de mercado, o empreendedor poderá responder a perguntas típicas que surgem quando se analisa o potencial de mercado para um negócio. Porém, essa análise só fica completa quando o empreendedor procura conhecer também que outras empresas competem pelos mesmos clientes e quais seus diferenciais e deficiências. Essas informações dos concorrentes são de extrema importância, pois ajudam o empreendedor na definição de sua estratégia para ganhar participação e crescer no mercado que definiu como prioritário para sua empresa.

Algumas questões podem ajudar o empreendedor na revisão do texto de sua análise de mercado. Ao lê-lo, o empreendedor deve verificar se essas questões são respondidas. Caso a maioria tenha uma resposta clara, é sinal de que a análise foi bem elaborada. O contrário indica que talvez caiba ao empreendedor levantar mais informação ou rever suas premissas para o negócio, o público-alvo ou mesmo o modelo de negócio da empresa. Em síntese, a seção de Mercado e competidores deve apresentar, pelo menos, três subitens principais e responder às questões apresentadas a seguir.

O plano de negócios

1. Análise do setor

- Qual o setor do mercado no qual seu negócio atua?
- Quais são as tendências nesse setor?
- Quais fatores estão influenciando as projeções de mercado?
- Por que o mercado se mostra promissor?
- Qual o tamanho do mercado em reais, número de clientes e competidores? Como será o mercado nos próximos anos?
- Como o mercado está estruturado e segmentado?
- Quais são as oportunidades e riscos do mercado?

2. Análise do nicho de mercado e do público-alvo principal (mercado-alvo)

- Qual o perfil do comprador?
- O que ele está comprando atualmente?
- Por que ele está comprando?
- Quais fatores influenciam a compra?
- Quando, como e com que periodicidade é feita a compra?
- Onde ele se encontra? Como chegar até ele?

Sugestões para avaliar o perfil do consumidor:

Geografia (Onde os consumidores moram?)

- País, região, estado, cidade, bairro etc.
- Moram isolados ou convivem com muitos vizinhos?
- Na região, prevalecem temperaturas baixas ou altas? Em que épocas do ano?
- A região tem boa infraestrutura rodoviária, aeroviária, portuária etc.?

Perfil (Como eles são?)

- Pessoas: idade, sexo, tamanho da família, educação, ocupação, renda, nacionalidade, religião, time de futebol, partido político etc.
- Empresas: setor, porte da empresa, número de funcionários, tempo de existência, faturamento, clientes etc.

Estilo de Vida (Como vivem e o que fazem?)

- Pessoas: passatempos, hábitos ao assistir à televisão ou acessar a internet, hábitos de consumo (alimentação, vestuário, diversão), atividades sociais e culturais, afiliação a clubes, o que gostam de fazer nas férias etc.
- Empresas: proteção do meio ambiente, doações a eventos beneficentes, investimento em cultura e esportes, investimento no treinamento dos funcionários, benefícios aos funcionários etc.

Capítulo 6

3. Análise dos competidores
- Quem são seus principais concorrentes?
- De que maneira seu produto ou serviço pode ser comparado ao dos concorrentes?
- De que maneira ele está organizado?
- Ele pode tomar decisões mais rápidas que você?
- Ele responde rapidamente a mudanças?
- Ele tem uma equipe gerencial eficiente?
- A concorrência é líder ou seguidora no mercado?
- Eles poderão vir a ser seus concorrentes no futuro?

Os exemplos a seguir apresentam a seção Mercado e competidores de uma empresa de aulas de reforço escolar e de uma *pet shop online*.

Empresa de aulas de reforço escolar

Análise do setor

O Brasil é o 15º país que mais investe em educação, segundo a Revista Exame. O governo direciona atualmente 5,7% do PIB em educação e tem planos para chegar a 10%. Esse cenário positivo não é o mesmo quando analisamos a qualidade de ensino nas escolas. Segundo o relatório do Programa Internacional de Avaliação de Alunos (Pisa, na sigla em inglês), o Brasil ocupa a 53ª posição dentre 65 nações avaliadas. O objetivo do Pisa é comparar o desempenho da educação no mundo avaliando as categorias: leitura, matemática e ciências. A diferença de pontuação do Brasil para o primeiro colocado é alta. O desempenho brasileiro está abaixo da média, com destaque negativo para matemática, que ultrapassa a casa de 100 pontos de diferença na comparação com a média internacional. Há, portanto, a necessidade de melhora da qualidade de ensino ao jovem brasileiro. Apesar das várias escolas privadas que atuam no setor, os governos estaduais e municipais predominam na oferta dos ensinos fundamental e médio no Brasil.

O plano de negócios

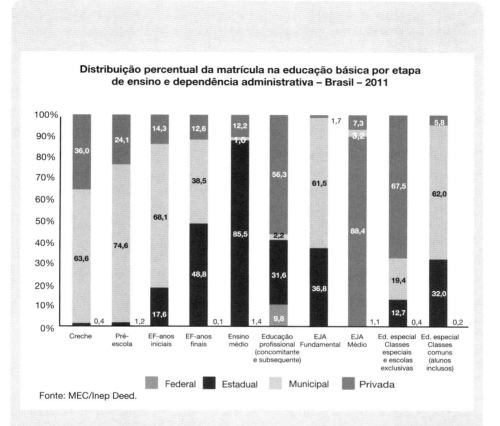

Fonte: MEC/Inep Deed.

Segundo o Censo da Educação Básica 2011, o Brasil apresentava na época 39 milhões de estudantes matriculados no ensino fundamental e médio. Não houve aumentos significativos no número de matriculados, ao contrário, observou-se regressão de 2,1% no ensino fundamental e discreto aumento de 0,5% no ensino médio. Uma possível explicação para o fato pode ser o envelhecimento populacional e a diminuição do número de integrantes das famílias. De acordo com o IBGE, o rendimento médio mensal do brasileiro em 2011 foi de R$ 1279,00. A maior despesa mensal do brasileiro é de 29% com habitação, item que inclui aluguel, contas de luz, água, gás, telefone fixo e celular, internet e TV por assinatura, entre outros. Com educação, o brasileiro gasta por mês, em média, 2,5% de seu rendimento.

Capítulo 6

Mercado-alvo

Segundo o Instituto Todos pela Educação, a população brasileira com idade escolar em 2010 chegou a 45 milhões, com destaque para a Região Sudeste. As regiões com maior renda média mensal (Centro-Oeste, Sudeste e Sul) apresentam maior taxa de reprovação no ensino médio. As regiões com maior percentual de população em idade escolar, proporcionalmente à sua população (Norte e Nordeste), apresentam maior taxa de reprovação nos anos finais do ensino fundamental.

A taxa de reprovação no ensino médio brasileiro em 2012 bateu recorde, atingindo 13,1% na média nacional. Trata-se do mais alto índice já registrado, pelo menos desde 1999, primeiro ano disponível para consulta *online* no portal do Instituto Nacional de Estudos e Pesquisas Educacionais (Inep), órgão do Ministério da Educação. No ensino fundamental, ocorreu movimento inverso ao do ensino médio. A taxa de reprovação no Brasil caiu de 10,3% para 9,6%, entre 2010 e 2011. O índice de abandono também diminuiu de 3,1% para 2,8%, no mesmo período. As matérias que mais reprovam, segundo estudo realizado pela Universidade Estadual do Mato Grosso do Sul, são: matemática e português seguido por geografia, ciências e história.

Para ratificar a oportunidade de negócio identificada por nossa empresa, foi realizada uma pesquisa primária com 102 pais cujos filhos estudam no ensino fundamental ou médio. Os resultados indicaram que as maiores dificuldades dos alunos encontram-se nas disciplinas matemática, português, física e história, seguidas por geografia e química. Dos respondentes, apenas 10% afirmam que os filhos não apresentam dificuldades nas disciplinas escolares.

Com relação especificamente ao serviço de reforço escolar pela internet que a empresa pretende oferecer, 70% dos respondentes estão dispostos a pagar a partir de R$ 50,00 por mês, e alguns pagariam até R$ 125,00 mensais para sua utilização; 72% acham interessante o serviço de apoio escolar durante todo o ano letivo. A faixa de renda mensal dos respondentes é distribuída como segue: 5% até R$ 1200,00; 33% entre R$ 1201,00 e R$ 5000,00; 24% entre R$ 5001,00 e R$ 7000,00; e 38% acima de R$ 7001,00.

Como se observa, esses dados comprovam que há uma clara oportunidade de negócio no setor. Porém, é difícil mensurar o faturamento do setor de reforço escolar, especialmente por não haver dados oficiais junto ao

O plano de negócios

Ministério da Educação. Contudo, se considerarmos o crescente número de alunos com acesso a banda larga, a alta taxa de reprovação e o percentual de pessoas dispostas a pagar pelo serviço, é possível prospectar um grande mercado em expansão.

Esta tendência é confirmada por reportagem publicada no Valor Econômico, em 2011, sobre o mercado de ensino a distância, que chegava a aproximadamente um milhão de estudantes naquele ano. Como exemplo, no ensino universitário, que apesar de não ser o foco do nosso negócio serve de parâmetro para comprovar a tendência do ensino *online*, encontram-se grandes players investindo cada vez mais na área, como Anhanguera e Kroton, que recentemente passaram por um processo de fusão. A modalidade de ensino *online* vem se popularizando cada vez mais devido ao desenvolvimento tecnológico e, ainda, encontra grande crescimento em regiões pouco exploradas, como Norte e Nordeste, segundo a Associação Brasileira de Educação a Distância (Abed). Ainda, segundo reportagem do Jornal da Globo, em setembro de 2012, com a educação a distância em alta no Brasil, a procura por cursos livres cresce mais que pelos formais. Entre 2010 e 2011, o número de matrículas passou de 33% para 77% do total.

Competidores

Ao realizar pesquisa no Google por aulas de reforço escolar, encontram-se muitas informações, tanto no modelo de aulas presenciais como *online*. No caso das aulas online, ou virtuais, são oferecidas variedades de recursos, como aulas gravadas e ao vivo, resposta de exercícios por mensagens, interação por fóruns e *chats*.

Apesar da variedade dos recursos *online* e em tempo real, ainda há dificuldade na interação entre o aluno e o professor, como a elaboração e correção de exercícios em tempo real ou para posterior correção. A ReforçoTotal visa atender justamente esse público que precisa de ajuda em tempo real.

A tabela comparativa a seguir apresenta comparação para diversos tópicos entre nossa empresa e os principais concorrentes, deixando claras nossas vantagens competitivas, as quais serão o mote para nossa estratégia de marketing e vendas.

Capítulo 6

Tópicos	Reforço Total	igeduca.com.br oieduca.com.br	professoresde plantao.com.br	descomplica. com.br	seuprofessor. com.br	reforcovirtualde matematica.com.br
Alfabetização e educação infantil	não	sim, conteúdos lúdicos voltados para este público	não	não	não	não
Ensino fundamental	sim	sim	sim	não	sim, aulas gravadas	sim
Ensino médio	sim	sim	sim	sim	sim, aulas gravadas	sim
Dicas em mp3	não	sim	não	não	não	não
Revisão de matéria	não	não	sim	sim, a partir do plano de R$ 19,90	não	não
Livros para download	não	não	não	não	sim	não
Preço	R$ 100,00/mês	R$ 12,90/mês	R$ 30,00 (30 min. de aula) R$ 49,90 (60 min. de aula) R$ 89,90 (115 min. de aula)	R$ 17,90 (mensal plano básico) R$ 19,40 (mensal plano premium) R$ 99,40 (anual plano premium)	R$ 29,90 (mensal) R$ 99,90 (anual)	Não informado
Forma de pagamento	Utiliza o serviço PAYPAL, que possibilita pagamentos por meio de cartões de créditos e boletos	Utiliza cartões de crédito e boleto bancário	Utiliza o serviço PAYPAL, que possibilita pagamentos por meio de cartões de créditos e boletos	Utiliza o serviço PAYPAL, que possibilita pagamentos por meio de cartões de créditos e boletos	Cartão de crédito e boleto	Não informado

(Continua)

O plano de negócios

(Continuação)

Tópicos	Reforço Total	igeduca.com.br oieduca.com.br	professoresde plantao.com.br	descomplica. com.br	seuprofessor. com.br	reforcovirtualde matematica.com.br
Aulas ao vivo	Aulas agendadas em plataforma online, com possibilidade de interação visual e por meio da caneta interativa, facilitando o aprendizado em tempo real.	Aulas ao vivo com horários e temas pré-estabelecidos; vários alunos sem possibilidade de interação.	Aulas online cobradas por minuto, com duração flexível. Caso o aluno não utilize todos os minutos da aula, poderá utilizá-los posteriormente. Somente aluno e professor.	Sim, com agenda preestabelecida. Vários alunos podem assistir à aula; possibilidade de interação somente via *chat*.	não	Sim, com agendamento prévio, aluno e professor. Plataforma permite a interação entre aluno e professor para a resolução de exercícios.
Professor 24 horas	não	Oferece apoio do professor 24 horas, por meio de mensagens com tempo máximo para resposta de 2 horas.	Sim, por meio de um rastreamento pelos professores cadastrados no Facebook. Tempo médio de cinco minutos para o aluno ter contato com o professor após solicitar a aula.	Não, oferece correções de redações por meio de mensagens.	Sim, por meio de sistema de mensagens. O professor tem até 24 horas para responder as dúvidas enviadas pelo aluno.	não
Vestibular	não	sim	não	sim	não	sim
Modelo de negócio	Agrega publicidade, comércio eletrônico e assinaturas	Agrega publicidade e assinaturas	Assinatura	Assinatura	Assinatura	Assinatura

Capítulo 6

Comentários:

a. Na análise macro, ficou clara a baixa qualidade da educação formal do público-alvo ao qual a empresa pretende atender, os números que envolvem esse mercado, bem como o gasto médio com educação das famílias no Brasil. A oportunidade existe e é ratificada nessa análise.

b. A análise do mercado-alvo, apesar de apresentar um texto extenso, trata dos principais aspectos que a teoria demanda (as perguntas sugeridas são respondidas parcial ou completamente) para entender em mais detalhes a oportunidade. As disciplinas-alvo são exemplificadas e listadas, e a faixa de preço provável a ser praticada pelos serviços é sugerida a partir dos resultados da pesquisa primária que os empreendedores realizaram com o público-alvo. Nota-se ainda que, apesar de não apresentarem dados específicos sobre o mercado de educação a distância para aulas de reforço escolar, os empreendedores lançam mão de dados similares referentes ao ensino universitário e apresentam ainda pesquisas secundárias que trazem dados mais recentes de perspectivas para o mercado.

c. A tabela de análise de competidores apresenta os principais *players* do mercado, na visão dos empreendedores, e seu posicionamento. Antes da apresentação da tabela comparativa, porém, os empreendedores deixam claro seu diferencial perante a concorrência: a interatividade e respostas em tempo real. Ao observar em detalhes a tabela, várias das perguntas apresentadas na teoria sobre análise de competidores podem ser respondidas direta ou indiretamente. Trata-se de uma maneira eficaz de se apresentar a análise da concorrência em um plano de negócios.

d. Apesar de bem estruturada, a análise de mercado apresentada não permite dizer com exatidão como será a possível projeção de participação de mercado para a ReforçoTotal. Isso é comum na maioria dos planos de negócios e denota quão difícil é definir o ritmo de crescimento de uma empresa na fase de planejamento. Na seção de Estratégia de crescimento e na planilha financeira do plano de negócios, as premissas que os empreendedores utilizarão para explicar suas projeções de crescimento devem estar condizentes com o potencial de mercado para o negócio.

O plano de negócios

Pet shop online

Análise do setor

Segundo a Associação Brasileira da Indústria de Produtos para Animais de Estimação (Abinpet), o mercado de *pet* movimentou, no Brasil, R$ 10 bilhões em 2011, R$ 14 bilhões em 2012, e, em 2013, os valores devem aproximar-se dos R$ 20 bilhões. De acordo com o aumento do poder aquisitivo da população, mais donos de pets (animais de estimação) oferecem ração industrializada a seus animais, uma vez que comprovadamente é mais saudável. Automaticamente, é uma excelente oportunidade para as empresas do gênero, sobretudo na nova economia – internet –, trazendo comodidade ao dia a dia. De acordo com estimativas da Associação Nacional dos Fabricantes de Alimentos para Animais de Estimação (Anfalpet), em 2011 o mercado faturou 13% a mais que em 2010, gerando lucro de R$ 12.439 bilhões, dos quais 66% correspondem a alimentos para *pet*. Isso foi comprovado por pesquisa primária que realizamos, segundo a qual 38% dos entrevistados afirmam que a alimentação é o principal item procurado quando vão a uma *pet shop*.

Com um mercado cujo crescimento encontra-se na casa de dois dígitos percentuais ao ano, o segmento de pets mostra-se bastante promissor. São cerca de 30 milhões de cães, dez milhões de gatos, cinco milhões de aves e 500 mil aquários. Segundo o SEBRAE, o Brasil possui aproximadamente 30 mil pontos de venda nesse setor. Além de produtos, 47% dos donos de *pet* procuram mensalmente por serviços profissionais para seu bichinho, conforme pesquisa primária que realizamos. Segundo pesquisa da GS&MD Gouvêa e Sousa, a melhora das condições financeiras das classes mais baixas não se reflete só na qualidade de vida das pessoas. Os bichos de estimação também estão se beneficiando. Os índices de animais que comem ração ainda são muito baixos, mas estão subindo rapidamente no Brasil. Em 2011, esse índice era de 22% e, em 2012, o índice teve um aumento de 8%, chegando a 30%. O mesmo ocorre para o setor de serviços, em que a quantidade de animais levados ao veterinário para realizar consultas rotineiras ou de emergência era de 8%

Capítulo 6

em 2011. Já em 2012, passou para 14%. Apesar de dados promissores, o setor de serviços ainda é pouco explorado no mercado virtual de *pets*, visto que são poucos os portais que oferecem serviços diferenciados aos consumidores.

Apenas 5% dos negócios de *pet shops* ocorrem por meio da web ou têm, além da loja física, uma loja virtual na Internet. Ainda de acordo com a pesquisa primária que realizamos com 125 pessoas, as quais representam o público que possui *pets*, além do evidente interesse em adquirir produtos para seus bichos de estimação pela internet, percebeu-se que seria de grande utilidade disponibilizar a contratação de serviços também *online*, sendo cuidados veterinários (36%) e cuidados com estética (23%) os mais requisitados em nossa pesquisa.

Em São Paulo, a cada três casas, duas têm pelo menos um animal de estimação (geralmente um gato ou um cachorro), cujos donos gastam, em média, de R$ 50,00 a R$ 120,00 em serviços prestados por *pet shops*, sobretudo com alimentação.

Outra conclusão obtida a partir de outra pesquisa primária que realizamos, mas agora com 40 possíveis parceiros (prestadores de serviço) do nosso negócio, foi que cuidados veterinários (28%) e alimentação (26%) são os serviços mais prestados para *pets*. Além disso, a grande maioria dos entrevistados não tem presença forte na internet: 46% apenas aparecem em sites auxiliares, que permitem ao usuário avaliar a qualidade do estabelecimento e deixar opiniões; e 31% têm o próprio site, porém, não permitem agendamento *online* de serviços. O interesse dos participantes da pesquisa em realizar uma parceria também ficou evidente: 38% aceitariam reduzir o valor dos serviços em 30% para atendimentos gerados por meio do site; e 28% aceitariam pagar uma taxa de R$ 100,00 mensais para ter seus serviços listados no nosso site iPetLegal, trazendo benefícios tanto ao site, que geraria receita com o agendamento *online*, quanto aos prestadores, que aumentariam/fidelizariam sua rede de clientes.

Mercado-alvo

O perfil do comprador em nosso site corresponde a pessoas das classes A, B e também da classe C, que vem crescendo em representatividade no mercado consumidor. Jovens casais, ainda sem filhos, e pessoas que vivem sozinhas são o principal foco. Justamente pelo estilo de vida, acabam buscando a praticidade de serviços acessíveis para seus animais de estimação.

O plano de negócios

Em primeiro lugar no *ranking* de venda dos sites dedicados a esse segmento, destacam-se as rações. Todavia, isso pode também indicar uma necessidade básica no cuidado com os animais de estimação. Já o segundo item mais comprado refere-se aos produtos para transporte dos pets, como cadeirinhas para carro e caixas para viagens. Em nossa pesquisa primária, identificamos grande interesse de nosso público-alvo na aquisição de serviços pela internet. Os destaques são apresentados a seguir.

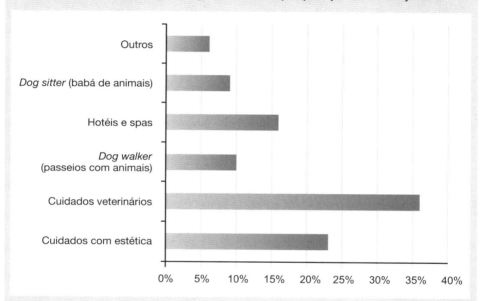

Interesse na aquisição de serviços via internet: pesquisa primária – Março/2013.

Apesar de atualmente 96% das compras ocorrerem em lojas físicas, há um potencial considerável de crescimento para o setor por meio da internet. Quanto à periodicidade da compra de algum produto, temos o seguinte:

- 58% compram algum produto semanalmente.
- 12% realizam compras quinzenalmente.
- 4% compram mensalmente.
- O restante pode-se considerar com frequência variável.

Capítulo 6

Apesar de a maioria das compras ocorrer em lojas físicas, a internet é o principal meio utilizado para levantamento de informações sobre prestadores de serviços no setor. Além disso, identificamos que a indicação é muito importante na opinião dos consumidores (44% consideram a indicação a principal fonte de informações sobre serviços para *pets*). Isso será considerado em nosso site, visto que indicações e avaliações de outros usuários serão levadas em conta pelos demais clientes.

Segundo a pesquisa primária realizada, 36% dos donos de *pets* entrevistados aceitariam agendar serviços para seu animal pela internet pelo mesmo preço pago em uma *pet shop* física devido à comodidade, e 11% até aceitariam pagar um pouco mais, devido à praticidade e flexibilidade. Portanto, associado ao interesse dos parceiros em estar disponíveis na internet, verifica-se o grande potencial para nosso negócio de *pet shop online*.

Competidores

Pesquisando em sites de busca na internet, identificamos concorrentes diretos do iPetLegal. A seguir, apresentamos uma tabela comparativa de tópicos do nosso negócio e dos concorrentes. Pode-se perceber, a partir da comparação com a concorrência, que mesmo os competidores considerados fortes e consolidados não competem pelos mesmos serviços, o que evidência o diferencial do iPetLegal em relação à disponibilização de agendamento *online* para serviços de cuidado com *pets*. A possibilidade de dar nota aos serviços prestados, bem como a rede social para troca de informações entre os clientes, traz outra inovação, que também distingue nosso site dos demais *players*.

Pelo fato de ainda atuarmos na comercialização de produtos nacionais e importados, o cliente conta com o diferencial de disponibilizarmos na internet tudo do que o dono precisa para cuidar bem de seu *pet*. De produtos a serviços prestados com qualidade, da comodidade de acesso *online* à praticidade de escolher o melhor horário e poder ser atendido no próprio endereço do cliente, nosso negócio tem um grande potencial para se destacar perante a concorrência.

O plano de negócios

Tópicos	iPetLegal	VitrinePet	Zee-Dog	PetLove	Cobasi
Agendamento de serviços	Forte. Profissionais podem disponibilizar sua agenda *online* aos clientes para agendamento no portal	Fraco. Apresenta uma lista de serviços	N/D	N/D	N/D
Comércio eletrônico de produtos importados	Médio. Por meio de parcerias com lojas	Fraco. O site vende apenas produtos nacionais de forma coletiva	N/D	Médio. Oferta produtos importados na mesma proporção dos nacionais	Fraco. Possui variedade limitada de produtos
Comércio eletrônico de produtos nacionais	Médio. Por meio de parcerias com lojas	Médio. Venda por meio de compra coletiva	Forte. Foco da empresa em produtos customizados da marca	Médio. Oferta produtos nacionais na mesma proporção dos importados	Forte. Com grande abrangência de produtos: alimentação, higiene, brinquedos e farmácia
Compras coletivas	Forte. Por meio de parcerias com lojas	Forte. É o foco do portal	N/D	N/D	N/D
Programa de fidelidade	Forte. Clientes serão fidelizados de forma a conseguirem descontos ao consumir outros produtos ou serviços	N/D	N/D	Médio. Desconto progressivo para clientes fidelizados	Forte. Possui programa de fidelidade para descontos e prêmios
Rede social (com perfil do dono e do pet(s), cruzamento, troca de informações, fotos, adoções, divulgação de eventos e campanhas)	Médio. Aproveitará as redes sociais para troca de informações entre donos de *pets*, além de facilitar a comunicação entre clientes e promover o site	N/D	Médio. Disponibiliza programa de adoção	N/D	Fraco. Utiliza redes sociais apenas para troca de informações sobre a loja e seus produtos
Modelo de negócio	Forte. Possibilitará adquirir serviços, produtos e informações em relação a seu *pet* em um só local.	Forte. Venda de produtos de forma coletiva e disponibilização de lista de serviços	Forte. Produtos customizados para *pets*	Forte. Foca venda de produtos em geral, abrangendo vários tipos de *pets*, buscando fidelizar clientes	Forte. Possui comércio eletrônico e lojas físicas
Tecnologia, acesso via aparelhos móveis, tablets, celulares	Forte. Disponibilizará o acesso tanto na internet quanto em aparelhos móveis	Forte. Disponibiliza o conteúdo do site com fácil visualização via celular	Fraco. Não possui algo específico para *tablets* ou celulares	Fraco. Não possui algo específico para *tablets* ou celulares	Fraco. Não possui algo específico para *tablets* ou celulares

115

Capítulo 6

Comentários:

a. A análise macro nesse caso está extremamente detalhada. Traz informações relevantes de diversas fontes, tanto de dados secundários, como da pesquisa primária realizada pelos empreendedores. No entanto, muito do que se apresentou na análise macro, que deveria ser mais reduzida em quantidade de texto (mais objetiva), poderia ter sido colocado na subseção de análise do nicho de mercado. Por outro lado, os dados apresentados deixam clara a oportunidade, não só pelas crescentes perspectivas do mercado, como pela pouca utilização de todo o potencial da internet pelos negócios do setor. Além disso, fica evidente a falta de *players* no mercado que foquem atualmente uma das atividades-chave da empresa: o agendamento de serviços, não apenas a venda de produtos.

b. Novamente, como ocorreu no exemplo anterior, a pesquisa primária mostrou-se de extrema relevância para as conclusões apresentadas pelos empreendedores e fortalece a opção de focar o oferecimento de serviços a seu público-alvo. Essa subseção deixa claro o público-alvo primário do negócio e os serviços mais relevantes que poderão ser ofertados, bem como permite aos empreendedores ter uma importante referência para a precificação desses serviços.

c. A análise da concorrência segue a mesma metodologia do exemplo anterior, apresentando em uma tabela os principais competidores selecionados pelos empreendedores, destacando atributos relevantes de cada um, bem como o diferencial da iPetLegal perante a concorrência. Nota-se que há concorrentes já bem estabelecidos no mercado, e, caso esses decidam oferecer serviços pela internet, a iPetLegal pode ter sua estratégia comprometida. Mas, como novo entrante no mercado, cabe à iPetLegal oferecer algo diferenciado e inovador para conseguir uma participação relevante nesse mercado, capitalizando sob sua proposta de valor. Naturalmente, as denominações fraco/forte trazem em si a subjetividade dos empreendedores ao fazerem sua análise e podem ser questionadas por especialistas do setor. Mas isso não tira o mérito dos empreendedores na adequada estruturação da tabela de análise comparativa com os principais competidores.

d. Como ocorreu no primeiro exemplo dessa seção, as perguntas apresentadas na teoria não são respondidas diretamente e, em alguns casos, sequer indiretamente, pois é muito difícil para os empreendedores responderem totalmente a todas as perguntas da teoria de análise de mercado. O mais importante, no entanto, é que o texto apresentado ratifica a oportunidade vislumbrada pelos empreendedores e permite que estabeleçam uma estratégia para o lançamento e o crescimento de sua empresa no mercado. Porém, como se trata de uma análise teórica, essas informações só serão comprovadas ou refutadas quando da implantação efetiva do negócio.

Desenvolvendo a pesquisa de mercado primária

Na prática

1. Acesse a área de *download* do site *www.josedornelas.com.br* e conheça exemplos de instrumentos de pesquisa primária. Analise ainda a apresentação que explica como definir as questões de pesquisa e o cálculo do tamanho da amostra.
2. Desenvolva, com seu grupo, um instrumento de pesquisa primária para ser aplicado ao público-alvo primário (por exemplo, adultos acima de 30 anos) que vocês definiram para o aplicativo que busca reduzir o tempo de espera em consultórios médicos (ou outra(s) ideia(s) que o professor e a turma achem interessante). Calcule o tamanho amostral, coloque suas questões de pesquisa em um site especializado, aplique o instrumento junto ao público-alvo e analise os resultados.
3. Qual é a sua conclusão? O público-alvo validou ou refutou sua ideia? O que a pesquisa permitiu confirmar e quais novidades e melhorias para o aplicativo (ou outra ideia) você pôde identificar a partir da pesquisa?

Acesse o fórum de empreendedorismo em *www.josedornelas.com.br*, coloque suas respostas e veja o que outras pessoas pensam sobre como construir e aplicar um instrumento de pesquisa de mercado primária.

Equipe de gestão

Nesta seção, você deve apresentar os principais envolvidos no negócio, destacando seus pontos fortes. Não se deve descrever em detalhes o *curriculum vitae* de cada um, pois você pode colocar essa informação nos anexos do plano. Para evitar confusão, recomenda-se que sejam apresentados todos os sócios e suas funções na empresa. Além disso, deve-se apresentar um organograma com a estrutura organizacional do negócio e as posições estratégicas ainda em aberto. Nesses casos, deve-se apresentar o perfil pretendido para o futuro ocupante da função/cargo na empresa.

Muitos empreendedores confundem-se ao descrever esta seção do plano de negócios e acabam detalhando em demasia o texto. Para evitar tal equívoco, não se deve tratar de questões operacionais nesta seção, ou seja, deve-se focar apenas os funcionários de nível estratégico, geralmente os donos da empresa (sócios) e eventuais contratados para cargos de direção.

Em empreendedorismo, o principal diferencial de um negócio são as pessoas que o criam, definem seu modelo de negócio, gerenciam e executam as estratégias.

Capítulo 6

No plano de negócios, essa deve ser a ênfase desta seção. Além disso, sugere-se aos empreendedores que apresentem uma projeção de quantidade de funcionários da empresa ao longo dos próximos anos para cada setor/diretoria do negócio. Essas informações devem ser condizentes com os números, dados e demais itens relacionados com os funcionários na planilha do plano de negócios.

Além dos sócios e funcionários-chave, cabe apresentar ainda os conselheiros e parceiros estratégicos, caso existam. Muitas empresas em fase inicial podem se diferenciar da concorrência ao criar um conselho administrativo ou consultivo para o negócio.

Ao tentar responder às questões a seguir, você poderá concluir quão adequada está a seção de Equipe de gestão de seu plano de negócios.

- Quem são os principais envolvidos no negócio? (Nas principais áreas: administrativa/gerencial, marketing/vendas, técnica/produção, financeira etc.)
- De onde eles vêm e qual a experiência prévia de cada um? (Procure mostrar que as pessoas-chave da equipe têm o perfil e a experiência adequadas para exercer a função à qual estão alocadas na empresa.)
- A equipe é complementar? (Os sócios e/ou executivos-chave têm competências e conhecimentos complementares?)
- Quais as responsabilidades de cada área? (Caso haja uma área/diretoria diferente das tradicionais (administrativa, financeira, marketing e vendas, produção), talvez caiba explicar qual a sua finalidade em mais detalhes.)
- O que(quem) está faltando? (Caso existam posições-chave na empresa ainda não preenchidas, deve-se deixar claro quais são e como se pretende ocupá-las.)

A seguir, são apresentados exemplos da seção Equipe de gestão para uma *pet shop online* e uma empresa focada no mercado da terceira idade.

Pet shop online

A empresa possui quatro sócios com 25% de participação cada, mas apenas dois deles atuam como gestores do negócio. A presidência e a diretoria financeira serão exercidas pela mesma pessoa: um experiente executivo de negócios web, Tulio Tornado, com experiência em criação ou direção de

O plano de negócios

outra empresa pontocom. O diretor de marketing, Jorge Massada, vem atuando em cargos de direção por mais de cinco anos em negócios relacionados com a venda ou distribuição de serviços e produtos no Brasil e no exterior. A equipe de gestão não está completa, e espera-se que, antes da implantação efetiva do negócio, sejam contratados o diretor operacional e o diretor de tecnologia. A seguir, apresentamos o organograma da empresa, a projeção de funcionários para os próximos cinco anos e uma breve descrição de cada um dos perfis desejados para os cargos de diretoria.

Quantidade de funcionários	Ano 1	Ano 2	Ano 3	Ano 4	Ano 5
Administrativo/financeiro					
Presidência	1	1	1	1	1
Assistente Administrativo Financeiro	–	1	1	1	1
Estagiário	–	–	1	1	1
Tecnologia					
Diretor de Tecnologia	1	1	1	1	1
Analista	–	1	2	3	3
Estagiário	–	–	1	1	1
Marketing e operacional					
Diretor de Marketing	1	1	1	1	1
Diretor Operacional	1	1	1	1	1
Coordenador de Parcerias	–	–	1	1	2
Estagiário	–	1	1	2	2
Total de funcionários	**4**	**7**	**11**	**13**	**14**

119

Capítulo 6

Presidente (e diretor financeiro): é necessário reunir no mesmo profissional a experiência mínima de dez anos em posições de gerência ou diretoria operacional e/ou financeira, experiência no setor de varejo e comércio eletrônico, habilidade para mobilizar recursos por meio de investidores, parceiros e bancos, capacidade de delegar tarefas, acompanhar e priorizar atividades do conselho diretivo para viabilizar o cumprimento das metas, dominar ferramentas financeiras para manter a equipe de finanças alinhada à execução do plano de negócios e ter determinação para resolver obstáculos e seguir como modelo para toda a equipe.

Diretor de marketing: o perfil deverá ser ocupado por um profissional com experiência mínima de cinco anos em marketing, com especialização voltada à administração. É necessário ter conhecimentos em precificação, gestão de portfólios (produtos e serviços) e desenvolvimento de pesquisas para apoiar a estratégia da empresa. Atuará no contato com parceiros, na divulgação do iPetLegal e na estratégia de captação e fidelização do cliente final. É desejável que conheça o mercado de *pet shop* e comércio eletrônico.

Diretor operacional: profissional com experiência no mercado de *pet shop* que atuará com compras, vendas e afins. É desejável que o profissional tenha um conhecimento prévio no mercado de comércio eletrônico. Deverá atuar na negociação com diversos parceiros de negócio para viabilizar a prestação de serviços e venda de produtos por meio de nosso site. Também será responsável por todo o controle de contas a pagar e receber da empresa. Utilizará as diretrizes fornecidas pelo departamento de marketing para viabilizar parcerias e vendas pelo site.

Diretor de tecnologia: será o responsável pelo desenvolvimento do site, por meio da contratação de empresa terceirizada e acompanhamento do projeto de criação do site. Deve ter trabalhado em projetos de grande porte de sites e no lançamento de novos sites e sistemas web. Terá como objetivo planejar o modelo de implantação do negócio no mercado virtual, montar a equipe de desenvolvimento do site assim como prover os melhores modelos de usabilidade do portal e por em prática o plano de marketing virtual proposto pela direção de marketing.

Comentários:

a. O que chama a atenção logo de início, na seção de Equipe de gestão do iPetLegal, é o fato de apenas dois dos sócios fazerem parte da equipe diretiva. Não é necessariamente um problema, mas deveriam ficar claros quais os papéis dos demais sócios. Caso sejam investidores, isso deveria ser citado aqui.

O plano de negócios

b. O organograma poderia ter mais informações das subáreas do negócio, mas, como são poucos os funcionários, não é algo crítico. Seria diferente, por exemplo, para uma empresa com quantidade considerável de pessoas desde o início.

c. A descrição do perfil desejado para cada cargo está adequada, mas a descrição dos executivos atuais poderia ter mais informação sobre sua experiência e por que são as pessoas certas para os cargos que ocupam.

d. A empresa apresenta um quadro otimista de funcionários, pois são poucas pessoas para o quinto ano da operação. Claro que isso pode refletir a realidade do negócio, mas, como a maioria das empresas baseadas na web cresce bastante após o segundo/terceiro anos, é improvável que o iPetLegal tenha apenas 14 funcionários no quinto ano.

e. Não é obrigatório para esta seção (poderia vir na seção de Estrutura e operações), mas poderia ser explicado como a empresa pretende reter talentos, qual sua política de recursos humanos, benefícios, plano de carreira etc.

f. De maneira geral, as perguntas-chave da teoria sobre esta seção foram parcial ou totalmente respondidas.

Exemplo 2

Empresa de entretenimento para a terceira idade

A equipe de gestão do Centro de Entretenimento para a Terceira Idade deverá ser contratada na íntegra, já que os sócios do negócio não participarão do dia a dia da empresa. O organograma será estruturado de maneira objetiva: haverá um diretor-geral, um diretor operacional e um diretor financeiro. Após a primeira fase de crescimento da empresa (a partir do segundo ano), serão contratados um gerente de entretenimento e um gerente de marketing. Essas funções serão exercidas inicialmente pelos três diretores do negócio. A empresa iniciará suas operações com um total de 12 funcionários e chegará ao quinto ano com 22 funcionários.

Capítulo 6

Organograma do Centro de Entretenimento para a Terceira Idade.

O perfil do conselho diretivo será composto por profissionais com as características apresentadas a seguir.

Diretor-geral
- Experiência administrativa de, pelo menos, dez anos.
- Curso superior e pós-graduação em gestão de negócios.
- Experiência em marketing.
- Experiência em negócios *online*.
- Experiência em negócios relacionados com a terceira idade será um diferencial.

Diretor Financeiro
- Experiência mínima de cinco anos no desenvolvimento de orçamentos e consolidação de demonstrativos financeiros.
- Análise de fluxo de caixa, balanço e demonstrativo de resultados.
- Bom poder de negociação com parceiras.

O plano de negócios

Diretor Operacional

- Será dada prioridade a um profissional que já tenha participado da criação de empresas de entretenimento e que conheça a fundo as necessidades do público entre 60 e 80 anos.
- Ter poder de persuasão junto às parcerias.
- Ter conhecimento da estrutura de portais web será um diferencial.

Gerente de Marketing (segundo ano)

- Formação em comunicação e marketing, com experiência mínima de cinco anos na área.
- Será responsável pela divulgação da empresa e seus serviços, assim como pela contratação e supervisão da parte web do portal da empresa.

Gerente de Entretenimento (segundo ano)

- Formação em turismo, educação física ou terapia ocupacional, com MBA em uma instituição conceituada e experiência com atividades voltadas à terceira idade.

Comentários:

a. O fato de os sócios ou donos do negócio não serem apresentados nesta seção ou não participarem do dia a dia da empresa é problemático. Caso o plano de negócios tenha o objetivo de angariar fundos para o início da empresa, os investidores ficarão céticos, haja vista os criadores do plano de negócios sequer participarem da empresa. Mesmo que o plano tenha sido feito por investidores por trás de pessoas com perfil empreendedor para gerenciar o negócio, cabe dizer quem são os sócios e o objetivo que têm para o negócio, uma vez que não atuarão na gestão.

b. Da mesma maneira que ocorreu no primeiro exemplo, o organograma poderia apresentar em mais detalhes as subáreas da empresa. Outro ponto a se destacar é o fato de ser citada, de maneira muito sucinta, a evolução da quantidade de funcionários. Poderia ter sido apresentada uma tabela, como no primeiro exemplo, mostrando a evolução do número de funcionários para cada área-chave do negócio.

Capítulo 6

c. A descrição do perfil dos funcionários estratégicos é feita de maneira adequada, com objetividade.

d. Aqui também se aplicam os mesmos comentários ao primeiro exemplo quanto a informações complementares relacionadas com recursos humanos, como plano de carreira, benefícios, política de remuneração etc. Porém, os empreendedores preferiram tratar de tais temas na seção Estrutura e operações, discutida adiante.

e. Tanto neste exemplo como no primeiro caso, os empreendedores não optaram por contar com conselheiros externos ao negócio. Não há nada de errado nisso, mas, caso optassem por essa estratégia, poderia agregar muito valor à empresa, principalmente pode ser tratar de um negócio em fase inicial de desenvolvimento.

Produtos e serviços

Esta seção serve para você mostrar ao leitor de seu plano de negócios quais são ou serão os produtos e/ou serviços de sua empresa. No início de qualquer empresa, é mais provável que o empreendedor tenha alguns poucos (quando não um único) produtos em seu portfólio. Cabe descrever nesse espaço quais são os produtos principais ou as categorias de produtos e mostrar os benefícios que trarão ao público-alvo consumidor.

O mesmo se aplica se a empresa for tipicamente de serviços ou caso tenha produtos e serviços. É comum os empreendedores mais técnicos tenderem a descrever em detalhes as características que definem seus produtos, como cor, tamanho, material usado na produção, formato etc. No entanto, como o plano de negócios é um documento de nível estratégico, devem-se priorizar os aspectos relacionados com os benefícios dos produtos/serviços para os clientes-alvo da empresa, em vez de entrar em detalhes técnicos. Informações técnicas podem ser anexadas ao plano de negócios, caso sejam pertinentes.

Em relação aos benefícios, o empreendedor deve priorizar a descrição das qualidades dos produtos e serviços e mostrar o valor que agregam aos clientes. Exemplos: conveniência, praticidade, agilidade, facilidade de uso, simplicidade, segurança, garantia estendida, maior durabilidade que a oferta da concorrência, tecnologicamente inovador, entre outros.

As questões-chave que o empreendedor deve levar em consideração ao desenvolver essa seção de seu plano de negócios são:

- Benefícios e Diferenciais: Quais os benefícios proporcionados por seus produtos/serviços e o que os tornam especiais?

O plano de negócios

- Utilidade e Apelo: Qual a finalidade dos produtos/serviços, para que servem, qual o apelo a que procuram atender?
- Tecnologia, P&D (Pesquisa e Desenvolvimento), Patentes (Propriedade Intelectual): Há inovação tecnológica? Você domina a tecnologia? Há alguma patente?
- Ciclo de vida: Em que estágio do ciclo de vida encontra-se o produto/serviço? Produtos na fase inicial de seu ciclo de vida podem ser mais inovadores, mas podem ter maior dificuldade de ganhar mercado caso a empresa não tenha recursos suficientes para campanhas de marketing e vendas. Por outro lado, produtos em estágios mais avançados do seu ciclo de vida podem sofrer com a concorrência e com produtos substitutos, já que estão prestes a ficar obsoletos.

O empreender deve tratar ainda do plano que sua empresa tem para o lançamento de novos produtos/serviços. Apesar de a maioria dos planos de negócios ser feita com o horizonte de tempo que geralmente não ultrapassa cinco anos, não se pode partir da premissa de que os produtos no portfólio da empresa no primeiro ano serão exatamente os mesmos no quinto ano, por exemplo.

Como no momento inicial o empreendedor ainda não sabe quais serão os novos produtos que devem ser lançados nos anos seguintes, ele pode considerar linhas de receita de produtos ainda não concebidos, mas dentro de uma margem de erro aceitável. Por exemplo, uma empresa que produz *tablets* sabe que todo ano deverá lançar novos modelos de *tablets*, mais ágeis, leves, potentes e, preferencialmente, mais baratos para o consumidor final. Dessa maneira, mesmo não sabendo, nesse momento, quais serão os novos produtos em detalhes, cabe considerar nas projeções o lançamento de produtos futuros e a obsolescência dos iniciais. Empresas que têm acesso a pesquisas de mercado do setor conseguem monitorar o ciclo de vida dos produtos e, com isso, fazer tais projeções com mais propriedade. Os negócios de tecnologia são os que mais devem levar em consideração tais premissas.

Outro exemplo seria uma empresa produtora de aplicativos para celular e *tablets*. É bem provável que os aplicativos lançados no primeiro ano já estejam totalmente ultrapassados no terceiro ano, por exemplo. Do plano de negócios desta empresa, deve constar que haverá o lançamento crescente de novos produtos todo ano a um preço médio final estimado para o consumidor, bem como a um custo de produção também estimado.

A seguir, são apresentados dois exemplos da seção de Produtos e serviços no plano de negócios de uma empresa de entretenimento para terceira idade e de uma editora *online*.

125

Capítulo 6

Exemplo 1

Empresa de entretenimento para a terceira idade

O Centro de Entretenimento para a Terceira Idade é uma empresa localizada na região de Higienópolis, em São Paulo, e com portal na internet para melhor comodidade de seus usuários. Todo o gerenciamento de atividades e aquisição de serviços poderá ser realizado por meio da plataforma virtual ou de sua estrutura física. A sede comportará a realização de *workshops*, jogos, cursos e atividades, a serem distribuídos em períodos e conforme o maior interesse dos associados.

A empresa se destacará pela quantidade de serviços oferecidos aos associados, os quais serão provenientes das diversas empresas parceiras localizadas em São Paulo. A plataforma virtual permitirá a fácil aquisição de atividades e benefícios aos associados. Tanto a plataforma como as atividades oferecidas na sede da empresa serão custeadas pela mensalidade paga pelos assinantes.

Principais atividades disponíveis no Centro de Entretenimento

Instrutores Viver Bem - Haverá instrutores qualificados, de forma a orientar e montar a agenda de atividades dos assinantes. Eles terão por objetivo aconselhar os associados quanto às atividades que possam ser prazerosas e benéficas ao usuário. Os instrutores serão capazes de criar o vínculo de aconselhamento de que esse público necessita para a decisão de realizar ou não determinada atividade.

Exame de aconselhamento - Em dias determinados, haverá à disposição um especialista para a avaliação psicomotora dos associados, exame que visa avaliar a condição do associado para atividades físicas ou identificar a necessidade de atividades de estímulo (que se darão por meio de jogos, atividades físicas e/ou intelectuais). O especialista poderá ser terceirizado ou fornecido por um parceiro, de forma a reduzir o custo efetivo do serviço.

Estrutura - A estrutura básica do Centro permitirá ao assinante consultar e modificar sua agenda (guia de atividades, viagens e excursões), ter acesso ao centro administrativo do Centro, realizar atividades, *workshops*, encontros, eventos sociais, entre outras atividades compatíveis com a estrutura física da empresa.

O plano de negócios

Plataforma *online* de assinantes

Cadastro de novos assinantes - Por meio do portal eletrônico, será possível se associar ao Centro e às atividades sem a necessidade de ir até as instalações físicas da empresa.

Indicação em redes sociais - Os associados poderão indicar aos colegas os serviços da empresa em redes sociais e, com isso, obter vantagens e descontos.

Guia de atividades - Haverá uma seção de orientação aos associados, com lógica e facilidade de acesso adequada ao público-alvo, para intuitivamente guiá-los na seleção de atividades de seu interesse.

Guia de viagens e excursões - Haverá uma sessão para as atividades excepcionais às rotineiras, como viagens e excursões de grandes grupos, saídas para esportes radicais monitorados, festas típicas em restaurantes em datas especiais, entre outras atividades.

Minha agenda - Nesta parte do site, o associado poderá consultar a agenda de atividades e viagens/excursões contratadas. A visualização será intuitiva e apresentará um *layout* de fácil visualização, adaptada ao público-alvo.

Comentários:

a. A empresa é uma prestadora de serviços para o público da terceira idade na cidade de São Paulo. Seu negócio pode ser definido como um clube da terceira idade com serviços prestados na sede física e também em um site (plataforma *online*). Apesar de ser um negócio que não apresenta tanta inovação, não deixa de ter demanda e apelo, haja vista não haver tantas empresas com tal posicionamento nos grandes centros. Os serviços que a empresa pretende prestar são definidos de maneira resumida e sem muitos detalhes, o que dificulta o entendimento do valor agregado de cada oferta ao público-alvo. Porém, são serviços que mostram relevância e provavelmente terão adeptos.

b. Os serviços *online* na verdade são uma plataforma de comunicação e fidelização dos clientes. Os empreendedores poderiam deixar mais claro o valor (benefícios) que a proposta trará aos clientes, facilitando o dia a dia dos usuários. Porém, devem considerar que nem todo cliente desse tipo de negócio é usuário da internet.

c. Não se apresenta uma proposta de desenvolvimento de novos serviços ou ofertas ao longo dos próximos anos, mas imagina-se que isso ocorra de maneira contínua, e, na planilha financeira, o foco será a venda do pacote de serviços por meio da cobrança de mensalidade. Esse fato não ficou muito claro na descrição dos serviços. Os empreendedores poderiam dar mais ênfase à estratégia

127

Capítulo 6

de cobrar por planos de assinaturas (mensalidades) para ter acesso a vários serviços e também mostrar como podem aumentar a receita por cliente por meio de categorias de serviços adicionais opcionais.

d. A tabela de preços cobrados deveria constar desta seção do plano de negócios e/ou ser explicitada na seção Marketing e vendas.

Exemplo 2

Editora *online*

A LivroLeve é uma editora focada na publicação de livros interativos para crianças. Com o intuito de entretenimento e educação, os livros da LivroLeve serão focados no público infantil e trarão todas as interatividades proporcionadas pelos meios digitais, principalmente *tablets*, agregando valor e uma nova experiência aos livros infantis e às crianças. Farão parte dos produtos, inovações como narração, trilha sonora, ilustrações com animações, vídeos e conteúdos interativos, proporcionando uma experiência realmente lúdica com qualidade, tanto em termos técnicos quanto pedagógicos.

Tecnologia

Utilizaremos como plataforma de criação e publicação o Adobe DPS (Digital Publishing Suite) Suite Professional, que já possui como ambiente nativo as principais mídias desejadas pela editora: Windows, iOS (Apple) e Android. Essa plataforma de desenvolvimento tem custo anual de aproximadamente R$ 12 mil.

Como principal forma de trabalho, a ferramenta DPS inclui o software Adobe Indesign, que proporciona a criação de conteúdos interativos, vídeos, sons entre outros elementos. Além disso, a plataforma permite facilmente a utilização do HTML5 como conteúdo, o que proporciona a expansão dos livros para outras plataformas, como internet e outros aplicativos baseados em HTML5. Em médio prazo, haverá a ampliação do ciclo de vida dos produtos e a adoção de outras mídias tecnológicas, como *smart TVs*, *videogames*, entre outros.

Por meio do Adobe DPS, é gerado um aplicativo no qual estarão disponíveis todos os títulos da editora. Dentro desse aplicativo, customizado

O plano de negócios

com a identidade visual da marca, é possível a compra individual de cada exemplar, bem como o "login" com a conta da assinatura do usuário (feita pelo site da empresa), permitindo o acesso integral do conteúdo a partir do momento da assinatura. Nesse ambiente, também estará presente uma área para publicidade e outra para *feedbacks* dos usuários dos livros.

Produtos

Todos os produtos da editora serão interativos e lúdicos e proporcionarão a leitura e a audição, pois terão a opção de narração. Contarão também com trilha sonora, eventos interativos que solicitam a interferência do usuário para dar continuidade à história, bem como jogos embutidos e animações. Serão ofertados ao mercado livros de alta qualidade, tanto em termos técnicos de produção como de design, finalização e conteúdo. A princípio, todos os livros serão em português; sua tradução para outros idiomas será uma forma de expansão de mercado. Haverá quatro tipos de produtos.

Livros regulares: serão os livros produzidos pela própria editora, sempre interativos, utilizando-se de histórias e contos escritos por autores parceiros, aos quais serão pagos 10% de royalties sobre a venda de cada exemplar. Teremos, inicialmente, quatro livros já prontos, sendo um deles gratuito. O lançamento será de um livro a cada 15 dias, totalizando dois por mês.

Livros especiais/sazonais: As datas sazonais, como Páscoa, Dia das Mães, Natal, Dia das Crianças etc. são de grande valor para o negócio. Próximo a essas datas, lançaremos uma edição especial gratuita, que funcionará como forma de divulgação da editora, potencializando a venda dos demais livros.

Livros licenciados: como forma de entrada no mercado, também criaremos livros com personagens licenciados. A princípio, utilizaremos licenças de personagens nacionais e que não possuem grande estrutura própria de divulgação, como a *Galinha Pintadinha* e *Patati-Patatá*.

Livros patrocinados: uma forma de ganhar divulgação e retorno financeiro são os livros patrocinados. Como o nosso objetivo é ser a melhor editora de livros interativos para o público infantil, seremos aptos a criar livros patrocinados por marcas cujo foco também sejam as crianças. Nesse caso, o modelo de negócio pode ser o seguinte: total, em que a marca pagaria pela produção e forneceria o conteúdo, e o livro seria gratuito para o consumidor; ou parcial, em que a marca pagaria 60% da produção, e o livro seria vendido para o consumidor com 50% de desconto. É de grande valor para as marcas patrocinadoras, pois atinge o mesmo público-alvo e serve como forma de mídia focada, além de ambas as marcas ganharem divulgação conjunta, uma agregando valor à outra.

129

Capítulo 6

Modelo comercial

A estratégia de modelo comercial da LivroLeve baseia-se em dois pilares fundamentais. A principal receita virá das vendas dos livros interativos, podendo ser unitária, por assinatura e embarcada na plataforma (*tablet*). A compra pode ser feita pelo aplicativo nos *tablets* ou pelo site. Temos ainda a opção de venda de cartões de presente, distribuídos em bancas e livrarias, que permite o *download* de um livro interativo. O segundo pilar será a publicidade incorporada ao aplicativo. Os anunciantes serão marcas cujo público-alvo também seja o público infantil. O espaço permitido dentro do aplicativo será um *banner* na parte inferior. A forma de cobrança por esses anúncios será por CPM (Custo por Mil Impressões), no qual o anunciante pagará a cada mil visualizações um valor de R$ 60,00. Uma parte da receita também pode ser obtida pelos livros patrocinados.

Comentários:

a. O negócio da LivroLeve parece promissor, e a empresa definiu um variado portfólio de produtos e um plano de lançamento mensal de novos títulos. Isso fica claro logo no início da descrição dos produtos.

b. Apesar de extensa, essa seção está bem estruturada no caso da LivroLeve. Não havia necessidade de entrar em detalhes sobre os aspectos de produção usando a plataforma/*software* de desenvolvimento da empresa Adobe, mas isso não diminui a qualidade do texto.

c. Ao tratar do modelo comercial, os empreendedores deveriam ter apresentado a política de precificação de cada uma das categorias de produtos e a faixa de preços praticada no mercado (usuário final). Essa informação pode e deve ser mais detalhada na seção Marketing e vendas.

d. Mesmo tendo descrito em certo detalhe a tecnologia que envolverá os livros, caberia mostrar que a empresa preocupa-se com a atualização tecnológica, pois seu negócio depende das inovações do setor e deverá rapidamente se adaptar aos novos lançamentos de plataformas tecnológicas quando estiverem disponíveis.

e. Em relação ao conteúdo dos livros, não ficou claro como será o aspecto didático-pedagógico. Autores consagrados para o setor do público infantil certamente adéquam-se aos requisitos pedagógicos para tais publicações, mas a equipe interna da empresa também precisa ter pessoas com competência na área. Não caberia, naturalmente, tratar da equipe nesta seção, mas, pelo menos, citar que a estrutura de desenvolvimento de produtos da empresa está adequada tanto tecnologicamente quanto em relação a recursos humanos.

O plano de negócios

Estrutura e operações

Apesar de este tópico ser muito abrangente e poder abordar temas variados, essa seção do plano de negócios deve ser uma das mais objetivas, uma vez que o plano de negócios tem um viés estratégico, e não operacional. Caso você opte por desenvolver ainda um plano operacional, decorrente de um plano de negócios, ele pode conter a descrição em detalhes de todos os processos de negócio da empresa, trazendo informações mais completas referentes à estrutura do negócio.

Isso posto, cabe entender o que se pode considerar em Estrutura e operações. De maneira geral, deve-se focar o principal processo de negócio da empresa: aquele que se inicia com a produção de seu principal produto até sua oferta ao mercado. O empreendedor pode criar um fluxograma do processo, uma representação visual ou ainda descrever os processos que considera mais relevantes para o funcionamento do negócio.

A estrutura refere-se ainda aos recursos necessários para a empresa existir. Porém, não se deve tentar descrever todos os equipamentos, detalhes da infraestrutura etc. Basta mostrar o que é mais relevante.

Nas questões relacionadas a seguir, note que alguns dos temas abordados já foram tratados na seção de Produtos e serviços. Caso você tenha abordado tais assuntos naquela seção ou ainda na seção de Equipe de gestão, não é coerente repetir as informações aqui. Naturalmente, como já enfatizado, você não vai abordar todos esses tópicos na seção Estrutura e operações de seu plano de negócios. Aqui, são apresentados todos os tópicos possíveis e que podem ser abordados nesta seção, o que não necessariamente indica que todos devam constar ao mesmo tempo, já que aumentaria em demasia a quantidade de páginas do plano de negócios. Uma alternativa, caso o empreendedor considere relevante, é colocar em anexo as informações mais completas.

- Pesquisa e Desenvolvimento: Há uma área ou política de P&D e um plano de investimentos neste setor?
- Alianças estratégicas: Quais parceiros são chave para o negócio prosperar?
- Tecnologia: Você detém o conhecimento tecnológico ou sabe como obtê-lo?
- Critérios de seleção de produtos: Como é a política de investimento em novos produtos?
- Produção e Distribuição: Há uma estrutura de manufatura? Quem faz a distribuição dos produtos acabados?
- Serviços pós-venda: Há uma estrutura dedicada a este setor na empresa?
- Propriedade intelectual (marcas e patentes): Você detém o direito de uso da marca/patente? Há um diferencial competitivo e inovação no que você faz?
- Regulamentações e certificações: Há questões jurídicas críticas para o negócio funcionar? Sua empresa atende a essas questões?

131

Capítulo 6

Você deve considerar ainda os seguintes tópicos, que podem ser incluídos na seção de Estrutura e operações, lembrando as restrições já mencionadas quanto à quantidade de texto e densidade da informação desta seção:

- Organograma funcional (caso ainda não tenha sido inserido na seção de Equipe de gestão).
- Máquinas e equipamentos necessários.
- Processos de negócio.
- Processos de produção e manufatura (caso se aplique).
- Política de recursos humanos (salários, benefícios, promoções, plano de carreira, entre outros).
- Previsão de recursos humanos (caso ainda não tenha sido inserido na seção de Equipe de gestão).
- Fornecedores (serviços, matéria-prima etc.).
- Infraestrutura e planta (*layout*).
- Infraestrutura tecnológica.

Os exemplos a seguir apresentam esta seção para uma empresa de entretenimento para a terceira idade e para um clube de empreendedores.

Exemplo 1

Empresa de entretenimento para a terceira idade

O Centro de Entretenimento para a Terceira Idade tem sede em uma casa alugada, com 400 m² de área construída, no bairro de Higienópolis, em São Paulo, bairro que possui a maior população de idosos da cidade que pertencem às classes A e B. Nessa casa, há um amplo salão de festas, ideal para bailes e eventos. Também existe uma estrutura para acesso à internet, em uma sala com dez computadores, além de cozinha, espaço comum com mesas de jogos e mais duas salas de 45 m², que podem ser usadas para diversas atividades, como seções de fisioterapia, atividades de psicoterapia e jogos em geral.

O plano de negócios

Já o portal, que se trata de um importante instrumento de atração de clientes, é administrado por uma empresa especialista na área. Ele será sempre dinâmico, uma vez que serão inseridas continuamente novas chamadas de atividades, que poderão ser ou não vinculadas a parceiros. A empresa prevê ainda, no futuro, capitalizar sobre o comércio eletrônico, como meio adicional de fonte de receita para o negócio.

Os clientes poderão optar pelo plano *standard*, que dá direito a frequentar a sede, ou por planos mais completos em um segundo momento, que, além de lhes conferir o direito de frequentar a sede, também darão direito a acumular pontos, que poderão ser trocados por serviços oferecidos por parceiros ou pela própria empresa. Para que isto funcione corretamente, a empresa contará com as seguintes premissas de funcionamento:

- Ter ótima comunicação com parceiros: cada serviço vendido pelo portal deverá gerar comunicação instantânea com o respectivo parceiro, com disparo automático de e-mail ao parceiro.
- Ter ótimo relacionamento com os parceiros, tanto para a busca por novos produtos ou serviços a serem oferecidos, como para que o sistema de contas a pagar/receber seja funcional.
- As atividades oferecidas e o marketing devem estar em sintonia.
- Atualizar continuamente o site.
- Possuir processo de atendimento em tempo integral na sede, com monitoria e acompanhamento das atividades por, pelo menos, um funcionário para cada grupo de 50 pessoas.
- Possuir gestão financeira adequada eficaz, com respostas aos clientes em, no máximo, 24 horas.

A política de recursos humanos deve ser pautada nos planos de carreira baseados na meritocracia. Conforme as metas de crescimento forem sendo atingidas, maior será a bonificação dos funcionários. Os colaboradores trabalharão em regime de CLT e terão direito a vale-transporte, vale-refeição, celular, plano de saúde e participação nos lucros, paga a cada semestre, uma vez que os planos de metas serão semestrais.

Comentários:

a. Esse exemplo deixa claro que os empreendedores preferiram complementar informações importantes da seção Produtos e serviços (tipos de planos e serviços adicionais), objeto de discussão nos comentários do exemplo anterior, na seção de Estrutura e operações. Apesar de auxiliar no melhor entendimento das ofertas do negócio ao público-alvo, trata-se de um equívoco mostrar tais

Capítulo 6

informações nesta parte do plano de negócios, pois esta seção tem outra finalidade, como discutido na teoria apresentada anteriormente.

b. Nota-se também que o fato de o plano de recursos humanos não ter sido abordado na seção Equipe de gestão do plano de negócios da empresa (no exemplo apresentado anteriormente) permitiu aos empreendedores citá-lo, de maneira objetiva e com propriedade, nessa seção de Estrutura e operações. Cabe lembrar que todas as considerações desse texto deverão constar da planilha financeira e das premissas de custos e despesas da empresa, uma vez que todos os benefícios citados, bem como a participação nos lucros, afetarão os resultados do negócio, o que não pode ser esquecido pelos empreendedores quando realizarem as projeções financeiras do seu plano de negócios. Cabe esse comentário aqui, haja vista ser comum os empreendedores escreverem o que desejam para o negócio e se esquecerem de considerar os impactos dessas decisões nos resultados projetados para a empresa.

c. O conteúdo apresentado nesta seção está adequado e objetivo, como deve ser. Os empreendedores optaram por descrever as premissas dos processos que consideram mais importantes, em vez de descrever em detalhes cada processo.

d. A descrição da infraestrutura poderia ser complementada com informações anexas ao plano de negócios, como *layout* e relação de equipamentos. Para isso, bastaria os empreendedores mencionarem que, em anexo, há um conjunto de informações complementares sobre os processos, a estrutura e a operação da empresa.

e. Em relação aos parceiros e fornecedores, poderia haver uma breve descrição da política de parcerias e critérios de seleção.

Exemplo 2

Clube de Empreendedores

Localização e infraestrutura

O escritório do Clube de Empreendedores contará com 120 m² no primeiro ano de operação, com expectativa de mudança para uma área maior (200 m²) a partir do terceiro ano. Sua localização será na zona central da capital paulista, em um edifício de salas comerciais próximo à rede hoteleira voltada para convenções. O escritório contempla toda a infraestrutura

O plano de negócios

necessária para funcionar, não apenas com telefonia, internet e computadores, e cumpre com todas as exigências legais e regulamentações.

O site do Clube será hospedado por empresa de referência no Brasil com a configuração de servidores em nuvem. Isso permitirá a rápida escalabilidade do site, melhorando a configuração dos servidores, caso o aumento do número de usuários ocorra de forma brusca. O escritório abrigará o gerente geral, o gerente administrativo e financeiro, o gerente comercial e toda a equipe de consultores, estagiários e secretária.

Processos

Apesar de ser uma empresa com forte presença na internet, já que terá o site como meio principal no atendimento a clientes, os processos de negócio do Clube envolvem diversas atividades comuns a empresas prestadores de serviço e consultoria:

- Desenvolvimento e evolução das funcionalidades do site, como parte do processo de melhoria contínua, buscando atualização tecnológica com o que existe de melhor no Brasil.
- Acompanhamento diário do desempenho das vendas e elaboração de relatórios gerenciais, comparando metas com o resultado real e incluindo ações para corrigir possíveis desvios.
- Suporte aos usuários finais e pós-venda.
- Desenvolvimento de parcerias com a rede hoteleira e organizadores de eventos.
- Gestão administrativa e de pessoal.
- Gestão financeira, folha de pagamento, contas a pagar e a receber.

Consultores de alto nível técnico responderão às necessidades dos associados do Clube e prestarão o serviço de que eles necessitam, com respeito, qualidade e comprometimento, de tal forma que o associado se sinta satisfeito e que ele mesmo seja um porta-voz que ajude a aumentar a população de associados.

Os serviços de *design* e conteúdo do site serão terceirizados por empresa que atenda às exigências mínimas de qualidade de eficiência requeridas pelo público empreendedor. A equipe de Métodos e Processos será responsável por detalhar os processos de melhoria contínua do site junto à empresa terceirizada responsável por sua manutenção. Os processos deverão estar relacionados com os objetivos da empresa e ser pensados para medir o número de

Capítulo 6

acessos diários, suporte para anunciantes, marketing e vendas, gestão de recursos humanos, todos medidos por meio de indicadores muito bem definidos.

Política de recursos humanos

A política de recursos humanos elaborará um plano de carreira para todos os funcionários e cuidará do plano de incentivos individuais e coletivos, de tal forma a motivar as pessoas a agir conforme os objetivos estabelecidos no início do ano fiscal. Todos os funcionários terão direito ao plano de saúde, auxílio-alimentação, vale-transporte e bônus, de acordo com o atingimento das metas acordadas.

Haverá um plano de parcerias com hotéis na região central de São Paulo, empresas organizadoras de eventos, restaurantes e outros prestadores de serviços, bem como fornecedores em geral, com a finalidade de estabelecer bons resultados à empresa.

Comentários:

a. No caso do Clube de Empreendedores, fica claro que a empresa terá um escritório para suporte às atividades prioritariamente *online* do negócio. Além disso, houve a preocupação de citar os critérios ou premissas para os fornecedores de tecnologia sem, no entanto, citar quais serão. Isso não é crítico, desde que, naturalmente, tais critérios sejam de fato considerados pelos donos do negócio quando da implantação e gestão da empresa.

b. Os processos de negócio, como bem colocado, são típicos de uma empresa prestadora de serviços. Nota-se que não houve detalhamento, como deve ocorrer nessa seção do plano de negócios.

c. A política de recursos humanos assemelha-se à apresentada no Exemplo 1. Da mesma maneira, cabe frisar que tais premissas devem ser consideradas quando da realização das projeções financeiras do plano de negócios.

d. Aqui foi citado o plano de parcerias e quais são os tipos de parceiros-chave, sem detalhes adicionais, o que também está adequado.

e. Em síntese, esta maneira de descrever o texto de Estrutura e operações é apropriada e atende aos critérios de objetividade que devem ser considerados no desenvolvimento desta seção em um plano de negócios.

Marketing e vendas

Esta seção é das mais importantes de um plano de negócios. Aqui, o empreendedor mostra como fará a promoção e divulgação de seus produtos e serviços, sua política de precificação, abrangência de atuação do negócio e, principalmente, seu posicionamento estratégico.

Além disso, deve-se apresentar a projeção de vendas para cada linha de produtos para os próximos anos. Essa é geralmente a parte considerada difícil pela maioria dos empreendedores, pois prever vendas futuras não é tarefa das mais fáceis. Por isso, recomenda-se boa análise de mercado e a realização de pesquisas primárias. As informações obtidas na seção Mercado e competidores são essenciais para a previsão de vendas.

Por exemplo, ao fazer uma pesquisa de mercado primária junto ao seu público-alvo para medir o interesse dos consumidores na compra de camisetas personalizadas com temas variados, você poderia identificar que 30% dos entrevistados estariam dispostos a comprar e pagar até 10% acima da média da concorrência direta, que cobra R$ 50,00 por uma camiseta personalizada.

A partir desse tipo de informação e da estratégia de marketing adotada, você conseguirá medir a provável audiência de suas ações de marketing e, a partir daí, terá condições de estimar quantas pessoas comprarão seu produto. Apesar de ser uma análise teórica, é muito mais forte e consistente para a previsão de vendas futuras que a que se baseia apenas no achismo. Infelizmente, é o que a maioria dos empreendedores pratica ao prever vendas.

Porém, apesar dessa ressalva, cabe o toque pessoal do empreendedor para mostrar quão rápido sua empresa vai crescer. Se você investir mais em ações de marketing, atingirá mais pessoas e, com isso, poderá ter mais retorno. No entanto, nem todo negócio tem recursos abundantes disponíveis para ações promocionais e de divulgação. Por isso, não basta apenas usar as informações levantadas nas análises de mercado realizadas. É preciso bom senso na análise das informações e usá-las da maneira mais adequada, com foco no crescimento do negócio.

Muitos empreendedores optam por crescer organicamente, ou seja, reinvestindo recursos que o próprio negócio gera e sem depender de recursos externos ou investimentos adicionais. Esse tipo de estratégia muitas vezes retarda o aparecimento de resultados no curto prazo, mas evita que o empreendedor se endivide. Aqui, cabe uma análise de risco e recompensa por parte do empreendedor, o que, com certeza, será influenciada pelo seu perfil e estilo de gestão. Assim, é natural que haja também um pouco de *feeling* na definição da projeção de vendas, mas, com o tempo, os empreendedores mais experientes acabam percebendo, até de maneira prática, o que funciona e o que não é tão efetivo, bem como o tempo que leva para certas ações serem executadas, o que, nem sempre, o plano de negócios mais bem estruturado conseguirá prever.

Capítulo 6

Isso posto, cabe frisar que a estratégia de marketing e vendas é um guia a ser seguido pelo empreendedor e que deve ser testado na prática. Quando se mostrar inviável ou imprecisa, necessitará de revisão para ficar mais adequada ao negócio que se está criando e gerindo. Uma estratégia de marketing típica em um plano de negócios deve cobrir, pelo menos, os 4Ps (posicionamento do produto/serviço, preço, praça, promoção), delineados a seguir. Note que os exemplos são destinados tanto a empresas nascentes quanto as já em desenvolvimento. No caso dessas últimas, além da criação de novas ações, há sugestões de mudanças das que, porventura, não estejam sendo efetivas.

Posicionamento (produto/serviço): Como você quer que seus produtos/serviços sejam vistos e percebidos pelos clientes? Como você vai se diferenciar da concorrência?

Exemplos de opções estratégicas para definir ou mudar o posicionamento do produto/serviço:

- Promover mudanças na combinação/portfólio de produtos.
- Retirar, adicionar ou modificar o(s) produto(s).
- Mudar *design*, embalagem, qualidade, desempenho, características técnicas, tamanho, estilo, opcionais.
- Consolidar, padronizar ou diversificar os modelos.

Preço: Qual a política de preços que sua empresa vai praticar?

Exemplos de opções estratégicas para definir a política de preços:

- Definir preços, prazos e formas de pagamentos para produtos ou grupos de produtos específicos, para determinados segmentos de mercado.
- Definir políticas de atuação em mercados seletivos.
- Definir políticas de penetração em determinado mercado.
- Definir políticas de descontos especiais.

Praça (canais de distribuição): Como seus produtos/serviços chegarão até os clientes? Qual a abrangência de atuação de sua empresa?

Exemplos de opções estratégicas para definir a praça/canais de distribuição:

- Usar canais alternativos.
- Melhorar prazo de entrega.
- Otimizar logística de distribuição.

Propaganda/comunicação: Como seus clientes ficarão sabendo dos seus produtos/serviços? Como os produtos/serviços serão promovidos?

Exemplos de opções estratégicas para definir ou mudar a política de promoção/comunicação:

O plano de negócios

- Definir novas formas de vendas; mudar equipe e canais de vendas.
- Mudar política de relações públicas.
- Mudar agência de publicidade e definir novas mídias prioritárias.
- Definir feiras/exposições priorizadas.

A partir da estratégia de marketing definida, deve-se então apresentar a projeção de vendas e, possivelmente, de participação de mercado para o negócio. As perguntas-chave a serem respondidas aqui são:

a. Quanto e quando sua empresa vai vender?

b. Quanto de participação de mercado sua empresa vai conseguir e quando?

Como já mencionado, a previsão de vendas não pode ser feita apenas com base no achismo. O empreendedor deve inicialmente definir como será a venda da empresa: direta, indireta ou ambas. Venda direta é aquela na qual o consumidor/cliente tem o contato direto de um representante da empresa, seja indo até o local onde o cliente está ou o cliente indo até a empresa e sendo atendido por um vendedor. A venda indireta é aquela feita por meio de um intermediário, parceiro, representante etc. Nesse caso, a empresa não está em contato direto com seu cliente final. Ambas as abordagens são úteis e efetivas, dependendo do modelo de negócio da empresa.

Por exemplo, se sua empresa vende máquinas e equipamentos em todo o Brasil, é provável que pratique a venda indireta, pois precisará de lojistas espalhados por todo o país para chegar até o cliente final. Já um restaurante gourmet, que atende a poucos clientes por dia, necessariamente fará a abordagem de venda direta, uma vez que o cliente vai até o restaurante para ser atendido e consumir. Porém, os restaurantes que atuam com entregas por meio de sites de venda de produtos atuam com venda indireta, uma vez que o consumidor não entra em contato com o restaurante durante processo de venda, mas com o site de uma empresa especializada.

Há empresas que necessitam de ambas as modalidades, dependendo do tipo de cliente aos quais querem atender e do tipo de produto/serviço que vendem. Grandes empresas, que possuem clientes que consomem muito ou compram quantias consideráveis, geralmente designam um gerente de contas para atender diretamente a clientes-chave. Já os clientes que compram eventualmente ou pouco, muitas vezes são atendidos por representantes.

Em relação à participação de mercado, para empresas em fase inicial de desenvolvimento, trata-se de uma informação de difícil mensuração, uma vez que não se tem um histórico que permita ao empreendedor prever se sua estratégia de marketing e vendas será bem-sucedida. Para empresas já em desenvolvimento, essa informação deve ser necessariamente apresentada no plano de negócios, pois

Capítulo 6

é algo que o empreendedor tem condições de mensurar. O empreendedor de um negócio em fase inicial pode ter ainda uma meta de crescimento que incorpore uma relevante participação de mercado. A definição de metas deverá ser apresentada na seção Estratégia de crescimento do negócio.

Os exemplos da seção de Marketing e vendas para um clube de empreendedores e uma editora *online* são apresentados a seguir.

Exemplo 1

Clube de Empreendedores

A estratégia de marketing do Clube de Empreendedores visa tornar o site referência no assunto já nos seus dois primeiros anos de atividade, com campanhas de divulgação nos canais *online* e em revistas do setor.

Posicionamento

O Clube de Empreendedores oferecerá uma gama de serviços aos assinantes, como consultoria de negócios e cursos *online*. O foco é a instrução e o desenvolvimento de plano de negócios a novos empreendedores. Em nosso site, também pretendemos oferecer o serviço de rede social, ou seja, a troca de informações entre empreendedores e investidores.

Preço

A mensalidade paga pelos empreendedores participantes do clube será de R$ 300,00, e, à parte, serão oferecidos serviços ,como cursos *online* de 30 horas, por R$ 150,00, eventos presenciais com palestras de empreendedores de sucesso, por R$ 300,00, revisão de plano de negócios, por R$ 2000,00 e assessoria na elaboração de plano de negócios, por R$ 10.000,00. Além desses serviços aos assinantes, o Clube conta com receita proveniente de anúncios de publicidade no site, estimados em R$ 500,00 por cota de anúncio no primeiro ano.

Praça

O canal de distribuição para chegar até os empreendedores será o site do Clube. As ações presenciais ocorrerão em hotéis e/ou local de eventos

O plano de negócios

parceiros. A abrangência do Clube é nacional, uma vez que a maioria dos serviços prestados pode ser acessada pelo site do Clube.

Propaganda e Comunicação

O investimento de recursos em palavras-chave do Google adwords será um das estratégias de divulgação do Clube de Empreendedores. Inicialmente, serão utilizadas 30 palavras-chave para relacionar o site com os resultados das pesquisas. O valor desse serviço por dia é de R$ 0,45, em média, por clique por palavra, dependendo da palavra-chave. A ferramenta fornece estatística para auxiliar no controle de gastos. Considera-se que, no decorrer de dois anos, devido à forte divulgação também em outros meios, o site seja um dos mais acessados e já apareça na primeira página de busca do Google. Ainda no canal *online*, parte da verba será destinada para anúncios em sites do setor.

Outra forma de divulgação será por meio de anúncios em revistas especializadas, como Pequenas Empresas Grandes Negócios (tiragem de 30 mil exemplares) e Isto é Dinheiro (tiragem de 70 mil exemplares). Essa estratégia de divulgação foi definida com base na pesquisa primária realizada, segundo a qual foi constatado que 68,7% dos entrevistados buscam se informar sobre empreendedorismo na internet, e 11,1%, em revistas especializadas do setor.

O orçamento de promoção e comunicação para o primeiro ano é de, aproximadamente, R$ 470 mil, equivalente a 20% do faturamento previsto. Para os próximos anos, a verba será de 10% do faturamento previsto.

Projeção de vendas

As premissas consideradas para a projeção de vendas foram:

- Assinatura mensal básica de R$ 300,00.
- Cursos *online* de 30 horas a R$ 150,00.
- Eventos presenciais com palestrantes renomados, realizados a cada dois meses, a R$ 300,00.
- Revisão de plano de negócios a R$ 2000,00.
- Assessoria na elaboração do plano de negócio a R$ 10.000,00.
- Cotas de anúncio no site, limitadas a quatro por mês, desde R$ 5000,00/ cota no primeiro ano a R$ 30 mil/cota no quinto ano.

Com base nas premissas acima, obtém-se a projeção de receita no período de cinco anos. Espera-se que, em dois anos, o Clube de Empreendedores torne-se líder em seu mercado.

Capítulo 6

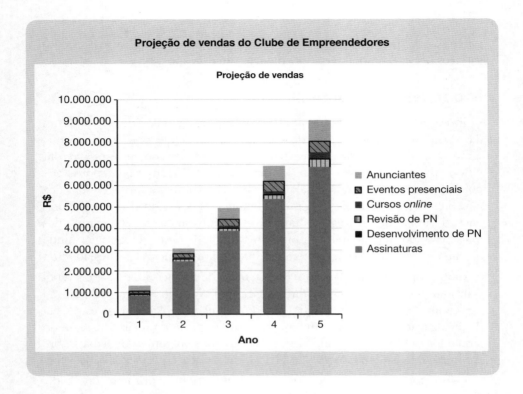

Comentários:

a. A estratégia de marketing da empresa é apresentada com objetividade, focando os 4Ps do marketing, como preconizado pela teoria.

b. O posicionamento da empresa é focar os serviços *online*, mas também haverá ações presenciais, que ocorrerão a partir da captação de clientes *online*.

c. A política de preços foca a mensalidade acessível para empreendedores de médio porte, uma vez que, para o micro empreendedor individual, R$ 300,00 ao mês pode ser um valor alto. Além disso, os serviços adicionais possuem um preço competitivo no mercado, considerando o que a concorrência pratica (essa informação não consta aqui, mas uma pesquisa rápida no Google permite identificar o preço de tais serviços no mercado brasileiro).

d. A abrangência do negócio em todo o país está coerente com a estratégia tipicamente *online* de divulgação e das atividades oferecidas pela empresa.

e. Em relação aos gastos com publicidade no Google, hoje em dia há a necessidade de um orçamento considerável para que a empresa atinja vultosos resultados. Porém, ao se observar o orçamento de marketing da empresa, nota-se que não se trata de pouco recurso, pelo contrário, a estratégia da empresa é agressiva em termos de investimento para uma *startup online*. As ações em publicações do setor podem, por outro lado, consumir parte significativa dos recursos reservados para a publicidade, caso não haja um planejamento claro das inserções em tais veículos de comunicação.

f. A projeção de vendas está apresentada de maneira adequada, com informação das premissas utilizadas nas projeções. No entanto, nesse momento, é praticamente impossível afirmar se o que se apresenta vai ocorrer conforme o planejado, pois o negócio é novo e sem muitas referências no mercado de empresas que atuam com o mesmo posicionamento. Por isso, não é crítica a falta de informação sobre a participação de mercado da empresa, apesar de ser citada a ambição dos empreendedores pela liderança do mercado.

g. Finalmente, como os empreendedores querem atuar com o que chamam de rede social (conectar empreendedor e investidor), talvez coubesse deixar mais clara nas ações de marketing como será a presença da empresa nas redes sociais mais utilizadas, como Facebook, Twitter e LinkedIn.

Exemplo 2

Editora *online*

A estratégia de marketing da LivroLeve tem como objetivo permitir o crescimento do negócio de histórias e contos infantis oferecidos *online*, e, em um período de cinco anos, tornar-se referência no setor.

Posicionamento

A editora LivroLeve projeta-se como líder de mercado de editora de contos infantis interativos, atendendo a esse nicho de mercado para crianças entre 3 e 7 anos, aproveitando o atual crescimento e fácil acesso à tecnologia de *tablets* e afins. Vamos oferecer um produto inovador, aliando educação e entretenimento, criando oportunidades de receita na venda direta dos livros, publicidade e por meio de livros patrocinados.

Preço

A empresa pretende implementar conteúdo inicial gratuito, seguido do pagamento de venda unitária por um valor médio de R$ 9,00 por livro e

Capítulo 6

assinatura mensal pelo valor de R$ 15,00. A venda embarcada do livro em *tablets* deve representar 20% do valor da venda unitária. Pretende-se ainda praticar a venda do espaço para anúncio no site da editora, pelo valor de R$ 600,00 para cada 1000 acessos, sendo que, no primeiro ano, propomos desconto de 70% sobre o valor da tabela e de 50% nos anos seguintes. Os anúncios no aplicativo gratuito serão cobrados por exposição, a R$ 60,00 para cada 1000 exposições, também com os descontos mencionados.

Praça

A captação de clientes em todo o Brasil é feita com auxílio de sites de busca, especificamente Google e Yahoo, além de anúncios e comentários de usuários em sites de relacionamento. O foco são pais com filhos entre 3 a 7 anos, que adquirem tecnologias e as utilizam no entretenimento e educação de seus filhos. O acesso será realizado por meio de aplicativos disponíveis nas principais lojas virtuais, como iTunes Store e Google Play. Em alguns casos, esses aplicativos podem vir embarcados em *tablets* mediante negociação com o fabricante. Na venda de anúncios, o foco são empresas nacionais e multinacionais com negócios relacionados com o mercado infantil.

Propaganda e Comunicação

A divulgação será feita por mídias sociais, como *fan pages* do Facebook, em *blogs* focados em educação, além da utilização do Google AdWords. Além disso, teremos eventos em livrarias para atrair a atenção dos pais, marcadores de páginas e os próprios cartões de presente da editora, que funcionarão como chamariz. Outro ponto interessante como estratégia de comunicação é o embarque do aplicativo em *tablets* por meio de parcerias com os fabricantes, de acordo com as quais eles divulgarão nossa marca em suas comunicações.

Projeção de vendas

Nas premissas de receita mensal com assinaturas e vendas avulsas, considerou-se o número de 540 mil, referente a crianças de 3 a 7 anos das classes A e B, levantado no Censo de 2010 do IBGE. Adotou-se taxa de penetração de 10%, baseada nas informações extraídas da pesquisa primária que realizamos junto ao público-alvo, que mostrou taxa de aceitação de assinaturas de 9% e taxa de aceitação de venda avulsa de 35% dos entrevistados.

O plano de negócios

Como premissas de receita com vendas embarcadas, utilizou-se a estimativa de vendas de *tablets* em 2013 no mercado brasileiro, divulgado pela IDC, de 5,8 milhões de unidades. Por fim, estimou-se a participação de mercado dos parceiros em 5%.

Nas premissas de receita com publicidade no site, adotou-se orçamento anual destinado a Adwords, de R$ 240 mil, e taxa média paga por palavra-chave de R$ 0,33.

Nas premissas de receita mensal com publicidade no *app* gratuito, também considerou-se o número de 540 mil, referente a crianças de 3 a 7 anos das classes A e B, levantado do Censo de 2010 do IBGE. Adotou-se taxa de penetração de 10% e extraiu-se da pesquisa primária a taxa de aceitação de download do app gratuito de 41% dos entrevistados.

Com isso, a previsão de vendas da LivroLeve para os próximos cinco anos pode ser visualizada no gráfico a seguir.

Projeção de vendas da editora *online*

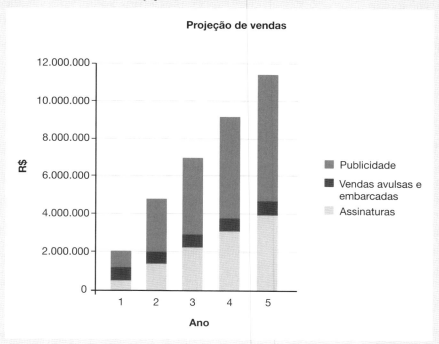

Capítulo 6

Comentários:

a. Os empreendedores deixam claro, logo no primeiro parágrafo, o desejo de ser uma referência no mercado. Para isso, apostam no posicionamento diferenciado em relação ao que se apresenta hoje no setor: foco na inovação dos produtos e no modelo de negócio, com diferentes fontes e formas de se obter receita. Trata-se de um posicionamento adequado para uma *startup* que deseja atuar em um setor que passa por uma transformação sem precedentes no mundo e, também, no Brasil.

b. A estratégia de precificação segue o padrão do mercado *online* internacional, mas que ainda não se consolidou no Brasil. Por outro lado, pode permitir à empresa ganhar mercado rapidamente, caso suas inovações mostrem-se adequadas para atender ao desejo do cliente (provavelmente pais jovens, que usam a tecnologia de tablets e estimulam esse uso junto a seus filhos).

c. A abrangência do negócio será nacional, e os pais (principais clientes) serão abordados por sites de busca, redes sociais e por aplicativos que ficarão disponíveis nas lojas virtuais do setor. Trata-se de uma estratégia acertada e que provavelmente demandará menos investimento que outras utilizadas em empresas tradicionais. Já a abordagem junto às empresas provavelmente demandará uma ação presencial, com profissionais de vendas para que tais patrocínios sejam captados. Essa informação poderia ter sido apresentada.

d. A publicidade segue o padrão *de startups online*, com recursos para palavras-chave do Google adwords e divulgação em redes sociais. Há ainda o embarque de aplicativos em *tablets* e a realização de eventos presenciais. Nota-se uma variedade de ações, que provavelmente demandarão quantidade considerável de recursos/investimentos da empresa. Essa informação (o volume de recursos investido nas ações de marketing) não foi apresentada, mas deveria ter sido.

e. Nota-se um equívoco na projeção de vendas, que apresenta a premissa de investimento em palavras-chave do Google. Tal informação deveria ser objeto do orçamento de marketing, não das premissas de vendas (como comentado no item *d* anteriormente). Porém, apesar dessa ressalva, as demais premissas apresentadas estão bem estruturadas e explicam claramente como os empreendedores definiram suas projeções de vendas. Muitos podem questionar o otimismo dos empreendedores nas projeções, mas a lógica utilizada não está incoerente. Não foi apresentada ainda a projeção de participação de mercado, de difícil determinação para empresas iniciantes, como já comentado no exemplo do Clube de Empreendedores.

f. Finalmente, tanto no primeiro como neste exemplo, há um considerável crescimento nas projeções de vendas do segundo ao quinto anos. As premissas que sustentam tais números precisam estar claras nas planilhas financeiras usadas para a obtenção dos respectivos planos de negócios.

O plano de negócios

Estratégia de crescimento

A seção Estratégia de crescimento poderia ser um complemento da seção Marketing e vendas, pois se trata de uma continuidade do que se apresentou naquela seção. Porém, para dar mais ênfase nesse aspecto do plano de negócios, optou-se por ter uma seção específica para a estratégia de crescimento da empresa. As informações utilizadas na seção de Marketing e vendas servem como base para as discussões apresentadas aqui, na seção de Estratégia de crescimento. O empreendedor pode, no entanto, optar por apresentá-la em separado, como sugerido aqui, ou inserida em Marketing e vendas.

A palavra estratégia, quando relacionada com planejamento, é usada para se delinear as ações necessárias que a empresa realizará com o intuito de atingir seus objetivos. Note que, se não há objetivos claros a serem atingidos, a estratégia deixa de ser relevante, pois não se tem uma métrica ou um parâmetro para saber para onde a empresa está caminhando.

Dessa forma, a definição da estratégia de crescimento demanda uma visão de negócio clara por parte do empreendedor, ou seja, como o empreendedor visualiza o futuro da empresa. Além disso, o empreendedor precisa ter profundo conhecimento em relação à sua empresa e ao mercado ou ao ambiente no qual ela atua. O próximo passo para se definir a estratégia de crescimento da empresa é entender seus pontos fortes e fracos, informações internas da empresa e sobre as quais o empreendedor tem controle. Além disso, é preciso entender quais são as oportunidades e ameaças do ambiente de negócios, informações externas à empresa, fora do controle direto do empreendedor.

Essas informações ficam mais bem apresentadas por meio do que se chama de Matriz FFOA de Forças, Fraquezas, Oportunidades e Ameaças. Essa matriz (como você poderá observar nos exemplos a seguir) permite ao empreendedor ter uma representação visual para entender quais caminhos são os mais viáveis no atingimento de seus objetivos, ou seja, quais estratégias devem ser utilizadas para se chegar aos objetivos almejados.

Os objetivos são geralmente relacionados com resultados de impacto, relevantes para a empresa e o empreendedor. No plano de negócios, os objetivos estão ligados a palavras, como "ser líder de mercado", "ser a empresa mais reconhecida do mercado", "ser a empresa mais inovadora na visão do cliente", entre outras. Porém, como palavras levam à subjetividade, os objetivos ficam mais fortes quanto complementados por metas, mais relacionadas com números. As metas devem ainda ser específicas, mensuráveis, atingíveis, relevantes e é preciso haver um prazo para serem alcançadas. Dessa maneira, o objetivo de liderança de mercado, por exemplo, poderia ser mais bem definido como "ser líder do mercado em receita total, para todas as categorias de produto, em nível nacional, ao final do segundo ano de operação". Note que fica mais completa a

Capítulo 6

descrição, e, com isso, o empreendedor consegue mensurar o desenvolvimento dos resultados do negócio para saber se estão evoluindo em direção aos objetivos e metas.

Sugere-se que, no plano de negócios, não haja mais que dois ou três grandes objetivos, para que o empreendedor consiga focar o que realmente é relevante para seu negócio. Com as análises interna e externa da empresa realizadas, os objetivos e metas definidos, cabe finalmente ao empreendedor definir sua estratégia de crescimento.

Por exemplo, para o objetivo de liderança de mercado em dois anos, o empreendedor poderia: focar a estratégia de parcerias regionais, investir em equipes de vendas por categorias de produtos, investir em publicidade maciça nos meios de comunicação, expandir a fábrica para atender à demanda regional, promover mudanças nos produtos, focar a inovação, focar qualidade, ter os preços mais competitivos e assim por diante. Note que esses são exemplos de estratégia, não necessariamente utilizados ao mesmo tempo, ou seja, são alternativas à disposição do empreendedor. Percebe-se, ainda, a partir desses exemplos, a estreita ligação entre esta seção e a de Marketing e vendas.

A seguir, são apresentados exemplos desta seção para um clube de empreendedores e uma empresa de aulas de reforço escolar.

Exemplo 1

Clube de Empreendedores

O Clube de Empreendedores tem sua atuação no fornecimento de informações, treinamento e consultoria aos seus associados, auxiliando-os no planejamento de suas empresas, por meio da confecção de um plano de negócios e demais serviços correlatos, bem como servindo de agente catalizador entre o empreendedor e potenciais investidores, gerando receita por venda de assinaturas, cursos e consultoria especializada. O ambiente do negócio (oportunidades e ameaças) e as características singulares do Clube de Empreendedores (forças e fraquezas) podem ser entendidos por meio de uma análise FFOA.

O plano de negócios

Matriz FFOA do Clube de Empreendedores

Forças	Fraquezas
■ Especialistas experientes para orientação dos associados. ■ Site especializado e inovador, no qual o associado poderá encontrar a maioria das respostas às suas dúvidas. ■ Treinamento e consultoria especializados.	■ Nova marca, ainda pouco conhecida. ■ Sem auditório próprio para palestras e *workshops*. ■ Escassez de recursos próprios, com necessidade de busca de aporte financeiro.
Oportunidades	**Ameaças**
■ Crescimento do número de empreendedores iniciais no Brasil. ■ Aumento de quantidade de linhas de crédito para empreendimentos inovadores, incentivando o ingresso de novos empreendedores no mercado. ■ Momento econômico do Brasil e eventos, como Copa do Mundo e Olimpíadas, favorecem o empreendedorismo do próprio negócio. ■ O brasileiro é um dos povos com maior taxa de criação de negócios no mundo.	■ Mercado de consultoria em empreendedorismo em crescimento já conta com várias empresas especializadas, sites que são referência, bem como marcas e nomes estabelecidos no setor. ■ Oferecimento de serviços de orientações ao empreendedorismo grátis na internet. ■ Constantes alterações nas políticas governamentais e na legislação tributária e financeira para pequenos negócios. ■ Muitos empreendedores querem o contato direto com os consultores e evitam serviços *online*.

Estratégia de crescimento

A análise da Matriz FFOA mostra que um aspecto preocupante do negócio é a inovação das ofertas do Clube do Empreendedor. Uma vez que há vários competidores nesse mercado, nosso diferencial será a oferta de serviços inovadores, gerando valor para o cliente final a partir de soluções não exploradas pelos demais competidores.

A divulgação definida na estratégia de marketing buscará capitalizar esse diferencial, e, com isso, acreditamos que nosso posicionamento se mostrará efetivo.

O objetivo da empresa é chegar ao final do primeiro ano de operação com, pelo menos, 600 associados, chegando ao quinto ano com mais de cinco mil associados. Nossa meta é que nossa empresa seja lembrada, ao final de seu segundo ano de operação, pela maioria dos empreendedores como um dos três principais fornecedores de serviços e consultoria *online* a este público. Para isso, pesquisas de mercado serão realizadas todo semestre, para medir a evolução da divulgação de nossa marca e seu impacto junto ao nosso público-alvo.

A empresa tem ainda como meta de resultado chegar ao final do quinto ano com faturamento anual na casa dos R$ 10 milhões, possibilitando, a partir desse patamar, promover nova fase de crescimento do negócio por meio de franquias.

149

Capítulo 6

Comentários:

a. No penúltimo parágrafo os empreendedores confundem e invertem os conceitos de objetivo e meta, mas mesmo assim apresentam marcos importantes que querem atingir.

b. A Matriz FFOA apresenta, de maneira clara, as características-chave do negócio e do ambiente no qual ele se insere. Chamam a atenção no quesito ameaças os fatos de os empreendedores entenderem haver forte concorrência no setor e de os empreendedores de novos negócios nem sempre se mostrarem adeptos a soluções *online*.

c. A estratégia de negócio está demasiadamente simples. Apenas falar que o foco será a inovação não deixa claro como os empreendedores desenvolverão ações para atingir os objetivos e metas almejados. De fato, a oferta de serviços prioritariamente *online* poderia ser considerada inovadora, mas isso, hoje em dia, já não é um grande diferencial, uma vez que muitas empresas de consultoria já o fazem e também por já haver muitos sites que atuam na área. Por outro lado, os empreendedores deixam claro que as ações de marketing enfatizarão esse diferencial junto aos clientes-alvo.

d. Apesar das ressalvas apontadas nos comentários anteriores, do ponto de vista de estrutura, o texto apresentado está adequado.

Exemplo 2

Empresa de aulas de reforço escolar

A ReforçoTotal visa alcançar a liderança de mercado em reforço de aulas *online* em, no máximo, dois anos, empenhando todas as suas forças nesse objetivo. Para isso, buscou-se conhecer bem o mercado de atuação, o público-alvo e entender o posicionamento dos concorrentes já estabelecidos nesse meio, levantando dados, identificando forças e fraquezas e medindo as oportunidades e ameaças, como mostra a análise FFOA realizada.

Matriz FFOA da empresa de aulas de reforço escolar

Forças	Fraquezas
● Aulas em tempo real (um diferencial no mercado).	● Rápidas mudanças tecnológicas exigem investimento extra da empresa.
● Tecnologia de ponta.	● Nosso perfil é parecido com o de vários concorrentes, o que pode dificultar a diferenciação da empresa para o consumidor.
● Foco no estado de São Paulo, o principal mercado consumidor.	

O plano de negócios

- Receitas com anúncios no site, algo que a concorrência não faz.

- Empresa *startup*, com processos ainda em fase de validação.
- Poucos recursos financeiros para suprir as necessidades de rápido crescimento da empresa.

Oportunidades

- Poucos concorrentes, e nenhum apresenta relevante destaque.
- Grande número de alunos (mercado em expansão).
- Alto índice de reprovação dos alunos no ensino formal demanda aulas de reforço escolar.
- Crescimento econômico leva mais pais a investir na educação complementar de seus filhos.
- Exigência do mercado leva os pais a se preocuparem com a qualidade da educação de seus filhos.

Ameaças

- Concorrentes de grande porte que não atuam diretamente com o mesmo posicionamento da ReforçoTotal podem vir a fazê-lo.
- Novas tecnologias podem gerar dificuldade de adaptação e tornar obsoleta a solução da ReforçoTotal.
- Escolas já tradicionais podem passar a oferecer produto semelhante como complemento às aulas.

Estratégia de crescimento

O negócio buscará atingir metas ousadas desde o primeiro ano de sua operação, consolidando-se como um site de referência em reforço escolar *online*. A empresa deverá chegar a cinco mil usuários ativos ao final do primeiro ano. Esse número será de 18 mil ao final do quinto ano.

A estratégia de crescimento para atingir tais metas terá como base os dados levantados na análise FFOA. Para tanto, buscaremos maximizar os potenciais da empresa (Forças), explorar as oportunidades existentes e diminuir as ameaças presentes e futuras, consolidando a empresa em seu mercado de atuação. Essa estratégica terá como premissa as seguintes ações-chave, que trarão retorno à empresa:

1. Publicidade: prioridade ao marketing *online*, principalmente na busca por palavras-chave no Google, com o objetivo de aumentar rapidamente o número de acessos ao site e, com isso, o número de assinantes. Além da rápida captação de clientes, essa estratégia busca consolidar a empresa junto ao seu público-alvo e minimizar os efeitos das ações de marketing da concorrência, que atingem diretamente o crescimento da empresa, à medida que influencia e capta potenciais clientes.

Capítulo 6

2. Estrutura operacional: estrutura operacional física mínima para realizar as operações da empresa, otimizando custos. O foco será a estrutura virtual que atenda a todas as expectativas do cliente, como acesso em *smartphones* e *tablets*, de maneira rápida e simples, por meio do acompanhamento e atualização das tecnologias disponíveis no mercado.

3. Capital humano: investimento na educação continuada de seus profissionais, distribuição de prêmios por metas atingidas e participação nos resultados da empresa, como forma de motivar as equipes, captar e reter talentos e manter um excelente nível de atendimento ao cliente.

As metas de crescimento da empresa são ambiciosas, e seu êxito depende do envolvimento e do comprometimento da equipe em todas as áreas do negócio, para que os planos de estratégia de crescimento sejam executados como planejado, produzindo os efeitos desejados.

Comentários:

a. O objetivo de negócio da empresa fica claro logo no início da seção e se mostra audacioso. Apesar de ser uma *startup*, a empresa deixa claro como pretende se diferenciar dos concorrentes: aulas em tempo real. Já as metas estão explicitadas na sequência da Matriz FFOA e, aparentemente, estão condizentes com o objetivo estipulado (o que pode/deve ser ratificado na análise de mercado do plano de negócios).

b. A Matriz FFOA apresenta pontos de alerta aos empreendedores, principalmente no tocante às ameaças. Não parece haver uma barreira de entrada aos novos e atuais concorrentes no oferecimento de soluções similares às propostas dos empreendedores. Por isso, em sua estratégia, eles definem a necessidade de foco nas ações de publicidade *online*, com o intuito de rapidamente angariar clientes e se destacar no mercado. Apesar de a limitação de recursos financeiros ser colocada como uma fraqueza do negócio, parece que a estratégia de foco na publicidade é coerente e, se bem executada, pode trazer os resultados almejados e cumprir as metas e o objetivo principal do negócio.

c. Chama a atenção que a estratégia de negócio não se limite a questões de publicidade (que se insere na estratégia de marketing e vendas), mas vá além, envolvendo questões operacionais (foco no custo operacional enxuto) e desenvolvimento de pessoas. Isso permite dizer que os empreendedores estão apresentando, com propriedade, uma visão macro do negócio. O desafio será transformar tais estratégias em realidade, quando da gestão do negócio.

d. Novamente, do ponto de vista de estrutura, esta seção está bem apresentada e condizente com os preceitos teóricos de Estratégia de crescimento.

Finanças

O planejamento financeiro é o calcanhar de Aquiles de muitos empreendedores. Descrever de maneira sucinta as informações financeiras em um plano de negócios passa a ser, então, um desafio considerável para a maioria. No entanto, há maneiras simples e eficazes de se desenvolver o planejamento financeiro e apresentá-lo no plano e que podem ser adotadas por quaisquer empreendedores e para todo tipo de empresa, independentemente do setor ou estágio de desenvolvimento do negócio.

Basicamente, o empreendedor deve mostrar em números tudo o que foi dito até então, nas seções anteriores do plano, ou seja, quais serão os investimentos, custos, despesas e resultados da empresa desde o momento zero (início do negócio, no caso de empresas em criação) ou ainda desde o momento pré-operacional (aquele antes de começar o negócio e que já incorre em despesas e custos por parte do empreendedor).

O horizonte de tempo do planejamento financeiro depende do negócio e de quando os resultados começarão a ser positivos, ou seja, em que momento a empresa deixa de gastar mais que arrecada, o chamado ponto de equilíbrio. Geralmente, a grande maioria dos negócios passa por esse ponto de equilíbrio após dois anos, e o retorno do investimento ocorre entre três e cinco anos, mas há casos de empresas que podem levar muito mais tempo para equilibrar as contas, e outras que o fazem bem antes. Por isso, sugere-se que o horizonte de tempo de planejamento financeiro no plano de negócios seja, em média, de cinco anos. Exemplos do primeiro caso são empresas que atuam em setores de grandes construções e infraestrutura de projetos que levam anos para se pagar. Exemplos do segundo caso podem ser empresas *startup* de tecnologia que, em menos de um ano, já se mostram lucrativas.

Além dessas informações, cabe ao empreendedor apresentar um demonstrativo de resultado para o negócio, bem como um fluxo de caixa. Planos de negócios apresentados a fundos de investimento e a bancos com o intuito de angariar empréstimos, por exemplo, geralmente devem apresentar ainda dados contábeis da empresa, como o balanço patrimonial. Para a maioria das empresas em fase de criação, o planejamento financeiro do plano de negócios pode ser feito de maneira simples, sem necessidade de apresentação do balanço patrimonial, pois o plano deve servir mais para analisar a viabilidade do negócio, não apenas para adequar os números aos preceitos teóricos e contábeis.

Por isso, o empreendedor pode optar por uma abordagem mais prática e fácil que uma mais estruturada e complicada, ainda mais quando não domina os termos e conceitos que envolvem as finanças de um negócio.

Capítulo 6

A partir de planilhas financeiras (veja como usá-las e adaptá-las a seu plano ao baixar as planilhas em Excel dos exemplos aqui apresentados no site *www.josedornelas.com.br*), podem-se ainda fazer inúmeras simulações, que ajudarão o empreendedor não só a compreender melhor os pontos limítrofes do negócio, como a ajustar suas estratégias, investimentos, custos e projeção de receita.

Assim, quando o empreendedor concluir o planejamento financeiro por meio de planilhas, obterá, entre outras informações, os resultados anualizados para o negócio e, a partir deles, poderá criar um gráfico de exposição do caixa da empresa. Esse gráfico é a essência do planejamento financeiro no plano de negócios e apresenta dados importantes para a tomada de decisão do empreendedor, como o investimento inicial, a máxima necessidade de investimento, o ponto de equilíbrio, o prazo de retorno do investimento, entre outros. Na planilha financeira do plano de negócios, esse gráfico é obtido automaticamente, ao se projetar o fluxo de caixa acumulado mês a mês para os anos vindouros do negócio.

Finalmente, além desses dados, cabe ao empreendedor apresentar informações financeiras-chave ou indicadores financeiros comumente utilizados para avaliar a viabilidade financeira de um negócio, como: taxa interna de retorno (porcentagem de retorno que o negócio está proporcionando em determinado período, por exemplo, anualmente), valor presente líquido (qual o valor presente do negócio, considerando todos os fluxos de caixa futuros gerados, dentro das premissas de crescimento da empresa), o *valuation* ou a valoração da empresa (o valor da empresa, caso o empreendedor queira vendê-la, negociar com investidores e/ou demais interessados em fusões/aquisições).

Em síntese, a seção de Finanças de um plano de negócios envolve o seguinte conjunto de informações:[37]

- Investimentos (usos e fontes): De que valor de recursos financeiros sua empresa precisa para iniciar a operação? Além do momento inicial, haverá necessidade de recursos em quais outros momentos? De onde virão? Como serão utilizados?

- Composição de custos e despesas: apresente, em formato de planilha, os principais custos e despesas que decorrem da operacionalização do negócio. Em resumo, quais os principais custos/despesas da empresa?

- Principais premissas (base para as projeções financeiras): Quais as premissas ou as referências utilizadas para se chegar às projeções apresentadas? É importante explicar como a planilha financeira foi feita para que o leitor entenda a lógica utilizada no memorial de cálculo.

- Evolução dos resultados financeiros e econômicos (horizonte médio de cinco anos)

O plano de negócios

- Demonstrativo de Resultados: Quais os resultados que serão obtidos com o negócio nos próximos anos?
- Fluxo de caixa: Qual o fluxo de caixa da empresa para os próximos anos?
- Balanço patrimonial (opcional): Qual o balanço projetado para a empresa nos próximos anos?
- Indicadores financeiros de rentabilidade e viabilidade:
  - ○ Taxa interna de retorno: Qual o retorno financeiro proporcionado pelo negócio?
  - ○ Valor presente líquido: Qual é o valor da empresa hoje, considerando as projeções futuras de seu fluxo de caixa?
  - ○ *Breakeven* e *payback*: Quando ocorrerá o ponto de equilíbrio financeiro (ou seja, quando não há lucro nem prejuízo)? Quando ocorrerá o retorno do investimento inicial?

- Necessidade de aporte e contrapartida: Quanto de recursos será obtido/buscado junto a fontes externas de investimento/financiamento? Quais as contrapartidas oferecidas aos investidores/bancos?

Ao fazer a análise de rentabilidade e viabilidade do negócio, você pode utilizar inúmeras técnicas, mas as mais usuais e recomendadas são as seguintes:

Técnicas com foco no lucro: não consideram que o valor do dinheiro muda com o tempo (isto é, não levam em consideração questões como juros e correção monetária).

Retorno contábil sobre o Investimento.

Payback (prazo de retorno do investimento).

Técnicas de fluxo de caixa descontado: consideram os fluxos de caixa futuros que serão obtidos pela empresa e, por isso, são as mais utilizadas para avaliar a viabilidade de um negócio.

TIR (taxa interna de retorno).

VPL (valor presente líquido).

Como já mencionado, o gráfico da exposição do caixa demonstra a evolução do caixa da empresa desde sua concepção até o crescimento nos meses (ou anos) iniciais. Por meio desse gráfico, você poderá obter visualmente alguns dos indicadores comentados anteriormente, sem necessidade de utilização de fórmulas matemáticas, como apresentado a seguir.

Capítulo 6

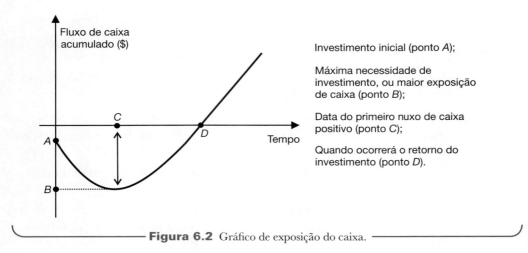

Figura 6.2 Gráfico de exposição do caixa.

Note que agora poderá ficar mais claro, pela leitura do gráfico, porque um plano de negócios deve ser feito, em média, com o horizonte de tempo de cinco anos. Isso ocorre porque a maioria das empresas apresenta seu gráfico de exposição de caixa com o Ponto *D* entre três e cinco anos, como mencionado anteriormente. E haverá casos em que o Ponto *D* ocorrerá após os cinco anos. Se for o caso de sua empresa, você deve fazer seu plano de negócios com horizonte de tempo maior, até que o Ponto *D* fique nitidamente apresentado no gráfico. Há estudos que mostram ainda que o Ponto *B* no gráfico pode chegar, em média, a 1,7 vez do valor do Ponto *A*, e que a máxima exposição do caixa da empresa ocorre em média em dois anos (Ponto *C*). São dados médios e que não serão exatamente iguais para o seu negócio, mas servem de referência para você analisar se seu plano de negócios está próximo ou muito distante da média.

A seguir, são apresentados dois exemplos do planejamento financeiro no plano de negócios: o de uma editora *online* e o de uma empresa de aplicativo de celular para usuários de transporte público. As fórmulas para os cálculos dos indicadores financeiros apresentados nesta seção, bem como as instruções para a obtenção do gráfico de exposição do caixa, encontram-se nas planilhas financeiras desses e de outros exemplos disponíveis para *download* no site *www.josedornelas.com.br*.

O plano de negócios

Exemplo 1

Editora *online*

A seguir, encontram-se as tabelas de premissas usadas nas projeções financeiras da LivroLeve. A planilha com os cálculos e gráficos usados está anexada ao plano de negócios.

Encargos e impostos	
Reajuste de salários (Selic, base 2010)	10,00%
ISS	5%
PIS/Cofins	3,65%
Impostos sobre faturamento	8,65%
IR	25,00%
CSLL	9,00%

Premissas de receita com assinaturas	Ano 1	Ano 2	Ano 3	Ano 4	Ano 5
Número de crianças de 3 a 7 anos das classes A e B	540.000	540.000	540.000	540.000	540.000
Taxa de penetração	10%	10%	10%	10%	10%
Taxa de aceitação de assinatura	9%	9%	9%	9%	9%
Estimativa de número de assinantes no ano	4860	4860	4860	4860	4860
Média do número de assinantes no mês	405	405	405	405	405
Valor da assinatura mensal	$ 15,00	$ 15,00	$ 15,00	$ 15,00	$ 15,00
Receita mensal de assinaturas	$ 6.075,00	$ 6.075,00	$ 6.075,00	$ 6.075,00	$ 6.075,00

(Continua)

Capítulo 6

(Continuação)

Premissas de receita com vendas avulsas	Ano 1	Ano 2	Ano 3	Ano 4	Ano 5
Número de crianças de 3 a 7 anos das classes A e B	540.000	540.000	540.000	540.000	540.000
Taxa de penetração	10%	10%	10%	10%	10%
Taxa de aceitação de venda avulsa	35%	35%	35%	35%	35%
Estimativa de unidades vendidas no ano	18.900	18.900	18.900	18.900	18.900
Média de unidades vendidas no mês	1575	1575	1575	1575	1575
Valor de venda unitário	$ 9,00	$ 9,00	$ 9,00	$ 9,00	$ 9,00
Receita mensal com vendas avulsas	$ 14.175,00	$ 14.175,00	$ 14.175,00	$ 14.175,00	$ 14.175,00

Premissas de receita com vendas embarcadas	Ano 1	Ano 2	Ano 3	Ano 4	Ano 5
Estimativa de venda de *tablets*	5.800.000	5.800.000	5.800.000	5.800.000	5.800.000
Marketshare dos parceiros	5%	5%	5%	5%	5%
Estimativa de unidades vendidas no ano	290.000	290.000	290.000	290.000	290.000
Média de unidades vendidas no mês	24.167	24.167	24.167	24.167	24.167
Valor de venda unitário	$ 1,80	$ 1,80	$ 1,80	$ 1,80	$ 1,80
Receita mensal com verbas embarcadas	$ 43.500,00	$ 43.500,00	$ 43.500,00	$ 43.500,00	$ 43.500,00

Premissas de receita com publicidade no site	Ano 1	Ano 2	Ano 3	Ano 4	Ano 5
Orçamento de marketing anual (adwords)	$ 240.000,00	$ 240.000,00	$ 240.000,00	$ 240.000,00	$ 240.000,00
Taxa média paga por palavra-chave (adwords)	$ 0,33	$ 0,33	$ 0,33	$ 0,33	$ 0,33
Estimativa de acessos anuais ao site (adwords)	727.273	727.273	727.273	727.273	727.273
Estimativa de acessos anuais ao site (orgânico)	72.727	160.000	310.545	570.800	1.038.458

(Continua)

O plano de negócios

(Continuação)

Premissas de receita com publicidade no site	Ano 1	Ano 2	Ano 3	Ano 4	Ano 5
Estimativa de acessos anuais ao site	800.000	887.273	1.037.818	1.298.073	1.765.731
Média de acessos mensais ao site	66.667	73.939	86.485	108.173	147.144
Valor da publicidade por acesso	$ 0,18	$ 0,30	$ 0,30	$ 0,30	$ 0,30
Receita mensal com publicidade no site	$ 12.000,00	$ 22.181,82	$ 25.945,45	$ 32.451,82	$ 44.143,27

Premissas de receita com publicidade no app gratuito	Ano 1	Ano 2	Ano 3	Ano 4	Ano 5
Número de crianças de 3 a 7 anos das classes A e B	540.000	540.000	540.000	540.000	540.000
Taxa de penetração	10%	10%	10%	10%	10%
Taxa de aceitação de downloads no app gratuito	41%	41%	41%	41%	41%
Estimativa de downloads no ano	22.140	22.140	22.140	22.140	22.140
Acumulado do número de downloads no ano	22.140	44.280	66.420	88.560	110.700
Estimativa do número de exposições no ano	3.453.840	6.907.680	10.361.520	13.815.360	17.269.200
Valor da publicidade por exposição	$ 0,02	$ 0,03	$ 0,03	$ 0,03	$ 0,03
Receita mensal com publicidade no app	$ 62.169,12	$ 207.230,40	$ 310.845,60	$ 414.460,80	$ 518.076,00

Usando as premissas apresentadas, foram projetados para um período de cinco anos de operação: os investimentos em infraestrutura, despesas operacionais e custos de desenvolvimento e gestão dos produtos e do site. Os resultados são apresentados a seguir.

Capítulo 6

Investimentos em infraestrutura	Ano 1	Ano 2	Ano 3	Ano 4	Ano 5
Computadores, móveis etc.	$ 128.000,00	$ 32.000,00	$ 64.000,00	$ 32.000,00	$ 32.000,00
Outros	$ 6400,00	$ 1600,00	$ 3200,00	$ 1600,00	$ 1600,00
Total	**$ 134.400,00**	**$ 33.600,00**	**$ 67.200,00**	**$ 33.600,00**	**$ 33.600,00**

Despesas operacionais	Ano 1	Ano 2	Ano 3	Ano 4	Ano 5
Telefonia, energia elétrica e demais itens de telecomunicações	$ 12.000,00	$ 12.000,00	$ 12.000,00	$ 12.000,00	$ 12.000,00
Internet	$ 6000,00	$ 6000,00	$ 7200,00	$ 7200,00	$ 9600,00
Assessoria jurídica	$ 6000,00	$ 6000,00	$ 6000,00	$ 6000,00	$ 6000,00
Demais despesas de comunicação (folders, cartões, publicações)	$ 6000,00	$ 6000,00	$ 6000,00	$ 6000,00	$ 6000,00
Software de escritório	$ 12.000,00	$ 6000,00	$ 6000,00	$ 6000,00	$ 6000,00
Aluguel/Condomínio	$ 60.000,00	$ 72.000,00	$ 96.000,00	$ 96.000,00	$ 120.000,00
Contador	$ 6480,00	$ 6480,00	$ 6480,00	$ 6480,00	$ 6480,00
Correios, jornais, revistas etc.	$ 3600,00	$ 3600,00	$ 4800,00	$ 4800,00	$ 6000,00
Material de escritório	$ 3600,00	$ 3600,00	$ 4800,00	$ 4800,00	$ 6000,00
Limpeza e manutenção do escritório	$ 2400,00	$ 2400,00	$ 2400,00	$ 2400,00	$ 2400,00
Viagens e treinamentos	$ 12.000,00	$ 12.000,00	$ 14.400,00	$ 18.000,00	$ 21.600,00
Outros	$ 6000,00	$ 6000,00	$ 6000,00	$ 6000,00	$ 6000,00
Total	**$ 136.080,00**	**$ 142.080,00**	**$ 172.080,00**	**$ 175.680,00**	**$ 208.080,00**

Custos de desenvolvimento e gestão dos produtos e do site	Ano 1	Ano 2	Ano 3	Ano 4	Ano 5
Agência web (desenvolvimento e manutenção do site)	$ 192.000,00	$ 24.000,00	$ 24.000,00	$ 24.000,00	$ 24.000,00
Publicidade e promoções	$ 300.000,00	$ 300.000,00	$ 300.000,00	$ 300.000,00	$ 300.000,00
Hospedagem do site	$ 6000,00	$ 12.000,00	$ 24.000,00	$ 36.000,00	$ 36.000,00

(Continua)

O plano de negócios

(Continuação)

Custos de desenvolvimento e gestão dos produtos e do site	Ano 1	Ano 2	Ano 3	Ano 4	Ano 5
Freelancers	$ 240.000,00	$ 300.000,00	$ 384.000,00	$ 480.000,00	$ 600.000,00
Direitos autorais com assinaturas	$ 47.385,00	$ 134.865,00	$ 222.345,00	$ 309.825,00	$ 397.305,00
Direitos autorais com vendas avulsas	$ 17.010,00	$ 17.010,00	$ 17.010,00	$ 17.010,00	$ 17.010,00
Direitos autorais com vendas embarcadas	$ 52.200,00	$ 52.200,00	$ 52.200,00	$ 52.200,00	$ 52.200,00
Outros serviços de terceiros	$ 12.000,00	$ 12.000,00	$ 12.000,00	$ 12.000,00	$ 12.000,00
Total	$ 866.595,00	$ 852.075,00	$ 1.035.555,00	$ 1.231.035,00	$ 1.438.515,00

O quadro de funcionários foi definido pela representação da tabela abaixo.

Quantidade de funcionários	Ano 1	Ano 2	Ano 3	Ano 4	Ano 5
Conselho					
Conselheiros	4	4	4	4	4
Administrativo/Financeiro					
Presidência (pró-labore)	1	1	1	1	1
Diretor Administrativo/Financeiro	1	1	1	1	1
Assistente Administrativo/Financeiro	1	2	3	3	3
Estagiário	–	1	–	–	–
Tecnologia					
Diretor de Tecnologia	1	1	1	1	1
Engenheiro de Software	1	1	2	2	2
Analista de Software	1	2	2	2	2
Estagiário	–	–	–	–	–
Criação					
Diretor de criação (pró-labore)	1	1	1	1	1
Editor	2	3	2	2	2
Revisor	1	2	1	1	1
Designer/Ilustrador	2	3	2	2	2
Desenvolvedor HTLM 5	2	3	2	2	2
Estagiário	–	–	–	–	–

(Continua)

Capítulo 6

(Continuação)

Quantidade de funcionários	Ano 1	Ano 2	Ano 3	Ano 4	Ano 5
Marketing/Comercial					
Diretor de Marketing (pró-labore)	1	1	1	1	1
Coordenador de Parcerias	1	2	3	3	3
Estagiário	–	1	–	–	–
Total de funcionários	**16**	**25**	**22**	**22**	**22**
Total de funcionários + Conselheiros	**20**	**29**	**26**	**26**	**26**

A folha de pagamento é apresentada, considerando encargos e benefícios.

Gastos totais com salários/ benefícios	Ano 1	Ano 2	Ano 3	Ano 4	Ano 5
Conselho					
Conselheiros	$ 96.000,00	$ 96.000,00	$ 96.000,00	$ 96.000,00	$ 96.000,00
Administrativo/Financeiro					
Presidência (pró-labore)	$ 8136,00	$ 8136,00	$ 120.000,00	$ 132.000,00	$ 145.200,00
Diretor Administrativo/ Financeiro	$ 240.000,00	$ 264.000,00	$ 290.400,00	$ 319.440,00	$ 351.384,00
Assistente Administrativo/ Financeiro	$ 48.000,00	$ 105.600,00	$ 174.240,00	$ 191.664,00	$ 210.830,40
Estagiário	$ –	$ 19.800,00	$ –	$ –	$ –
Tecnologia					
Diretor de Tecnologia	$ 240.000,00	$ 264.000,00	$ 290.400,00	$ 319.440,00	$ 351.384,00
Engenheiro de Software	$ 108.000,00	$ 118.800,00	$ 261.360,00	$ 287.496,00	$ 316.245,60
Analista de Software	$ 60.000,00	$ 132.000,00	$ 145.200,00	$ 159.720,00	$ 175.692,00
Estagiário	$ –	$ –	$ –	$ –	$ –
Criação					
Diretor de criação (pró-labore)	$ 8.136,00	$ 8.136,00	$ 120.000,00	$ 132.000,00	$ 145.200,00
Editor	$ 216.000,00	$ 356.400,00	$ 261.360,00	$ 287.496,00	$ 316.245,60

(Continua)

O plano de negócios

(Continuação)

Gastos totais com salários/ benefícios	Ano 1	Ano 2	Ano 3	Ano 4	Ano 5
Revisor	$ 84.000,00	$ 184.800,00	$ 101.640,00	$ 111.804,00	$ 122.984,40
Designer/ Ilustrador	$ 168.000,00	$ 277.200,00	$ 203.280,00	$ 223.608,00	$ 245.968,80
Desenvolvedor HTLM 5	$ 168.000,00	$ 277.200,00	$ 203.280,00	$ 223.608,00	$ 245.968,80
Estagiário	$ –	$ –	$ –	$ –	$ –
Marketing/Comercial					
Diretor de Marketing (pró-labore)	$ 8136,00	$ 8136,00	$ 120.000,00	$ 132.000,00	$ 145.200,00
Coordenador de Parcerias	$ 84.000,00	$ 184.800,00	$ 304.920,00	$ 335.412,00	$ 368.953,20
Estagiário	$ –	$ 19.800,00	$ –	$ –	$ –
Gastos totais com funcionários	**$ 1.536.408,00**	**$ 2.324.808,00**	**$ 2.692.080,00**	**$ 2.951.688,00**	**$ 3.237.256,80**

Com isso, tem-se o resultado líquido consolidado para a empresa no horizonte de cinco anos.

Resultados anuais	Ano 1	Ano 2	Ano 3	Ano 4	Ano 5
Assinaturas	$ 473.850,00	$ 1.348.650,00	$ 2.223.450,00	$ 3.098.250,00	$ 3.973.050,00
Vendas	$ 692.100,00	$ 692.100,00	$ 692.100,00	$ 692.100,00	$ 692.100,00
Publicidade	$ 890.029,44	$ 2.752.946,62	$ 4.041.492,65	$ 5.362.951,42	$ 6.746.631,27
Receita total bruta	$ 2.055.979,44	$ 4.793.696,62	$ 6.957.042,65	$ 9.153.301,42	$ 11.411.781,27
Impostos sobre a receita bruta	$ 177.842,22	$ 414.654,76	$ 601.784,19	$ 791.760,57	$ 987.119,08
Receita líquida	$ 1.878.137,22	$ 4.379.041,86	$ 6.355.258,46	$ 8.361.540,85	$ 10.424.662,19
Custos	$ 866.595,00	$ 852.075,00	$ 1.035.555,00	$ 1.231.035,00	$ 1.438.515,00
Investimentos na infraestrutura	$ 134.400,00	$ 33.600,00	$ 67.200,00	$ 33.600,00	$ 33.600,00
Despesas	$ 136.080,00	$ 142.080,00	$ 172.080,00	$ 175.680,00	$ 208.080,00
Funcionários	$ 1.536.408,00	$ 2.324.808,00	$ 2.692.080,00	$ 2.951.688,00	$ 3.237.256,80
Lucro bruto	$ (795.345,78)	$ 1.026.478,86	$ 2.388.343,46	$ 3.969.537,85	$ 5.507.210,39
IR	–	$ (256.619,72)	$ (597.085,87)	$ (992.384,46)	$ (1.376.802,60)
CSLL	–	$ (92.383,10)	$ (214.950,91)	$ (357.258,41)	$ (495.648,94)
Lucro anual	**$ (795.345,78)**	**$ 677.476,05**	**$ 1.576.306,69**	**$ 2.619.894,98**	**$ 3.634.758,86**

163

Capítulo 6

A partir dos resultados financeiros, podemos obter ainda o gráfico de exposição do caixa, considerando o detalhamento mensal.

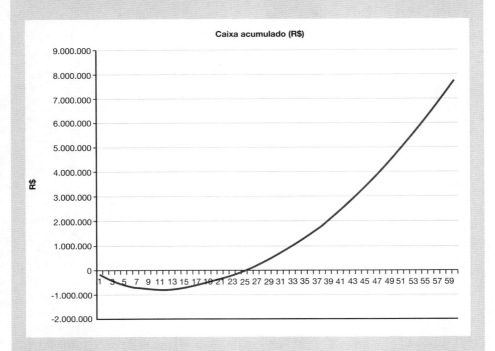

Como pode ser observado no gráfico, o investimento inicial é baixo, porque não se considerou o investimento pré-operacional, e sim desembolsos significativos nos primeiros meses da operação. A máxima exposição de caixa, no entanto, é de R$ 795.345,00. O fluxo de caixa se torna positivo a partir do 13º mês, e o ponto de equilíbrio do negócio ocorre na transição para o 26º mês.

Considerando-se uma taxa de desconto de 13%, obtém-se o VPL de R$ 4.498.809,00. A TIR após cinco anos é de 148%. Aos investidores interessados, os sócios da LivroLeve oferecem 15% de participação no negócio pelo aporte de R$ 795.345,00 ao longo dos primeiros 12 meses da operação. Os valores de *pre-money* e *post-money valuation* (valor do negócio antes e após o aporte) são de R$ 4.498.809,00 e R$ 5.294.154,00, respectivamente.

O plano de negócios

Comentários:

a. Nota-se que há a apresentação de todas as planilhas consideradas essenciais ao planejamento financeiro: premissas, investimentos, custos/despesas, pessoal, resultados e, ainda, o gráfico de exposição de caixa. Além disso, há breves explicações acerca dos números apresentados. No entanto, como mencionado na teoria, as explicações detalhadas do memorial de cálculo do plano financeiro deverão constar da planilha financeira, que, necessariamente, deve acompanhar o plano de negócios.

b. As premissas estão bastante detalhadas e demonstram a lógica utilizada pelos empreendedores para as projeções do negócio.

c. Por opção dos empreendedores, não foi considerado o investimento pré-operacional no negócio. Todos os gastos do primeiro ano aparecem ocorrendo a partir do primeiro mês. Isso é útil para apresentar as projeções de maneira mais fácil no plano de negócios, mas, na prática, não é o que ocorre. Os empreendedores começam a gastar recursos financeiros antes de a empresa ser aberta. Caso você queira maior precisão no seu plano de negócios, essa é uma alternativa a ser seguida.

d. Também, de maneira mais simplificada, é apresentada a relação de funcionários e os gastos totais com a folha de pagamento, considerando encargos e benefícios. Ao examinar a planilha do plano de negócios, pode-se notar que esses encargos foram considerados como 100% do valor dos salários. Na realidade, esse número é uma aproximação feita pelos empreendedores para facilitar os cálculos. Não está errado, mas, para ser mais preciso, você pode conseguir junto a seu contador os percentuais exatos que devem ser considerados para o caso de sua empresa.

e. Como adiantado na explicação teórica, o gráfico de exposição do caixa é extremamente útil, pois proporciona que dados importantes das finanças do negócio sejam visualmente objetivos. Na planilha, as fórmulas de cálculos são apresentadas de maneira detalhada. Nota-se, no entanto, dois termos pouco usuais e não tão bem conhecidos pelos empreendedores: *pre-money* e *post-money valuation*. Trata-se do valor do negócio antes e depois do aporte financeiro e são muito utilizados principalmente em negociações com investidores de risco.

Capítulo 6

Empresa de aplicativo de celular para usuários de transporte público

Todas as premissas utilizadas nas projeções financeiras do TranspFacil encontram-se detalhadas na planilha que acompanha este Plano de Negócios (PN), bem como nos anexos. A seguir, apresenta-se uma síntese dessas premissas.

Encargos e impostos	
Reajuste de salários (Selic, base 2010)	8,00%
ISS	5%
PIS/COFINS	3,65%
Impostos sobre faturamento	8,65%
Simples nacional até 180.000,00	8,00%
Simples nacional acima 180.000,01	8,48%
IR	25,00%
CSLL	9,00%

Premissas comerciais	Ano 1	Ano 2	Ano 3	Ano 4	Ano 5
Anuidade para usuários	0	0	0	5	5
Custo por visualização para anunciante	$ 0,4	$ 0,4	$ 0,45	$ 0,50	$ 0,6
Pontos e estações cobertas	50	100	250	500	955
Anunciantes por ponto coberto	4,0	5,0	6,0	6,0	6,0
Ticket médio mensal por anunciante	50	80	100	110	120
Receita média por ponto coberto	$ 2400	$ 4800	$ 7200	$ 7920	$ 8640
Receita total proveniente de anunciantes	$ 120.000	$ 480.000	$ 1.800.000	$ 3.960.000	$ 8.251.200

O plano de negócios

Premissas de número de usuários	Ano 1	Ano 2	Ano 3	Ano 4	Ano 5
Orçamento de anúncios	$ 85.000	$ 200.000	$ 289.000	$ 328.000	$ 367.000
Novos usuários	16.000	38.000	54.000	209.000	207.000
Usuários perdidos	1000	3000	4000	9000	7000
Taxa de abandono do app	6%	8%	7%	4%	3%
Novos usuários/mês	1333	3167	4500	17.417	17.250
Usuários totais acumulados	15.000	50.000	100.000	300.000	500.000
Usuários colaborativos	6000	22.500	50.000	165.000	300.000

Orçamento com comunicação	Ano 1	Ano 2	Ano 3	Ano 4	Ano 5
Orçamento de marketing busdoor	–	–	$ 39.000	$ 78.000	$ 117.000
Orçamento de marketing anúncios de ponto de ônibus	$ 75.000	$ 150.000	$ 150.000	$ 150.000	$ 150.000
Orçamento de marketing de guerrilha	$ 10.000	$ 50.000	$ 100.000	$ 100.000	$ 100.000
Orçamento de marketing ao ano	$ 85.000	$ 200.000	$ 289.000	$ 328.000	$ 367.000

Premissas de receita com publicidade	Ano 1	Ano 2	Ano 3	Ano 4	Ano 5
Novos usuários provenientes de anúncios	14.400	30.400	40.500	146.300	124.200
Relação de usuários provenientes de anúncios sob o total	90%	80%	75%	70%	60%
Investimentos em mídia sob faturamento	70,8%	41,7%	16,1%	8,3%	4,4%
Relação de usuários por ponto coberto	300	500	400	600	524
Conversão de usuários por R$ investido	71	79	86	27	35

Capítulo 6

Considerando-se as premissas apresentadas, foram definidos os investimentos, custos e despesas para o TranspFacil. Os valores correspondentes são apresentados a seguir.

Investimentos em infraestrutura	Ano 1	Ano 2	Ano 3	Ano 4	Ano 5
Computadores, móveis etc.	$ 62.000,00	$ 10.000,00	$ 10.000,00	$ 10.000,00	$ 10.000,00
Celulares	$ 4000,00	$ 500,00	$ 3500,00	$ 7000,00	$ 8000,00
Outros	$ 3100,00	$ 500,00	$ 500,00	$ 500,00	$ 500,00
Total	**$ 69.100,00**	**$ 11.000,00**	**$ 14.000,00**	**$ 17.500,00**	**$ 18.500,00**

Despesas operacionais	Ano 1	Ano 2	Ano 3	Ano 4	Ano 5
Telefonia, energia elétrica e demais itens de telecomunicações	$ 14.400,00	$ 15.450,00	$ 24.450,00	$ 42.300,00	$ 74.400,00
Internet	$ 6000,00	$ 6000,00	$ 7200,00	$ 7200,00	$ 9600,00
Assessoria jurídica	$ 6000,00	$ 6000,00	$ 6000,00	$ 6000,00	$ 6000,00
Demais despesas de comunicação (folders, cartões, publicações)	$ 1200,00	$ 1287,50	$ 2037,50	$ 3525,00	$ 6200,00
Aluguel/Condomínio	$ 60.000,00	$ 60.000,00	$ 60.000,00	$ 60.000,00	$ 60.000,00
Contador	$ 6480,00	$ 6480,00	$ 6480,00	$ 6480,00	$ 6480,00
Correios, jornais, revistas etc.	$ 3600,00	$ 3600,00	$ 4800,00	$ 4800,00	$ 6000,00
Material de escritório	$ 1200,00	$ 1200,00	$ 4800,00	$ 4800,00	$ 6000,00
Limpeza e manutenção do escritório	$ 2400,00	$ 2400,00	$ 2400,00	$ 2400,00	$ 2400,00
Outros	$ 6000,00	$ 6000,00	$ 6000,00	$ 6000,00	$ 6000,00
Total	**$ 107.280,00**	**$ 108.417,50**	**$ 124.167,50**	**$ 143.505,00**	**$ 183.080,00**

Custos de desenvolvimento e gestão do app	Ano 1	Ano 2	Ano 3	Ano 4	Ano 5
Publicidade e promoções	$ 85.000,00	$ 200.000,00	$ 289.000,00	$ 328.000,00	$ 367.000,00
Servidor TI	$ 6000,00	$ 12.000,00	$ 24.000,00	$ 36.000,00	$ 36.000,00
Despesas da equipe vendas (vale-transporte e alimentação)	$ 12.480,00	$ 23.040,00	$ 57.600,00	$ 115.200,00	$ 230.400,00
Outros serviços de terceiros	$ 12.000,00	$ 12.000,00	$ 12.000,00	$ 12.000,00	$ 12.000,00
Total	**$ 115.480,00**	**$ 247.040,00**	**$ 382.600,00**	**$ 491.200,00**	**$ 645.400,00**

O plano de negócios

A folha de pagamento consolidada por ano e por tipo de função/funcionário, já considerando os encargos e benefícios, é sintetizada pelas tabelas a seguir:

Quantidade de funcionários	Ano 1	Ano 2	Ano 3	Ano 4	Ano 5
Conselho					
Conselheiros	–	–	–	–	–
Administrativo/Financeiro					
Presidência (pró-labore)	1	1	1	1	1
Diretor Administrativo/Financeiro	–	–	–	–	–
Assistente Administrativo/Financeiro	–	–	1	2	2
Estagiário	–	–	–	–	–
Tecnologia					
Diretor de Tecnologia	1	1	1	1	1
Engenheiro de Software	–	–	–	–	–
Analista	4	3	1	1	1
Estagiário	–	–	1	1	1
Marketing/Vendas					
Diretor de Marketing (pró-labore)	1	1	1	1	1
Vendedores	2	4	10	20	40
Estagiário	–	–	–	–	–
Total de funcionários	9	10	16	27	47
Total de funcionários + Conselheiros	9	10	16	27	47

Capítulo 6

Gastos totais com salários/ benefícios	Ano 1	Ano 2	Ano 3	Ano 4	Ano 5
Conselho					
Conselheiros	–	–	–	–	=
Administrativo/Financeiro					
Presidência (pró-labore)	$ 120.000	$ 120.000	$ 120.000	$ 120.000	$ 120.000
Diretor Administrativo/Financeiro	–	–	–		=
Assistente Administrativo/Financeiro	–	–	$ 50.388	$ 108.839	$ 117.546
Estagiário	–	–	–	–	–
Tecnologia					
Diretor de Tecnologia	$ 144.000	$ 155.520	$ 167.962	$ 181.399	$ 195.910
Engenheiro de Software	–	–	–	–	–
Analista	$ 182.400	$ 144.000	$ 50.400	$ 54.432	$ 58.787
Estagiário	–	–	$ 18.198	$ 19.652	$ 21.224
Marketing/Vendas					
Diretor de Marketing (pró-labore)	$ 7200	$ 7200	$ 120.000	$ 129.800	$ 139.968
Vendedores	$ 40.000	$ 103.680	$ 279.936	$ 604.662	$ 1.306.069
Estagiário	–	–	–	–	–
Gastos totais com funcionários	**$ 501.600,00**	**$ 530.400,00**	**$ 806.881,92**	**$ 1.218.582,91**	**$ 1.959.504,25**

O plano de negócios

Os resultados consolidados podem então ser apresentados, como segue.

Resultados anuais	Ano 1	Ano 2	Ano 3	Ano 4	Ano 5
Anuidades	R$ –	R$ –	R$ 500.500,00	R$ 1.500.000,00	R$ 2.500.000,00
Anunciantes	R$ 120.000,00	R$ 480.000,00	R$ 1.800.000,00	R$ 3.960.000,00	R$ 692.100,00
Receita total bruta	R$ 120.000,00	R$ 480.000,00	R$ 2.300.000,00	R$ 5.460.000,00	R$ 10.200.000,00
Impostos sobre a receita bruta	R$ 9600,00	R$ 40.358,40	R$ 198.950,00	R$ 472.290,00	R$ 929.978,80
Receita líquida	R$ 110.400,00	R$ 439.641,60	R$ 2.101.050,00	R$ 4.987.710,00	R$ 9.821.221,20
Custos	R$ 115.480,00	R$ 247.040,00	R$ 382.600,00	R$ 491.200,00	R$ 645.400,00
Investimentos na infraestrutura	R$ 69.100,00	R$ 11.000,00	R$ 14.000,00	R$ 17.500,00	R$ 18.500,00
Despesas	R$ 107.280,00	R$ 108.417,50	R$ 124.167,50	R$ 143.505,50	R$ 183.080,00
Funcionários	R$ 501.600,00	R$ 530.400,00	R$ 808.881,92	R$ 1.218.582,91	R$ 1.959.504,25
Lucro bruto	R$ (683.060,00)	R$ (457.215,90)	R$ 773.400,58	R$ 3.116.922,90	R$ 7.014.730,95
IR	R$ –	R$ –	$ (211.125,02)	$ (779.230,52)	$ (1.753.684,24)
CSLL	R$ –	R$ –	$ (76.005,01)	$ (280.522,99)	$ (631.326,33)
Lucro anual	**$ (683.060,00)**	**$ 457.215,90**	**$ 486.270,56**	**$ 2.057.168,58**	**$ 4.629.756,39**

Capítulo 6

A partir dos resultados anuais, tem-se ainda o gráfico de exposição do caixa e, como isso, pode-se definir os principais índices financeiros para o negócio.

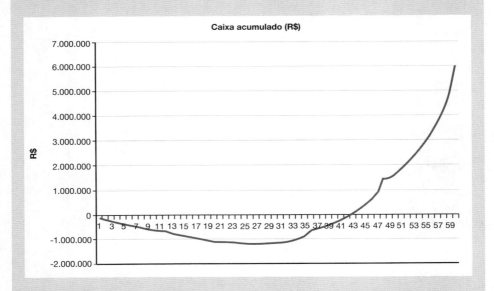

O gráfico de exposição do caixa permite identificar o investimento inicial (no primeiro mês, cerca de R$ 129 mil), a máxima necessidade de investimento (R$ 1,21 milhão), a data do primeiro fluxo de caixa positivo (27º mês) e o ponto de equilíbrio do negócio (43º mês). Considerando-se uma taxa de desconto de 13%, obtém-se o VPL (R$ 3.148.994,00). A TIR, após cinco anos, é de 80%. Aos investidores interessados, a empresa oferece 28% de contrapartida pelo investimento, considerando o *post-money* de R$ 4.360.370,30.

O plano de negócios

Comentários:

a. Nota-se que, nesse exemplo, o plano financeiro seguiu a mesma estrutura do primeiro. As premissas são detalhadas, e, em seguida, as demais informações importantes do plano financeiro são apresentadas. Isso ocorreu porque ambos utilizaram a mesma planilha como base para as projeções, o que você também pode fazer para facilitar o desenvolvimento de seu plano de negócios.

b. Apesar da mesma estrutura, naturalmente os dados, valores e considerações de premissas são diferentes de um plano para outro.

c. Outra diferença a se destacar é o fato de, nesse caso, não haver conselheiros no negócio. Assim, os empreendedores não precisavam/deveriam deixar a linha de conselheiros na planilha de funcionários. O plano de negócios deve ser objetivo e apresentar apenas as informações pertinentes ao seu negócio. Se alguns dados não se aplicam, não devem ser deixados em branco. É mais prudente não citá-los.

d. Note que os resultados financeiros (lucro) são negativos nos dois exemplos no primeiro ano. Nesse segundo exemplo inclusive, o segundo ano apresenta lucros negativos, ou seja, prejuízo. Isso ocorre porque toda empresa geralmente gasta mais que arrecada nos meses iniciais do negócio, até chegar ao ponto de equilíbrio, como já mencionado na teoria. Seu desafio, ao desenvolver o próprio plano de negócios, é tentar diminuir o prazo para o ponto de equilíbrio sem deixar de criar um cenário viável para executar na prática. Não basta apenas projetar um bonito cenário na teoria se não for factível quando o negócio for implantado.

As planilhas financeiras completas dos planos de negócios da LivroLeve e da iPetLegal podem ser acessadas na seção de *downloads* do site *www.josedornelas.com.br*.

Observação

Sumário executivo

O Sumário executivo é a principal seção do plano de negócios, já que é a primeira a ser lida. Mesmo sendo a última seção a ser desenvolvida, pois depende das demais seções concluídas para ser feita, é apresentada de maneira objetiva, em uma ou duas páginas, no início do plano de negócios. Não há regras rígidas para seu desenvolvimento, mas recomenda-se que o empreendedor procure sintetizar, em poucas linhas, as informações mais relevantes de cada seção do plano de negócios.

Capítulo 6

Há empreendedores que preferem desenvolver o sumário executivo como texto corrido, sem subdivisões. Outros preferem fazê-lo em pequenas subseções. A segunda opção é a mais fácil para que o leitor entenda rapidamente o que se está apresentando. Como já discutido em publicações sobre o tema,[37] o Sumário executivo deve responder às perguntas:

O quê? Quanto? Onde? Como? Por quê? Quando? Essas são perguntas que geralmente buscam respostas como "O negócio é...", "A empresa atua nos mercados...", "Nossa estratégia será...", "Os investimentos necessários são de...", "Estamos buscando tais recursos com os fundos...", "A empresa precisará desse aporte até o mês...", "O investimento será retornado ao investidor em...".

Em síntese, o sumário executivo mostra:[37]

- Quem você é (O que é o negócio e qual o seu modelo de negócio? Quem está envolvido no negócio? Por que você e sua equipe são especiais para esse negócio?)
- Qual é sua estratégia/visão (Como você pretende desenvolver a empresa e aonde quer chegar?)
- Qual é seu mercado (Qual é a oportunidade de negócio? Qual o mercado-alvo e por que se mostra promissor?)
- De quanto investimento você precisa e o que fará com ele (Qual o investimento, como será usado e quando será necessário?)
- Quais são suas vantagens competitivas (Quais os diferenciais da sua empresa?)

Os exemplos a seguir (empresa de aplicativo de celular para usuários de transporte público e *pet shop online*) utilizaram a seguinte estrutura de Sumário executivo:

- O conceito do negócio e a oportunidade.
- Mercado e competidores.
- Equipe de gestão.
- Produtos e serviços e vantagens competitivas.
- Estrutura e operações.
- Marketing e vendas.
- Finanças.
- Condições para aporte de recursos (necessidades/contrapartidas).

174

O plano de negócios

Exemplo 1

Empresa de aplicativo de celular para usuários de transporte público

O Conceito do negócio e a oportunidade

O TranspFacil é um aplicativo direcionado aos usuários de transporte público coletivo da Grande São Paulo, que busca apresentar alternativas de rotas ou do que se fazer no tempo em que o passageiro espera pelo ônibus, metrô ou trem. O *app* será disponibilizado gratuitamente nos dois primeiros anos, com o intuito de atrair o maior número de usuários possíveis. Durante esse tempo, o faturamento será feito com base em publicidade.

Mercado e competidores

O mercado foca os usuários de *smartphones*, interessados por aplicativos, que acessem a internet móvel e usem o transporte público coletivo. Os principais concorrentes são o Moovit, *player* internacional que atua com o cálculo de tempo de espera para as linhas de ônibus, e o Waze, que não atua dentro do mercado de transporte público, mas que apresenta grandes chances de entrar no setor e desenvolver um bom trabalho, assim como faz com o transporte privado.

Equipe de gestão

A empresa contará com os sócios atuando como gestores e evoluirá de nove funcionários no primeiro ano a 47 no quinto ano. O sócio-presidente possui conhecimento amplo do mercado pontocom e de aplicativos e, por isso, está gabaritado para estruturar a equipe de Tecnologia de Informação focada no desenvolvimento, manutenção e melhoria do *app*. Além do presidente, o sócio que atua como diretor de Marketing e vendas tem vasta experiência na área.

Produtos e serviços e vantagens competitivas

O TranspFacil abrangerá todo o transporte público coletivo da Grande São Paulo, diferente de seus principais concorrentes, que atuam apenas no transporte de ônibus. Para os dois primeiros anos, o foco é manter-se na Grande São Paulo, com a possibilidade de expandir suas operações para outras grandes metrópoles e centros urbanos no decorrer dos anos, tendo como objetivo se tornar o maior e melhor *app* para soluções no transporte público coletivo do país.

Capítulo 6

Estrutura e operações

A empresa conta com sua sede em São Paulo, com infraestrutura tecnológica e de gestão adequadas para suportar o crescimento da empresa. Alguns serviços serão terceirizados, com empresas referência no seu setor.

Marketing e vendas

A estratégia será basicamente atrair um grande público de usuários, captar recursos junto a anunciantes e, posteriormente, após um grande número de usuários conquistados, cobrar uma anuidade para o uso do aplicativo, o que deve ocorrer apenas a partir do terceiro ano. A empresa espera que, dentro de cinco anos, possa contar com um público de 500 mil usuários e atinja uma receita próxima dos R$ 11 milhões.

Finanças

O investimento inicial é de R$ 129 mil, e a máxima necessidade de investimento será de R$ 1,21 milhão. A data do primeiro fluxo de caixa positivo ocorre no 27º mês, e o ponto de equilíbrio do negócio no 43º mês. Considerando-se uma taxa de desconto de 13%, obtém-se o VPL de R$ 3.148.994,00. A TIR, após cinco anos, é de 80%. Aos investidores interessados, a empresa oferece 28% de contrapartida pelo investimento, considerando o *post-money* de R$ 4.360.370,30.

Comentários:

a. Nota-se que esse exemplo segue praticamente à risca a estrutura citada na teoria, com uma exceção: as condições de aporte financeiro no negócio e contrapartida aos investidores são apresentadas dentro da mesma subseção Finanças. Isso não é crítico, e é escolha do empreendedor apresentar dessa forma ou da maneira sugerida na teoria.

b. Uma maneira de deixar o Sumário executivo mais bem estruturado é mostrar em Marketing e vendas projeções em uma pequena planilha, não apenas em texto corrido. Além disso, pode-se apresentar ainda o gráfico de exposição de caixa na subseção Finanças.

c. Uma das seções mais importantes do plano de negócios é a de Mercado e competidores. Neste exemplo, os empreendedores poderiam ter apresentado dados macros do mercado, como projeções de crescimento para os próximos anos. Números são tão ou mais importantes que textos nessa seção.

O plano de negócios

d. De maneira geral, o Sumário executivo está objetivo e apresenta, em menos de duas páginas, o que é o negócio e o que se espera de resultados para seu futuro. Além disso, mostra aos interessados em investir na empresa quais são as condições propostas pelos empreendedores.

Exemplo 2

Pet shop online

O Conceito do negócio e a oportunidade

A iPetLegal tem como finalidade oferecer a compra de diversos serviços necessários para os cuidados com *pets*, por meio de um portal centralizador que terá o cadastro de diversos profissionais do ramo de serviços prestados aos animais na cidade de São Paulo. A empresa oferece ainda ao cliente final o conforto de realizar compras *online* de um amplo portfólio de produtos voltados aos *pets*, assim como a possibilidade de localizar prestadores de serviços especializados em *pets* próximos à sua localização.

Mercado e competidores

O mercado de animais de estimação tem movimentado uma receita elevada no mercado brasileiro (cerca de R$ 20 bilhões em 2013) e com crescimento na casa de dois dígitos, considerando que o poder aquisitivo e as preocupações dos usuários com os cuidados de seu *pet* vêm aumentando. O mercado está se diversificando nos serviços oferecidos a seus clientes e tem focado a comodidade do processo de compra e uso de tais serviços, mas, mesmo assim, ainda é incipiente na internet. Os produtos de alimentação são os principais itens adquiridos. O mercado possui competidores de grande porte, mas há espaço para *players* de nicho, como é o caso da iPetLegal, que quer se diferenciar na intermediação de serviços ao setor.

Equipe de gestão

O negócio possui quatro sócios que atuarão como presidente e diretores, todos muito experientes neste mercado. Assim, acreditamos que a iPetLegal proverá soluções diferenciadas a seus clientes. Além dos sócios, haverá alguns analistas e estagiários para cada diretoria, a fim de executar as ações necessárias.

Capítulo 6

Produtos e serviços e vantagens competitivas

A empresa proporcionará aos donos de *pets* a comodidade, praticidade e conveniência de obter produtos e serviços *online* para seus animais. Além de encontrar uma grande variedade de produtos nacionais e importados, o cliente terá acesso à agenda de profissionais especializados diferenciados e de qualidade, como veterinários. Assim, os interessados poderão demandar os serviços oferecidos e agendar, pelo site, o melhor horário para o atendimento a seu *pet*.

Estrutura e operações

A estrutura necessária para o negócio basicamente envolve um local físico para uso como escritório e ainda a hospedagem de nosso site em um local que possa garantir total funcionalidade, pois será o nosso principal meio de comunicação com os usuários. Operacionalmente, o negócio focará o estabelecimento de parcerias com fornecedores e prestadores de serviços com vistas a ter uma gama de opções para serem ofertadas aos clientes.

Marketing e vendas

A estratégia de marketing da empresa tem como objetivo permitir o crescimento do negócio com foco em um nicho de mercado, utilizando-se de ações prioritariamente *online*. As projeções indicam a evolução da receita da empresa de aproximadamente R\$ 300 mil no primeiro ano da operação e ultrapassando os R\$ 11 milhões ao final do quinto ano.

Finanças

O investimento inicial necessário é de R\$ 432.853,00, e o primeiro fluxo de caixa positivo ocorrerá no 24º mês. O negócio terá equilíbrio financeiro a partir do 32º mês. O VPL é de R\$ 4.625.715,49, e a TIR, após cinco anos, é de 145%.

Condições para aporte de recursos (necessidades/contrapartidas)

Aos investidores interessados, os sócios oferecem 11% de participação no negócio pelo aporte de R\$ 545.589,09 ao longo dos primeiros 23 meses do negócio. Os valores de *pre-money* e *post-money valuation* são de R\$ 4.625.715,49 e R\$ 5.171.304,58, respectivamente.

Comentários:

a. Já, nesse exemplo, a parte de finanças foi dividida em duas subseções, conforme comentado na teoria, deixando mais explícitas as condições dos empreendedores para os interessados em aporte de recursos na empresa.

O plano de negócios

b. Esse exemplo também está bem estruturado e objetivo e ainda apresenta dados macros sobre o mercado da empresa.

c. Os demais comentários apresentados no primeiro exemplo também se aplicam aqui.

d. Cabe destacar ainda que os empreendedores devem evitar apenas copiar partes do texto do plano completo para o Sumário executivo, para não gerar mal-entendidos. Os parágrafos do Sumário executivo devem ser concisos e, ao mesmo tempo, de fácil leitura. Nem sempre a cópia de partes de um texto maior trará o mesmo entendimento, caso o texto não seja devidamente adaptado para esta seção. A habilidade de síntese é essencial para que o Sumário executivo seja feito de maneira a permitir ao leitor entender a essência do negócio em poucas linhas.

Desenvolvendo o plano de negócios

Acesse o site *www.josedornelas.com.br* e faça o *download* das planilhas dos planos de negócios discutidos neste capítulo. Analise tais planilhas e altere as premissas dos planos de negócios da TranspFacil e LivroLeve como segue:

1. Na aba de premissas da planilha da TranspFacil, altere a linha 28 (anunciantes por ponto coberto) para um no primeiro ano, dois no segundo ano, três no terceiro ano, quatro no quarto ano e cinco no quinto ano. Qual passa a ser a máxima exposição do caixa da empresa? E qual passa a ser o ponto de equilíbrio? Note que o VPL do negócio cai praticamente para a metade. Imagine que um investidor faça essa simulação e diga que esse deve ser o VPL correto da empresa. Quais seriam seus argumentos para negociar com o investidor: Manter as premissas originais dos empreendedores, aceitar as condições do investidor ou propor algo alternativo? Justifique suas respostas e explique por que os resultados do negócio mudam tanto ao se alterar tais premissas.

2. Na aba de funcionários da planilha da LivroLeve, deixe zeradas (sem funcionários) todas as células de cargos de diretoria no primeiro ano do negócio. Você notará que o gráfico de exposição do caixa ficará mais atrativo, e a máxima exposição do caixa ocorrerá no sexto mês. Qual o valor dessa máxima exposição? O que isso pode indicar aos empreendedores que estão criando um negócio? O que você prefere, o cenário orginalmente definido pelos empreendedores ou essa nova alternativa? Por quê? Quais são os prós e contras de cada um?

Na prática

Capítulo 6

Acesse o fórum de empreendedorismo em *www.josedornelas.com.br*, coloque suas respostas e veja o que outras pessoas pensam sobre o desenvolvimento do plano de negócios.

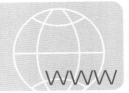

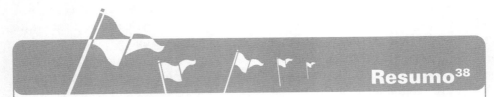

Resumo[38]

O plano de negócios é a ferramenta de gestão do empreendedor. Não se trata apenas de um documento escrito em poucas páginas, mas de um guia que permite ao empreendedor descrever sua visão de negócio e definir as estratégias de crescimento para sua empresa. Sua estrutura envolve diversas seções e deve ser escrita de maneira objetiva, acompanhada de uma planilha financeira que apresente em detalhes todas as premissas utilizadas para o desenvolvimento futuro da empresa. Além de servir como documento interno da empresa, o plano de negócios é muito utilizado pelos empreendedores em busca de investimento junto a bancos e fundos de capital de risco, bem como investidores-anjo.

7

Desenvolvendo seu potencial empreendedor

Capítulo 7

7.1 Convencendo os outros

A persuasão é uma habilidade comum a muitos empreendedores, e um dos momentos nos quais o empreendedor mais precisa praticá-la é quando deseja convencer as pessoas de seu modelo de negócio e de que sua visão de crescimento é factível.

Ao concluir o plano de negócios, o empreendedor tem em mãos um cenário ainda teórico para ser provado na prática. O próximo passo é buscar conquistar investidores que aloquem recursos na empresa. Ou ainda, convencer parceiros, amigos, familiares, entre outros a se tornarem investidores-anjo do negócio.

Apesar de parecer intuitivo, há como preparar um discurso de venda afinado com os objetivos do negócio e os do interlocutor. Muitos empreendedores partem para esta fase do negócio com afinco e entusiasmo, e são justamente essas características que acabam ajudando a convencer outras pessoas de que vale a pena dar um voto de confiança ao empreendedor. Porém, nem sempre isso acontece, e, se o empreendedor não estiver preparado, pode ficar sem respostas para perguntas simples, como:

1. Quando vou receber meu dinheiro de volta, se eu investir em sua empresa?

2. Qual a rentabilidade do negócio?

3. Por que devo investir no seu negócio se seu plano de negócios mostra competidores muito maiores e já consolidados dominando o mercado?

O plano de negócios pode ajudar com informações objetivas, mas o empreendedor deve ficar atento ao seu estilo de comunicação e à maneira como vai tratar tais temas. Uma forma simples de mostrar confiança e provar que você sabe do que está falando é praticar o chamado discurso de venda. Trata-se de uma técnica muito utilizada por empreendedores americanos e que se difundiu mundo afora.

Você deve partir do Sumário executivo de seu plano de negócios e criar um texto ainda mais enxuto. A partir daí, deverá praticar versões de seu discurso de venda em frente ao espelho, para garantir que está demonstrando confiança e que sabe do que está falando.

Um roteiro simples seria:[39]

O negócio [nome] trará [listar resultados] para [listar beneficiários], por meio de [listar benefícios]. A equipe responsável é liderada por [especificar o empreendedor líder] e é composta pelos seguintes membros-chave [listar pessoas-chave/sócios].

Desenvolvendo seu potencial empreendedor

O negócio terá início em [data], e os primeiros resultados [mostrar números] serão obtidos em [data]. O investimento total será de [R$], correspondendo às seguintes categorias [listar estrutura de custos].

Os recursos que atualmente já temos disponíveis (ou dos quais necessitamos) são de [R$] provenientes de [listar fonte dos recursos/investimentos já conseguidos/alocados]. Os riscos inerentes ao negócio são [falar dos riscos]. Pretendemos mitigá-los com [mostrar a abordagem para mitigar riscos].

Esperamos que o negócio resolva/capitalize [falar do problema ou da oportunidade]. Já temos o plano de negócios aprovado por [listar parceiros, apoiadores etc.]. Nosso desafio será [falar dos momentos de maior desafio nos próximos 12 meses], mas pretendemos superá-los por meio de [mostrar estratégia].

Para chegar ao discurso anterior, você pode se basear no plano de negócios e ainda tentar responder às seguintes perguntas, estruturadas em passos:

Passo 1: Descreva a oportunidade que deseja perseguir.

a. Qual o problema-chave ou a oportunidade que o negócio focará?

b. Que fatores motivam sua decisão de começar o negócio?

c. Qual o tempo necessário para a implementação do negócio?

Passo 2: Defina a abordagem dada à oportunidade.

a. Quais as atividades-chave que sua equipe deverá desenvolver?

b. Quando os principais marcos/referências devem ser atingidos?

c. Quais os principais resultados que deverão ser obtidos?

Passo 3: Os benefícios.

a. Quem se beneficiará com o negócio (clientes, fornecedores, parceiros, investidores, sócios e funcionários)?

b. Quando os benefícios serão sentidos/obtidos?

Passo 4: Que recursos serão necessários?

a. Quais os custos envolvidos e sua fonte?

b. Quem são as pessoas-chave (a equipe empreendedora) pelo desenvolvimento do negócio e o perfil de cada um de seus integrantes?

c. Quais recursos adicionais, pessoas, habilidades, *expertise*, tecnologia deverão ser usados e quando/como estarão disponíveis?

Capítulo 7

Passo 5: O negócio já tem algum apoio, pessoas ou empresas que darão suporte?
   a. Quem são os principais apoiadores?
   b. Por que e que tipo de suporte eles darão ao negócio?
   c. Que oposições você/sua equipe poderão ter e como pretendem superá-las?

Passo 6: Quais são os riscos e como serão gerenciados?

Praticando o discurso de venda

1. Desenvolva o texto do discurso de venda, de 30 segundos, para cada um dos dois exemplos de planos de negócios cujos Sumários executivos foram apresentados no capítulo anterior (TranspFacil e iPetLegal). Compare com a versão utilizada/desenvolvida por seus colegas de grupo. Escolha o melhor texto de discurso e explique o porquê da escolha.
2. Agora, crie o texto de discurso de venda para o projeto que você está desenvolvendo no curso. Qual(is) foi(foram) mais fácil(eis) de criar, o discurso de seu próprio projeto ou os ligados aos exemplos apresentados no livro? Por quê?
3. Promova uma competição de discursos de venda dos projetos da turma. Limite o tempo dos discursos em 30 segundos. Filme todos e depois reproduza os vídeos comentando cada discurso, atentando para o fato de terem atendido aos requisitos listados nos Passos 1 a 6. Quais discursos são os mais convincentes? O que há de similar entre eles? Quais os diferenciais dos melhores discursos (conteúdo, forma, estilo de comunicação, texto, postura do apresentador)?

Acesse o fórum de empreendedorismo em *www.josedornelas.com.br*, coloque suas respostas e veja o que outras pessoas pensam sobre o discurso de venda dos empreendedores.

7.2 Vivenciando o empreendedorismo

Agora que você já sabe como pensa e age o empreendedor, entendeu em detalhes como planejar um negócio, como vender suas ideias e convencer pessoas, cabe colocar em prática um projeto real para vivenciar por completo uma experiência empreendedora voltada à criação do próprio negócio.

Essa atividade pode ser desenvolvida em vários momentos em um curso de empreendedorismo ou mesmo de maneira independente, para aqueles que não estejam participando de um curso formal. Porém, caso você já tenha tido contato com os assuntos tratados nos capítulos anteriores, estará mais bem preparado para os desafios.

O objetivo desta atividade é praticar o empreendedorismo do próprio negócio e oferecer a oportunidade para que os participantes tenham uma experiência empreendedora completa em um curto período.[40]

Os participantes (grupos de três a quatro integrantes) deverão planejar e executar um empreendimento que irá produzir e comercializar algum tipo de comida, bebida ou artesanato. É essencial que exista algum tipo de manufatura, mesmo que simples, para que a atividade não seja apenas relacionada com o processo de compra e venda de produtos, limitando a dinâmica e seus resultados.

Como se trata de uma atividade prática intensa, realizada em poucas horas, a sugestão de comida, bebida ou artesanato é mais adequada, haja vista tratar-se de produtos de fácil desenvolvimento e, geralmente, com um mercado consumidor amplo. Caso o professor ou instrutor responsável pela organização da atividade ache que caiba propor outro tipo de produto final, talvez algo mais inovador, não há problemas, mas deve lembrar que qualquer desafio proposto deve ter uma solução factível. Exemplos de produtos: chocolate, doces, salgados, sucos (limonada), enfeites, presentes, artesanato etc.

Cada grupo deverá também produzir um curta-metragem (de até cinco minutos), usando uma câmera (pode ser inclusive a do celular) e mostrando a experiência empreendedora e os principais momentos da atividade, desde a análise e seleção das ideias, passando pelo planejamento das ações, a captação de recursos, a fase de execução e implantação do negócio e a compilação dos resultados. O vídeo, depois de editado e finalizado, deverá fazer parte da apresentação que o grupo elaborará para mostrar os resultados da experiência e serve ainda como uma auditoria de toda a experiência, comprovando que os integrantes do grupo realmente participaram e se dedicaram para a obtenção de resultados. Essa abordagem facilita inclusive a avaliação dos resultados pelo organizador da atividade (o professor responsável), uma vez que não será possível ao professor/organizador estar presente durante a execução das atividades de todos os grupos ao mesmo tempo. Por outro lado, sugere-se fortemente ao professor/organizador que faça

Capítulo 7

visitas surpresas aos grupos durante a execução das atividades fora da sala de aula!

Como se trata de uma dinâmica prática e que envolve atividade de campo, fora da sala de aula, deverá ser feita de maneira planejada e em local que permita o desenvolvimento por completo das ações. As regras e o passo a passo da atividade são detalhados a seguir.

Passo 1: Seleção das melhores ideias

Recorrendo ao Capítulo 5, os participantes da atividade deverão realizar um *brainstorming* (caso não saibam o que é e como fazer um, devem procurar informações a respeito na internet) para fomentar ideias de produtos para a empresa que será criada. Sugere-se que os participantes formem grupos de três a quatro pessoas, mas, dependendo da quantidade de pessoas na turma, esse número pode ser alterado pelo organizador da atividade.

Cada participante deve sugerir, pelo menos, uma ideia de negócio, mas cada grupo deve selecionar a melhor ideia com base na aplicação dos critérios de análise de oportunidade do Capítulo 5. Ao final, um representante de cada grupo deve fazer uma apresentação oral (sem auxílio de slides/lâminas) de 30 segundos, para toda a turma, sobre a ideia de negócio do grupo, seguindo a mesma estrutura do discurso de venda apresentado anteriormente neste capítulo. Neste momento, como ainda se trata de uma ideia, os grupos não devem se preocupar com a obtenção de informações detalhadas sobre a ideia ou sua viabilidade. Todos deverão se embasar mais no seu conhecimento prático do dia a dia, mas, caso tenham acesso à internet para fazer pesquisas sobre o mercado local (seu bairro), podem e devem utilizá-la; porém, devem lembrar que a duração desta atividade é bastante breve, no máximo, duas horas.

Duração da atividade: duas horas (uma hora para a discussão e análise das ideias individuais dos integrantes do grupo; 30 minutos para seleção e detalhamento da melhor ideia; 30 minutos para que o grupo se prepare para a apresentação de 30 segundos).

Métrica de final de atividade: ao final das duas horas, todos os grupos devem apresentar, em 30 segundos cada um, sua ideia de negócio. Os participantes podem e devem fazer sugestões, críticas e elogios às ideias dos colegas.

> O responsável pela filmagem de cada grupo deve registrar os principais momentos deste passo da atividade para editar o vídeo completo de toda experiência ao final.
>
> Importante

Desenvolvendo seu potencial empreendedor

Passo 2: Planejamento da ideia selecionada

O planejamento da atividade deverá ser feito em um miniplano de negócios, objetivo, de acordo com o modelo apresentado a seguir. Esse PN deve ser desenvolvido pelos grupos em sala de aula, mas seus integrantes podem e devem levantar informações antes ou durante a realização desta atividade para que o planejamento seja bem estruturado. Caso a atividade de planejamento ocorra, por exemplo, com intervalo de alguns dias do Passo 1 (seleção da ideia), uma busca de informações deve ser necessariamente feita pelos integrantes de cada grupo, como trabalho extra classe, inclusive aplicando uma pesquisa de mercado primária no seu bairro para avaliar a aceitação da ideia selecionada no Passo 1. Além disso, sugere-se que os integrantes tenham acesso à internet e à biblioteca da instituição para levantar informações adicionais durante a realização desta atividade em classe.

Modelo de estrutura do miniplano de negócios

O negócio

[Definição do nome da empresa e descrição da ideia de negócio em, no máximo, três linhas.]

Mercado-alvo

[Descrição do perfil do público consumidor e do potencial de demanda deste mercado, no bairro selecionado pelo grupo em, no máximo, dez linhas.]

Capítulo 7

O produto

[Descrição do produto que será produzido, suas características e/ou benefícios, vantagens competitivas em, no máximo, dez linhas.]

A equipe

[Descrição dos integrantes da equipe e seu conhecimento (ou não) sobre o produto que querem produzir e por que acreditam que o negócio será um sucesso; em, no máximo, dez linhas.]

Desenvolvendo seu potencial empreendedor

Estrutura e operações

[Descrição de cada atividade-chave do negócio, quem são os responsáveis, quais recursos serão necessários e como serão obtidos em, no máximo, dez linhas.]

Marketing e vendas

[Descrição da estratégia de Marketing e vendas do grupo, destacando os 4Ps e a projeção de vendas, sabendo que o grupo terá apenas 24 horas ininterruptas para realizar as vendas; em, no máximo, 15 linhas.]

Capítulo 7

Finanças

[Apresentação do demonstrativo de resultados projetado para o negócio, incluindo investimentos, custos/despesas, receita e lucro, em uma tabela.]

Agora, atente para a estrutura e o conteúdo do exemplo de plano de negócios de uma empresa de venda de lanches para universitários, que conta com um orçamento de R$ 300,00.

Desenvolvendo seu potencial empreendedor

O negócio

A Lanche VIP produz e vende lanches de três diferentes tipos de queijo (muçarela, prato, tipo minas), acompanhados de presunto, no pão francês ou integral. Além disso, a empresa comercializa suco de laranja ou água, individualmente ou em combos.

Mercado-alvo

A Lanche VIP atuará no bairro da Vila Mariana, em São Paulo, mais precisamente nos arredores das faculdades próximas à estação de metrô Vila Mariana. Estima-se que mais de 30 mil estudantes universitários circulam nesta região, no período noturno, e em torno de dez mil estudantes, no período diurno. Nosso foco serão principalmente os estudantes do período noturno, uma vez que muitos saem do trabalho e vão direto para a faculdade e, antes de iniciar as aulas ou nos intervalos, costumam aglomerar-se nos arredores da faculdade para comprar lanches em padarias, lanchonetes, com vendedores ambulantes, entre outros. Estimamos que nossa oferta atenderá a este mercado de maneira adequada, mesmo havendo vários concorrentes que já atuam no setor.

O produto

Teremos três tipos de lanches, pré-embalados em plásticos transparentes, lacrados com selo de qualidade da Lanche VIP, de maneira que o consumidor consiga atestar visualmente a qualidade do produto, algo que nos diferencia dos concorrentes.

Lanche 1: queijo muçarela + presunto (pão francês ou integral).

Lanche 2: queijo prato + presunto (pão francês ou integral).

Lanche 3: queijo de Minas + presunto (pão francês ou integral).

Além disso, teremos suco de laranja em caixinha de 300 ml e água mineral em garrafa de 500 ml.

Os lanches serão vendidos a R$ 4,00. O preço do suco e da água será de R$ 2,00. O combo (lanche + bebida) terá preço de R$ 5,00.

Capítulo 7

A equipe

Os empreendedores da Lanche VIP são Janaina Souza Silva, João Colmeia, Bruno Azauri e Nilmar Coutume. Todos já trabalharam no comércio, como funcionários ou estagiários, e Janaina tem habilidades culinárias, o que será de extrema importância na produção e garantia de qualidade dos nossos lanches. João e Bruno possuem boas habilidades de comunicação e serão os responsáveis pelas negociações com fornecedores e, principalmente, pelo processo de venda. Nilmar será o responsável pelas finanças do negócio, garantirá que nosso planejamento seja executado conforme o previsto e fará as filmagens. Acreditamos que a equipe tem um perfil complementar, o que será um grande diferencial para nosso sucesso.

Estrutura e operações

Os principais processos serão: a) compras de matéria-prima, b) produção dos lanches, c) embalagem dos lanches, d) transporte e armazenagem dos lanches nos pontos de venda, e) vendas, f) gestão financeira.

Os processos a, d e e serão de responsabilidade de João e Bruno. O orçamento utilizado na compra das matérias-primas será de R$ 300,00. Os processos b e c serão de responsabilidade de Janaina, mas todos ajudarão. Os recursos utilizados, além da matéria-prima, serão a cozinha e utensílios do apartamento onde mora Juliana. O processo f será de responsabilidade de Nilmar, que ainda será o responsável pelas filmagens. Não haverá recursos adicionais na realização deste processo. O *stand* será feito com material da república onde moram João e Bruno.

Marketing e vendas

A Lanche VIP terá como diferencial competitivo a oferta de lanches frescos de qualidade e apresentação profissional.

Nosso preço será um pouco acima da média da concorrência. Porém, acreditamos que o diferencial de qualidade e nosso discurso de venda serão efetivos na atração de consumidores que buscam algo diferenciado das ofertas costumeiras do dia a dia.

Atuaremos estrategicamente, em um *stand* simples, mas com aparência profissional, a metros da entrada de, pelo menos, uma grande faculdade localizada na região do metrô Vila Mariana.

Nossas abordagens para atrair consumidores serão o boca a boca e nossa persuasão diferenciada, bem como um cartaz colorido para chamar a atenção.

Desenvolvendo seu potencial empreendedor

Estimamos vender, no período de uma noite, pelo menos 50 lanches, 50 combos e 50 bebidas, perfazendo um faturamento de R$ 550,00 e uma participação de mercado de 0,5% (150 clientes). Caso nossa meta não seja atingida, utilizaremos o tempo restante da atividade para vendas complementares na manhã do dia seguinte.

Finanças

Receita total =>	R$ 550,00
Custos de matéria-prima	
100 pães =>	R$ 30,00
2 kg queijo muçarela =>	R$ 40,00
2 kg queijo prato =>	R$ 40,00
2 kg presunto =>	R$ 50,00
1 kg queijo de minas =>	R$ 20,00
Sacos plásticos =>	R$ 8,00
Etiquetas =>	R$ 8,00
50 garrafas água =>	R$ 50,00
50 sucos laranja =>	R$ 50,00
Cartaz =>	R$ 4,00
Total de custos =>	**R$ 300,00**
Lucro =>	**R$ 250,00**

No exemplo apresentado, o orçamento foi de R$ 300,00 para o grupo da Lanches VIP. No entanto, não se deve usar como referência esse valor, uma vez que essa dinâmica pode ser desenvolvida com orçamentos bem menores, até inferiores a R$ 50,00. Mais importante que o montante de recursos investidos é a experiência em si e quanto o grupo consegue gerar de valor, ou seja, criar algo lucrativo que multiplique o recurso financeiro investido. Como sugestão, o responsável por organizar a atividade pode estipular um orçamento máximo aos grupos, por exemplo, R$ 50,00 ou outro valor que ache mais adequado.

Duração da atividade: quatro horas (três horas e meia para o desenvolvimento do plano escrito seguindo as regras apresentadas; 30 minutos para todos os grupos apresentarem seus planos de negócios, em até 5 minutos por grupo). Caso a turma possua mais de seis grupos, o tempo para as apresentações deve ser recalculado de modo que a atividade total tenha quatro horas, e as apresentações

Capítulo 7

não ultrapassem cinco minutos por grupo. Caso não seja possível reunir todos em sala por quatro horas seguidas, pode-se adaptar a duração total da atividade para três horas ou até menos. Porém, será um pouco mais desafiador que todos os grupos concluam os planejamentos a tempo.

Métrica de final de atividade: cada grupo deve entregar uma cópia completa do plano de negócios desenvolvido ao final das quatro horas para o professor ou o responsável pela organização da atividade.

> O responsável pela filmagem de cada grupo deve registrar os principais momentos deste passo da atividade para editar o vídeo completo de toda experiência ao final.
>
> Importante

O próximo passo dessa atividade é bastante desafiador, pois envolve angariar recursos, ou seja, obter o investimento inicial para executar o que se planejou.

Passo 3: Angariar recursos

O mais simples para conseguir o orçamento definido no planejamento seria cada integrante do grupo contribuir com um montante financeiro. Porém, essa deve ser a última alternativa, utilizada apenas caso os grupos não consigam outras fontes de recursos. Cabe dizer ainda que nem todo integrante de grupo pode ter condições financeiras ou desejo de contribuir com o próprio dinheiro para a atividade e que isso inviabilizaria toda a dinâmica. Dessa forma, a melhor estratégia para a realização deste passo é que cada grupo busque recursos externos.

Essa dinâmica tem sido aplicada com sucesso em diversos públicos[40], e o que tem se mostrado uma estratégia efetiva na captação de recursos é a abordagem, pelos integrantes do grupo, de pessoas do círculo de relacionamento, como empreendedores locais (comerciantes, entre outros), familiares, amigos, conhecidos etc. para captar o recurso necessário. O discurso de venda criado no Passo 1 pode ser adaptado ou utilizado integralmente para convencer os "investidores" a doar ou emprestar o investimento inicial, tendo a promessa de que será ressarcido ao final, incrementado de todo ou parte do lucro auferido, caso o negócio seja bem-sucedido.

Outra estratégia efetiva é prometer (e, naturalmente, cumprir a promessa) que todo o resultado positivo do negócio seja doado a uma entidade filantrópica da região, como uma casa de repouso, de auxílio a crianças, idosos e similares. A filantropia é uma maneira de praticar o empreendedorismo social. A atividade permitirá ainda aos participantes contribuir para o desenvolvimento social e não apenas econômico de sua comunidade.

As estratégias mais usuais são as apresentadas aqui, mas cabe a cada grupo definir a sua própria estratégia de captação de recursos para angariar o montante necessário antes de colocar a empresa em funcionamento.

Duração da atividade: 24 a 48 horas (trata-se de uma atividade de campo, e todos os grupos deverão ter, no máximo, dois dias para angariar os recursos). Ao concluir a atividade de planejamento (Passo 2), o professor/organizador apresentará o prazo para que todos os grupos captem os recursos necessários. A confirmação da captação dos recursos por grupo pode ser feita por e-mail (ou mesmo por um relatório impresso) enviado ao organizador, descrevendo, em no máximo cinco linhas, como conseguiu o recurso, quem são os investidores e quanto cada investidor colocou no negócio. Caso o organizador considere adequado, o prazo pode ser estendido além de 48 horas. Porém, a experiência prévia de realização desta dinâmica mostra que prazos acima de uma semana deixam de ser efetivos para que tal passo seja realizado.

Métrica de final de atividade: cada grupo deve entregar uma declaração de confirmação de captação dos recursos para o professor/organizador dentro do prazo estipulado.

> O responsável pela filmagem de cada grupo deve registrar os principais momentos deste passo da atividade para editar o vídeo completo de toda experiência ao final.
>
> Importante

Passo 4: Execução

Finalmente, é chegado o momento da execução de todo o planejamento realizado. Este passo pode ser feito tanto durante a semana como em finais de semana. O dia exato da execução deve ser definido levando em consideração a agenda dos participantes, do organizador, do mercado local (feriados e dias menos viáveis para praticar vendas, por exemplo, devem ser evitados).

O importante é que todos se reúnam em sala de aula com o planejamento em mãos, recursos captados e com o aval do organizador para que saiam às ruas para executar o que planejaram. *Todos* ao mesmo tempo!

Naturalmente, pode haver grupos que disputam o mesmo mercado e que concorram entre si. Por isso, todos devem sair a campo ao mesmo tempo para que concorram em igualdade de condições. Nenhum grupo poderá antecipar o processo produtivo e de vendas antes que o professor/organizador dê seu aval final para que o Passo 4 ocorra.

Capítulo 7

Assim, com o aval, cada grupo deverá produzir o que planejou e colocar em prática suas estratégias de Marketing e vendas para atingir as metas definidas.

O professor/organizador deverá ser informado dos pontos de venda e horários que cada grupo estará vendendo. Com isso, poderá fazer uma auditoria (caso seja viável e sua agenda permita), visitar os grupos nesses pontos de venda e observar *in loco* a experiência que cada um está vivenciando.

Uma alternativa é definir momentos de verificação, nos quais cada grupo deverá contatar o professor/organizador por telefone, em horário pré-agendado, para informar a situação e *status* da execução até aquele momento. Nesse caso, os grupos deverão informar não só o *status* das atividades, mas relatar eventuais problemas ocorridos, as soluções encontradas para os problemas, o resultado obtido até o momento e os próximos passos, bem como os planos de contingência caso sejam necessários.

Duração desta atividade: 24 horas (novamente, trata-se de uma atividade de campo, e todos os grupos deverão ter no máximo 24 horas para realizá-la). Nesse caso, não deve haver exceção, pois o objetivo maior de toda a atividade é mostrar que, em 24 horas, pode-se fazer muito e ainda aprender a essência do que é empreender.

Métrica de final de atividade: cada grupo deve comparecer em sala no horário estipulado pelo professor/organizador, que deverá coincidir com o final das 24 horas da execução.

> O responsável pela filmagem de cada grupo deve registrar os principais momentos deste passo da atividade para editar o vídeo completo de toda experiência ao final.
>
> Importante

Passo 5: Compilar resultados

No retorno à sala após as 24 horas de execução, todos os grupos deverão apresentar-se com todos os integrantes e informações necessárias para a compilação dos resultados (dados de vendas e os trechos de vídeo já editados). Este será o passo mais objetivo e breve, pois os participantes terão apenas uma hora para concluir a apresentação final, feita na sequência. Essa apresentação poderá ser em slides ou outro formato que o grupo ache adequado e terá duração máxima de 15 minutos por grupo, incluindo o tempo de apresentação do vídeo (máximo de cinco minutos).

Desenvolvendo seu potencial empreendedor

A apresentação deve sintetizar toda a atividade e todos os passos realizados até então, ou seja, cada grupo deverá contar todo o desafio vivenciado desde o planejamento até a execução.

Deve-se comparar o planejado com o executado, mostrar a conclusão do grupo sobre a experiência empreendedora, destacando as habilidades empreendedoras praticadas, e ainda apresentar os resultados obtidos comparando com o que foi planejado (metas × resultados).

Em relação às habilidades empreendedoras praticadas, os grupos devem utilizar como referência as características empreendedoras citadas no Capítulo 3.

Duração da atividade: uma hora. O professor/organizador deverá auxiliar os grupos, revisando suas apresentações finais para que todos tenham em mãos o material da apresentação ao final dos 60 minutos deste passo.

Métrica de final de atividade: todos os grupos devem ter concluído todo o material que será utilizado na apresentação (dados descritivos, resultados financeiros, conclusões e o vídeo já editado).

A partir deste passo, já não há mais filmagem.

Importante

Passo 6: Apresentação dos resultados

Sugere-se que as apresentações sejam realizadas logo após o Passo 5. Caso isso não seja viável, cabe agendar para outro dia/horário, mas sem que haja alteração do conteúdo trabalhado naquele Passo.

Os critérios de avaliação de cada apresentação devem considerar os seguintes itens:

- Capacidade de planejamento.
- Capacidade de execução.
- Capacidade de executar o que foi planejado (planejado × executado).
- Filme contando a experiência empreendedora.
- Apresentação.

O formulário a seguir pode ser usado como referência para as avaliações. Como sugestão, todos os grupos devem avaliar os grupos dos colegas (mas não a si próprios) e ainda deve haver a avaliação do professor/organizador.

197

Capítulo 7

Tabela 7.1 Formulário de avaliação dos grupos da atividade "Vivenciando o empreendedorismo"

1. Atribua notas de 1 a 5, sendo: 1 = insuficiente; 2 = fraco; 3 = regular; 4 = bom; 5 = excelente, para cada um dos atributos utilizados na avaliação das apresentações de seus colegas.

2. Para cada apresentação, some as notas de todos os atributos e divida o total por cinco para obter a nota final de cada grupo avaliado.

GRUPO	Capacidade de planejamento (abordou todos os tópicos solicitados)	Capacidade de execução (soube aproveitar a experiência para praticar as habilidades empreendedoras)	Capacidade de executar o planejado (o executado foi próximo ao que a equipe havia planejado)	Filme contando a experiência empreendedora (mostrou os momentos importantes da experiência)	Apresentação (abordou os tópicos solicitados, contou como foi a experiência)	NOTA FINAL
1.						
2.						
3.						
4.						
5.						
6.						

Caso seja possível, recomenda-se que o grupo mais bem avaliado receba algum prêmio ou certificado de vencedor da dinâmica.

Além da avaliação dos grupos, o professor/organizador deve solicitar a cada um dos participantes, individualmente, que apresentem um relatório final (máximo de duas páginas), contendo sua avaliação pessoal acerca das características empreendedoras praticadas durante a dinâmica. Essa nota também deverá ser de 1 a 5 e avaliará seu próprio desempenho referente a cada uma das 20 características empreendedoras citadas na Tabela 3.1 do Capítulo 3, com a devida justificativa para cada nota.

Trata-se de uma autoanálise e espera-se que cada participante seja o mais sincero possível quanto a seu desempenho pessoal. Essa informação é individual e não precisa ser compartilhada. Cabe lembrar que não existe empreendedor ideal e que todas as pessoas possuem tanto pontos fortes como fracos. O objetivo da avaliação é permitir que os participantes tenham uma visão mais clara sobre

Desenvolvendo seu potencial empreendedor

o próprio comportamento empreendedor e, com isso, possam criar um plano empreendedor pessoal de desenvolvimento.

Este relatório deverá ser feito após a conclusão do Passo 6 e entregue em até uma semana ao professor/organizador. O formulário para a avaliação deve ter o seguinte formato:

Tabela 7.2 Formulário de avaliação individual da atividade "Vivenciando o empreendedorismo"

Característica empreendedora	Nota [1 a 5] e justificativa [máximo de três linhas por característica]
Motivação	
Iniciativa	
Paixão	
Visão	
Networking	
Liderança	
Trabalho em equipe	

(Continua)

199

Capítulo 7

Tabela 7.2 Formulário de avaliação individual da atividade "Vivenciando o empreendedorismo" (*Continuação*)

Característica empreendedora	Nota [1 a 5] e justificativa [máximo de três linhas por característica]
Fazer a diferença	
Conhecimento	
Criatividade	
Dinamismo	
Assumir risco	
Planejamento	
Organização	
Explorar oportunidades	
Tomar decisões	

(Continua)

Desenvolvendo seu potencial empreendedor

Tabela 7.2 Formulário de avaliação individual da atividade "Vivenciando o empreendedorismo" (*Continuação*)

Característica empreendedora	Nota [1 a 5] e justificativa [máximo de três linhas por característica]
Dedicação	
Autonomia	
Persuasão	
Valor para a sociedade	

Os formulários de avaliação dos grupos e individual podem ser obtidos na seção de *downloads* do site *www.josedornelas.com.br*.

Observação

Observações finais relevantes e limitações da atividade

É importante deixar claro que não se tem o objetivo de gerar uma atividade econômica real com esta dinâmica, haja vista que, para isso, seria necessário formalizar o negócio e seguir todos os requisitos previstos na legislação brasileira. A atividade pode ter como resultado final tanto a obtenção de lucro quanto prejuízo. Por isso, a quantidade de recursos utilizada é sugerida para ficar em um patamar mínimo aceitável, evitando prejuízos individuais ou que onere o bolso dos participantes. A sugestão de filantropia é feita uma vez que todos aprendem a retribuir para a sociedade o resultado alcançado, praticando também o empreendedorismo social.

O responsável pela atividade (o professor ou organizador da atividade) pode promover variações para atender ao público-alvo e seus objetivos de curso e

Capítulo 7

aprendizado, tais como realizar os vários passos em semanas subsequentes ou até mesmo todos em um único dia ou fim de semana, definir o tipo de produto ou produtos que não podem ser produzidos e assim por diante. Cabe aqui a criatividade e adaptação para a realidade local. Um cuidado importante ao se trabalhar com produtos alimentícios no mundo real dos negócios é a necessidade de adequação aos quesitos de vigilância sanitária e garantia de qualidade do que se vende.

Esta atividade é realizada de maneira informal, já que o objetivo é a aprendizagem, não a aferição de lucro. Por isso, não são considerados aspectos relevantes de um negócio formalmente constituído, como o pagamento de impostos, tributos e demais requisitos jurídicos. Porém, caso os participantes decidam que vale a pena levar à frente suas ideias após a dinâmica, deve ficar claro a todos que tais negócios devem ser estruturados formalmente, de acordo com a legislação brasileira. Cabe lembrar ainda que, por se tratar de uma dinâmica prática, não foram considerados custos e despesas relevantes a qualquer negócio, por exemplo, salários e encargos, como discutidos no Capítulo 6, que trata do plano de negócios.

Em síntese, a atividade proporciona uma simulação, que apresenta limitações sobre o ambiente do negócio próprio, com o intuito de permitir aos participantes a prática de suas habilidades empreendedoras.

Acesse o fórum de empreendedorismo em *www.josedornelas.com.br*, coloque suas conclusões e veja o que outras pessoas pensam sobre a dinâmica "Vivenciando o empreendedorismo".

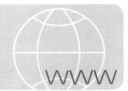

Resumo

Não basta apenas planejar o negócio na teoria. A oportunidade de praticar as habilidades empreendedoras por meio da simulação de um ambiente de negócios que permita a implantação de todas as fases do processo empreendedor é de extrema importância para que os participantes de um programa de empreendedorismo entendam o percurso com mais clareza, desde a ideia à obtenção de resultados. Uma dinâmica vivencial, com o passo a passo para sua implantação, em grupos de participantes liderados por um professor ou organizador, propicia um aprendizado singular, complementando todo o ensinamento teórico dos demais capítulos do livro.

8

Plano empreendedor pessoal

Capítulo 8

O Plano Empreendedor Pessoal (PEP) é o seu planejamento para os projetos futuros relacionados com o empreendedorismo que você sonha concretizar. Da mesma maneira que se discutiu o plano de negócios como base para o planejamento da criação e gestão de uma empresa, o PEP serve de base para você pensar de maneira estruturada e definir suas estratégias pessoais para atingir seus objetivos profissionais.

Muitas pessoas não dão a devida atenção ao PEP e nunca realizaram um, mas quem passa pela experiência de colocar no papel seus anseios e sonhos e tenta traduzi-los em objetivos acaba por criar um guia íntimo e individual com o qual passa a se comprometer. Isso ajuda não só a pensar o futuro de maneira estruturada, mas a entender com mais clareza quais são as possibilidades ou caminhos a seguir.

O fato de desenvolver um PEP não lhe garantirá a sua concretização conforme o previsto. Aqui, de novo, cabe a analogia com o plano de negócios. O fato de planejar não garante o sucesso, mas auxilia você (empreendedor) a ter um norte a seguir. Por isso, o PEP é extremamente útil àqueles em busca de respostas sobre seu futuro profissional como empreendedor. Por meio do PEP, você pode identificar caminhos que o levarão ao empreendedorismo do próprio negócio, empreendedorismo social, corporativo, enfim, a várias possibilidades para seu desenvolvimento profissional.

Como seu direcionamento é feito para questões relacionadas com o empreendedorismo, você pode e deve complementar o PEP com *coaching* (processo de desenvolvimento pessoal e profissional com o auxílio de um orientador) ou outras técnicas de desenvolvimento pessoal e profissional.

Outro aspecto importante a se ressaltar é a definição de prazos para tentar colocar em prática o que se desenvolve no PEP e, ainda, criar o hábito de revisá-lo periodicamente, por exemplo, a cada seis meses ou um ano. A cada período predefinido ou quando um acontecimento relevante impacta sua vida (novo emprego, nova empresa, mudança de cidade, casamento, filhos etc.), o PEP deve ser atualizado, modificado ou adaptado de acordo com os novos cenários de sua vida pessoal e profissional.

Muitas pessoas talvez nunca precisem desenvolver um PEP para serem empreendedores de sucesso, mas ele pode ajudar aqueles que buscam respostas às dúvidas sobre o caminho a seguir e sobre seu futuro. Esse grupo não é pequeno, apesar de muitos de seus integrantes não se sentirem à vontade em exteriorizar o desconforto em lidar com o futuro. A ideia que permeia o desenvolvimento do PEP não é tentar prever o futuro, mas direcionar suas energias e esforços para aquilo no qual você acredita. A partir daí, com comprometimento e trabalho árduo, você terá respostas positivas ou não às suas dúvidas do presente.

Aqueles que não se preocupam com o futuro ou preferem não tentar direcionar suas ações para objetivos mais claros, com certeza, não terão aproveitamento

Plano empreendedor pessoal

algum com o desenvolvimento do PEP. Porém, o Plano pode ser de extrema efetividade aos que acreditam no planejamento como base para atingir seus objetivos.

Para exemplificar, o PEP pode envolver não só objetivos como a criação de um novo negócio, mas a conclusão de etapas importantes de sua vida profissional, como uma pós-graduação, um curso ou estágio no exterior, a entrada em uma universidade concorrida, a obtenção de uma vaga como empreendedor corporativo em uma empresa inovadora e admirada; enfim, você definirá seus objetivos.

Para isso, o primeiro passo é saber o que você sonha, o que quer para seu futuro, conhecer seus pontos fortes e fracos e traçar uma estratégia para atingir metas e objetivos que o levem a concretizar seus sonhos. Note que o sonho muda, evolui, acaba, nasce de novo. Por isso, o PEP pode ser usado em qualquer fase da vida, uma vez que, quando um sonho se concretiza, novos surgirão; quando um sonho se mostrar inviável, novos o substituirão. Essa é a síntese de empreender: fazer acontecer realizando sonhos. E, a cada conquista, novos desafios surgirão.

O PEP é estruturado em partes:[41]

1. Qual é o seu sonho?

2. Quem você é?

3. Transformação do sonho em objetivos e metas.

Ao concluir cada parte do PEP, você se conhecerá melhor. Mas é importante lembrar que o Plano não é concluído ao finalizar a Parte C, descrita adiante. Trata-se de um processo, não de um fim em si mesmo. Não basta apenas concluir o PEP e esquecer a experiência. O desenvolvimento do PEP pode levar dias, semanas e até meses. O importante é o aprendizado ao longo da jornada de seu desenvolvimento. E ainda, você deve se lembrar de que o PEP é um documento dinâmico, que muda quando as premissas de seu ambiente mudam ou quando você decidir que é o momento de revisá-lo. Com isso em mente, é chegado o momento de desenvolver o passo a passo de seu Plano Empreendedor Pessoal.

8.1 Sonhar é importante

A Parte A do PEP – *Qual é o seu sonho?* – talvez seja a mais difícil de definir. Aparentemente, trata-se de algo simples, mas não é. Muitas vezes, as pessoas não sabem o que querem, não sonham e levam a vida sem maiores ambições ou preocupações futuras. Não há nada de errado nisso, mas, ao se observar o empreendedor típico, esta é uma característica comum aos que fazem acontecer: a capacidade de sonhar e acreditar no sonho.

205

Capítulo 8

Muitas pessoas não têm um sonho, o que as deixa inquietas, insatisfeitas e até desmotivadas. Se esse for o seu caso, o primeiro passo, antes de definir o sonho (ou sonhos) é descobrir o que o motiva e o que o deixa desmotivado.

É fácil dizer, sem se preocupar com as consequências, que você gosta ou não gosta de certas atividades. Porém, a motivação que leva a um sonho duradouro precisa ser muito mais forte que um desejo momentâneo. Um exemplo é quando um jovem recebe um convite de outro colega para se associar à criação de uma empresa. Se o jovem tiver a autonomia e o desejo de fazer algo à sua maneira como forte motivação, é provável que se sinta tentado a rapidamente aceitar o convite. Mas, muitas vezes, ao se deparar com os detalhes do negócio, das atividades do dia a dia, do relacionamento com o futuro sócio etc., essa motivação pode rapidamente se transformar em desânimo ou decepção. Se você não tentar, não saberá o resultado. Porém, antes de tomar a decisão, procure entender o que de fato está buscando, o que quer fazer e os caminhos disponíveis para você percorrer. As perguntas dos formulários a seguir o ajudarão a organizar suas ideias e a tentar chegar a essa autodescoberta.

Do que você gosta de fazer?

O que o motiva? Por que você se sente motivado e com energia quando realiza essas atividades? Procure listar atividades de trabalho e lazer que lhe proporcionam maior satisfação pessoal, sensação de prazer e energia.

Atividades e situações que lhe proporcionam satisfação	Motivos que o levam à sensação de prazer e energia

Plano empreendedor pessoal

Do que você não gosta de fazer?

O que o desmotiva? Por que você se sente desmotivado e sem energia quando realiza essas atividades? Procure listar atividades de trabalho e lazer que lhe proporcionam maior insatisfação pessoal, sensação de desânimo e falta de energia.

Atividades e situações que lhe proporcionam insatisfação	Motivos que o levam à sensação de desprazer e falta de energia

Agora, liste em ordem crescente (da maior para a menor) as atividades que mais lhe proporcionam satisfação e motivação e também as que mais lhe desmotivam.

Atividades que mais lhe trazem satisfação	Atividades que mais lhe trazem insatisfação
1)	1)
2)	2)
3)	3)
4)	4)
5)	5)

Observe o *ranking* da tabela anterior e reflita sobre o resultado das duas colunas e o impacto que podem trazer para seu futuro profissional. Imagine-se daqui a dez anos vivendo um mês ideal e descreva qual seria essa sensação no quadro abaixo. Inclua em sua descrição seus desejos relacionados com os estilos de vida e trabalho, renda, relacionamento com amigos, saúde, família entre outros.

Capítulo 8

Um mês ideal (daqui a dez anos)

Liste dez ideias ou negócios com os quais você acredita que gostaria de se envolver nos próximos dez anos, como sócio, funcionário ou mesmo voluntário. Não se limite ao que está sob seu controle ou ao que pode parecer mais fácil de implementar. Busque listar as ideias e negócios com os quais você acredita ter a maior afinidade possível, mesmo não tendo experiência ou conhecendo em detalhes cada um deles.

Ideias e/ou negócios de que gosto
1)
2)
3)
4)
5)
6)
7)
8)
9)
10)

Por que você acredita que gosta de tais negócios? Liste a seguir os atributos que considera mais atrativos em cada um dos negócios citados na tabela anterior. Exemplos de atributos (não se limite a esses): setor da economia, inovação, facilidade de implantação, potencial de crescimento, relação com minha formação profissional, tipo(s) de cliente (grandes empresas, pequenas empresas, pessoa física etc.), estabilidade mesmo em momentos de crise, potencial de enriquecimento pessoal, visibilidade/*status*, potencial de desenvolvimento social e econômico, retorno/contribuição à sociedade, ajuda ao próximo, impacto no mundo, geração de empregos, autonomia, o fato de depender de poucas pessoas ou poucos

Plano empreendedor pessoal

funcionários, ambiente de trabalho, localização geográfica, flexibilidade de horário, atividades desafiadoras, pouco risco, risco calculado, experiência anterior na área, relacionamentos (*networking*) proporcionados, sustentabilidade etc.

Ideias e/ou negócios de que gosto	Atributos atrativos de cada ideia/negócio
1)	1)
2)	2)
3)	3)
4)	4)
5)	5)
6)	6)
7)	7)
8)	8)
9)	9)
10)	10)

Selecione da tabela anterior os três atributos que você mais citou, considerando todas as ideias e os negócios, independentemente de quais sejam. Conclua a frase a seguir considerando esses atributos:

"Eu gostaria de criar _____ [descreva um negócio/ONG/projeto etc.] um dia, porque acredito que me traria _____ _____ _____ [liste as motivações e satisfação], e, com isso, poderei _____ _____ _____ [liste possíveis realizações advindas da criação]."

Vislumbre mentalmente esse momento futuro e comece a sonhar com a possibilidade de sua realização em uma atividade empreendedora, seja do próprio negócio, empreendedorismo corporativo, social, público ou outra qualquer. Caso seu sonho já esteja claro, utilize o roteiro sugerido para ratificá-lo. Caso você não queira criar algo do zero, mas se envolver de maneira comprometida com algo criado por outras pessoas, modifique o início da frase anterior para: "Eu gostaria de me envolver...".

Capítulo 8

Outras considerações

Imagine que você tivesse R$ 1000,00 para comprar todos os itens a seguir com o intuito de utilizá-los na criação de um negócio (próprio/corporativo/ONG ou afins). Como você alocaria o dinheiro? Por exemplo, o item mais importante deve receber a maior quantidade. Você pode não gastar nada em alguns itens, gastar uma quantia igual em outros, e assim por diante. Depois que você alocar os R$ 1000, classifique os itens em ordem de importância, sendo o mais importante o número um.

Item	Parcela dos R$ 1000,00	Classificação
Localização geográfica do negócio que vou criar		
Estilo de vida e de trabalho		
Padrão de vida (recursos financeiros pessoais)		
Desenvolvimento pessoal (conhecimento, cultura, relacionamentos etc.)		
Status e prestígio		
Sustentabilidade e meio ambiente		
Outras considerações:		

Reflita sobre quais são as implicações dessa classificação para a frase que você criou anteriormente. Você mudaria algo?

8.2 Conheça suas competências empreendedoras e gerenciais

A Parte B – *Quem você é?* – trata de buscar o autoconhecimento, sempre relacionado com as atitudes e motivações empreendedoras. Novamente, aqui, esta parte pode ser complementada por outras técnicas de desenvolvimento pessoal e profissional.

A seguir, busque analisar cada um dos atributos listados para fazer uma autoavaliação sincera sobre o que você considera suas forças e fraquezas. Lembre-se: todos temos fraquezas, e nem sempre o que consideramos uma força é visto da mesma forma pelas pessoas com as quais nos relacionamos.

Plano empreendedor pessoal

No Capítulo 3, você conheceu alguns testes de perfil empreendedor, inclusive o consagrado teste de McClelland, disponível no site www.planodenegocios.com.br. Caso você tenha feito esse e outros testes para conhecer melhor suas competências empreendedoras, utilize as informações obtidas para auxiliá-lo nas respostas e classificações do instrumento de avaliação apresentado a seguir. Note que, nesse instrumento, busca-se entender em detalhes vários aspectos de seu comportamento e competências ligados ao ato de empreender.

Atribua notas de 1 (mais fraco) a 5 (mais forte) para suas atitudes, comportamentos e conhecimento.

Item	Nota
Compromisso e determinação	
Capacidade de decisão	
Tenacidade	
Disciplina	
Persistência para resolver problemas	
Disposição para se sacrificar	
Imersão total na missão	
Coragem	
Força moral	
Ausência de medo de conflitos e fracassos	
Intensa curiosidade ao enfrentar um risco	
Obsessão pela oportunidade	
Iniciativa para moldar a oportunidade	
Conhecimento das necessidades dos clientes	
Impulsionado pelo mercado	
Obsessão pela criação de valor	
Tolerância ao risco, à ambiguidade e à incerteza	
Assume riscos calculados	
Minimiza o risco	
Compartilha o risco	

Capítulo 8

Tolera a incerteza e a ausência de estrutura	
Tolera o estresse e o conflito	
Capaz de resolver problemas e integrar soluções	
Criatividade, autossuficiência e adaptabilidade	
Pensa "fora da caixa", busca soluções inusitadas	
Impaciente com o *status quo*	
Capacidade de se adaptar	
Ausência de medo do fracasso	
Capacidade de entender os detalhes	
Motivação para se destacar	
Orientação para objetivos e resultados	
Vontade de realizar e progredir	
Baixa necessidade de *status* e poder	
Percepção de seus pontos fracos	
Liderança	
Proatividade	
Autocontrole e resiliência	
Integridade e confiabilidade	
Paciência para ouvir	
Habilidade na formação de equipes	
Capacidade de inspirar a sua visão na equipe	

Resuma seus principais pontos fortes e fracos (competências empreendedoras):

Pontos fortes (notas 4 e 5)

Plano empreendedor pessoal

Pontos fracos (notas 1 e 2)

Agora, atribua notas de 1 (mais fraco) a 5 (mais forte) para suas competências administrativas e gerenciais de uma empresa. Note que muitas habilidades e competências administrativas dependem de conhecimento específico, experiência, entre outros, o que a maioria dos empreendedores mais jovens não possui. Por outro lado, ao conhecer seus diferenciais e ter a consciência do que precisa saber com mais propriedade para se tornar um empreendedor mais preparado para os desafios, maiores serão suas chances de sucesso, caso coloque em prática seu Plano Empreendedor Pessoal.

Item	Nota
Marketing	
Pesquisas de mercado	
Planejamento de marketing	
Precificação de produtos	
Administração de vendas	
Mala direta/vendas por catálogo	
Telemarketing	
Otimização para ferramentas de busca na internet	
Serviço/suporte ao cliente	
Administração de distribuição	
Administração de produtos	
Planejamento de novos produtos	
Operações/Produção	
Administração de produção	
Controle de estoque	
Análise e controle de custos	
Controle de qualidade	

Capítulo 8

Cronograma e fluxo de produção	
Compras	
Finanças	
Contabilidade	
Provisão de capital	
Administração do fluxo de caixa	
Administração de créditos e cobranças	
Relacionamento com fontes de financiamento (bancos, investidores etc.)	
Obtenção e gestão de financiamento de curto prazo (capital de giro)	
Aplicações financeiras	
Administração	
Resolução de problemas	
Comunicação	
Planejamento	
Tomada de decisões	
Administração de projetos	
Negociação	
Administração de pessoal	
Sistemas de informações administrativas	
Computadores/TI/internet	
Interpessoal/Equipe	
Liderança/visão/influência	
Habilidade em fazer *coaching*	
Habilidade em conceder *feedback*	
Administração de conflitos	
Trabalho em equipe e administração de pessoas	

Plano empreendedor pessoal

Legislação

Tipos de empresas e suas constituições jurídicas

Conhecimento da elaboração de contratos

Conhecimento dos impostos e taxas inerentes ao negócio

Critérios jurídicos para formalização de entrada de investidores no negócio

Direitos de propriedade intelectual e patentes

Leis imobiliárias

Entendimento da lei de falência

Habilidades únicas [por favor, listar]

Resuma seus principais pontos fortes e fracos (habilidades administrativas e gerenciais):

Pontos fortes (notas 4 e 5)

Pontos fracos (notas 1 e 2)

O próximo passo é você solicitar a duas pessoas de sua confiança e que o conhecem muito bem (colegas de trabalho, professores, familiares, entre outros) para que façam uma avaliação isenta e sincera de suas competências empre-endedoras e habilidades administrativas/gerenciais. Trata-se de um *feedback* construtivo. Você lhes deverá fornecer as duas tabelas anteriores com os itens de competências empreendedoras e habilidades administrativas para que elas façam a mesma avaliação sobre você que você mesmo fez, porém, agora, sob a perspectiva delas.

215

Capítulo 8

Além disso, solicite que sintetizem o que elas consideram seus principais pontos fortes e fracos, tanto no tocante a competências empreendedoras quanto a habilidades administrativas e de gestão.

Provavelmente, você notará tanto similaridades como diferenças nas três avaliações (as das duas pessoas e a sua própria). Isso será útil para que você tenha uma visão mais clara de como as pessoas o enxergam e de que, talvez, você não esteja capitalizando adequadamente em pontos que considera fortes e não tenha dado a devida atenção a seus pontos fracos.

Com isso, você estará municiado de informações e de valiosos dados para a próxima e última parte de desenvolvimento de seu Plano Empreendedor Pessoal: transformando o sonho em objetivos e metas.

8.3 Criando métricas para tornar o sonho possível

Na Parte C - *Transformando o sonho em objetivos e metas* -, você deverá utilizar os resultados das partes anteriores para traduzir em objetivos e metas concretos o sonho inicialmente concebido.

Inicialmente, você deverá avaliar (a partir dos resultados das Partes A e B) a situação atual e quais as suas possiblidades de desenvolvimento, ou seja, as possíveis estratégias empreendedoras que poderá empregar para concretizar seu sonho. Algumas perguntas-chave que valem a pena você refletir a respeito:

1. Como as exigências do empreendedorismo — especialmente, os sacrifícios, a imersão total, a pesada carga horária de trabalho e o compromisso de longo prazo — se adéquam aos seus desejos, valores e motivações?

2. Que conflitos ou problemas críticos você antecipa entre seus desejos e valores e as demandas do empreendedorismo?

3. Como você compararia suas competências empreendedoras, sua adequação às demandas da função de empreendedor e suas competências administrativas e de gestão com as de outras pessoas que você conhece e que buscaram ou estão buscando uma carreira empreendedora?

4. Pense em cinco a dez anos ou mais no futuro e pressuponha que você pudesse criar uma empresa de alto potencial. Que experiência e conhecimentos específicos você ainda precisa acumular?

5. O que há de diferencial na oportunidade específica que você deseja buscar e que lhe oferecerá energia e motivação contínuas? Como você sabe disso?

6. Quem são as pessoas com quem você precisa se envolver?

Após essa reflexão, é chegado o momento de estruturar o sonho em objetivos e metas. Os passos a seguir o ajudarão a delinear suas estratégias. Você precisa definir os objetivos de maneira clara, como discutido na seção Estratégia de crescimento do plano de negócios. Os objetivos geralmente são desdobrados em metas consideradas SMART: específicas, mensuráveis, atingíveis, relevantes e com um prazo para ocorrer. Isso se aplica também aos objetivos pessoais. Não basta deixar uma descrição vaga, sem clareza.

Há ainda de se estabelecer prioridades, incluindo a identificação de conflitos e compensações e como eles podem ser resolvidos. Você precisa também especificar as ações que devem ser realizadas para que seu objetivo seja alcançado. A métrica de resultado do objetivo é importante, pois indica como você saberá se chegou ou não ao objetivo, ou seja, você deve conseguir medir o resultado.

Ao definir um objetivo de longo prazo (maior que cinco anos, por exemplo), é prudente definir marcos intermediários (miniobjetivos decorrentes do objetivo maior) para saber se está caminhando em direção ao objetivo principal. Sempre haverá riscos e possíveis desvios de rota, mas eles fazem parte da jornada empreendedora. O importante é você se comprometer com seus sonhos e com os objetivos que farão os sonhos se concretizarem.

Finalmente, recomenda-se que você periodicamente revise os objetivos e, eventualmente, mude as métricas. Lembre-se de que seus sonhos podem mudar. Se isso ocorrer, os objetivos também mudarão. Com o passar dos anos, você terá novos sonhos e objetivos, mas o exercício aqui proposto pode continuar a ser desenvolvido em qualquer fase da vida.

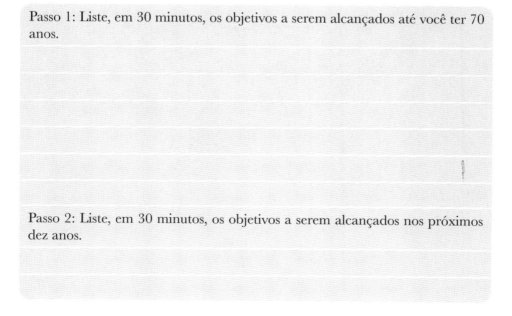

Passo 1: Liste, em 30 minutos, os objetivos a serem alcançados até você ter 70 anos.

Passo 2: Liste, em 30 minutos, os objetivos a serem alcançados nos próximos dez anos.

Capítulo 8

Passo 3: Liste, em 30 minutos, os objetivos que você gostaria de alcançar se tivesse exatamente um ano de vida a partir de hoje. Pressuponha que você terá uma boa saúde neste período, mas não poderia adquirir um seguro de vida ou pegar emprestada uma grande quantia hoje para usar no próximo ano. Além disso, pressuponha que você poderia passar este último ano de vida fazendo o que quiser.

Passo 4: Liste, em 60 minutos, seus objetivos reais e os que você gostaria de alcançar ao longo de toda a vida.

Plano empreendedor pessoal

Passo 5: Discuta a lista, a partir do Passo 4, com outra pessoa de sua confiança e, em seguida, aperfeiçoe, mude, ratifique suas declarações de objetivos.

Passo 6: Classifique os objetivos listados no Passo 5 de acordo com a prioridade (os mais importantes primeiro), mesmo sabendo que alguns podem ser atingidos mais tarde.

Capítulo 8

Passo 7: Selecione apenas os três principais objetivos listados no Passo 6 e liste os problemas, obstáculos e situações adversas que você pode encontrar ao tentar concretizá-los.

Passo 8: Apresente sua estratégia para eliminar os problemas e obstáculos listados no Passo 7 ou para evitar que venham a acontecer. Caso aconteçam e não possam ser eliminados, apresente sua estratégia para lidar com tais problemas e obstáculos.

Plano empreendedor pessoal

Passo 9: Para cada objetivo listado no Passo 7, descreva todas as ações, atividades e tarefas que você vai desenvolver e que o ajudarão a atingir tais objetivos. Apresente ainda as métricas que você vai utilizar para medir seu progresso e saber se o resultado foi atingido. Ao concluir esse passo, faça o mesmo para os demais objetivos listados no Passo 6.

Passo 10: Certifique-se de que todos os passos anteriores foram feitos em detalhes e, após sua revisão final, imprima ou copie seus principais objetivos em uma folha de papel ou em um arquivo eletrônico e guarde em local que você possa acessar periodicamente. Ao final de cada ano, procure reservar pelo menos um dia de sua agenda para revisar todos os objetivos, analisar o estágio das atividades e tarefas, verificar o cumprimento de metas e, caso necessário, mudar ou alterar algum objetivo e/ou tarefa. Mudanças nos objetivos podem ser motivadas por eventos críticos não previstos, como: casamento, filhos, morte na família, perda ou mudança de emprego, entre outros.

Acesse o fórum de empreendedorismo em *www.josedornelas.com.br*, coloque suas conclusões sobre o desenvolvimento do PEP e veja o que outras pessoas pensam sobre o Plano Empreendedor Pessoal.

Capítulo 8

Resumo

Usando a mesma analogia de planejamento de um negócio, o Plano Empreendedor Pessoal tem como finalidade auxiliar o indivíduo a buscar o autoconhecimento e criar métricas para concretizar seus sonhos. A construção do PEP envolve três estágios: sonho, autoconhecimento das competências empreendedoras e de gestão e criação de objetivos. A partir de formulários práticos com textos autoexplicativos, a pessoa é guiada passo a passo na obtenção de seu PEP, que poderá ser acessado periodicamente, revisado e ratificado com vistas a auxiliar o empreendedor a transformar seus sonhos em realidade.

9

Fazendo acontecer

Capítulo 9

Ao analisar o processo empreendedor, nota-se a ênfase dada às fases iniciais: da concepção da ideia ao desenvolvimento do plano de negócios. É importante ter essas etapas bem desenvolvidas para garantir mais chances de sucesso na tão esperada etapa pelos empreendedores: colocar a empresa em funcionamento, ou seja, fazer acontecer!

Porém, antes de fazer acontecer, o empreendedor precisa ficar atento a diversos aspectos relevantes de seu ambiente de negócio e internos à sua empresa. Questões relacionadas com legislação, obtenção e gestão de recursos financeiros, contratos, relacionamento com fornecedores, contratação e retenção de funcionários, participação em entidades representativas do setor, entre outros, fazem parte do dia a dia do empreendedor.

Muitas dessas atividades devem ser feitas diretamente pelo empreendedor, outras podem ser delegadas. O importante é conhecer quais são as principais áreas e atividades que devem ser consideradas desde a criação da empresa e definir a melhor estratégia para considerá-las no negócio. O erro que muitos empreendedores cometem é imaginar que atividades periféricas não são importantes e que, por isso, não precisam de atenção. Muitas vezes, um negócio vai à falência por falta de um contrato bem estruturado entre comprador e fornecedor, devido a um empréstimo mal negociado em um banco ou por ações trabalhistas empreendidas por funcionários que estavam na informalidade, por exemplo.

Por isso, cabe ao empreendedor conhecer todos os impactos decorrentes de ações não desenvolvidas ou mal planejadas e, assim, evitar problemas logo no início da empresa. Quem tem experiência prévia na criação de uma empresa terá mais condições de se preparar em uma nova iniciativa, mas cada nova experiência traz novos aprendizados e problemas que talvez não tenham surgido antes.

A seguir, são apresentadas as áreas, interlocutores, atividades e outros aspectos sobre os quais o empreendedor deverá buscar informações, antes mesmo de abrir a empresa. Com isso, ele pode decidir se precisa conhecer mais detalhadamente cada assunto, assumir a liderança do processo e ser o responsável pelo tema na empresa ou ainda se cabe delegar, terceirizar ou subcontratar pessoas ou empresas para fazê-lo. Além disso, são listadas as várias fontes de recursos disponíveis aos pequenos negócios no Brasil.

9.1 Conhecer ou delegar?

Antes de chegar à sua decisão final, o empreendedor precisa, pelo menos, saber quais assuntos são relevantes para qualquer negócio. Muitas vezes, se o empreendedor tem uma formação técnica específica ou conhece temas os quais a

Fazendo acontecer

maioria não entende ou não domina, ele não precisará delegar tais responsabilidades, mas, na maioria dos casos, cabe buscar assessoria especializada em várias situações.

Consultoria financeira

Os consultores financeiros, em muitos casos, podem ser os primeiros fornecedores dos empreendedores. Muitas consultorias são especializadas na elaboração e revisão do plano de negócios do empreendedor e ainda podem auxiliá-lo na busca de recursos no mercado. As fontes de recursos mais comumente abordadas pelos consultores financeiros são investidores pessoas físicas, também conhecidos como investidores-anjo, bancos privados de investimento (capital de risco), bancos públicos de investimento (como o BNDES) e, eventualmente, outras empresas. O empreendedor pode tentar acessar tais fontes de recursos por conta própria, mas, caso não tenha experiência, rapidamente chegará à conclusão de que vale a pena contratar uma boa consultoria, que tenha histórico no mercado, para auxiliá-lo nesse processo de captação de investimentos ou financiamentos para seu negócio.

Assessoria Jurídica

Você pode ser um advogado e estar criando um restaurante. Talvez, seu conhecimento sobre as leis e a legislação de negócios no Brasil seja diferenciado, mas, mesmo assim, você precisará contratar um escritório de advocacia ou um profissional legalmente habilitado para assessorá-lo, uma vez que, como dono do negócio e sem exercer a profissão formal de advogado, você deve ter outras prioridades na empresa. Empreendedores em geral normalmente buscam auxílio de advogados quando precisam resolver problemas, mas raramente os contratam para prever ou evitar que os problemas surjam. A segunda opção pode ser bem menos dispendiosa para o empreendedor, pois planejar adequadamente a adesão da empresa aos princípios jurídicos no desenvolvimento de contratos, pagamento de impostos, criação do contrato social da empresa, planejamento tributário, entre outros, é mais fácil que remediar problemas advindos da falta de atenção a esses detalhes.

Aqui, cabe ressaltar ainda que o advogado é o profissional mais indicado para o empreendedor no objetivo de definir a maneira como sua empresa será constituída, bem como na definição de seu contrato social. Por exemplo, uma boa assessoria jurídica pode auxiliar o empreendedor a decidir se ele deve optar pelo Simples Nacional (opção das mais convidativas em relação à tributação de pequenas empresas, mas que não se aplica a todo tipo de empresa), se deve abrir uma empresa limitada ou sociedade anônima, entre outras definições e escolhas.

Capítulo 9

Escritório de contabilidade

O contador é o primeiro fornecedor do empreendedor, pois acaba sendo, para muitos empreendedores, o único assessor para todos os assuntos burocráticos da empresa: pagamento de impostos, tributos, contribuições, taxas, encargos, entre outros. Além disso, os contadores são os responsáveis pela obtenção das certidões negativas da empresa junto a órgãos públicos, declaração de imposto de renda do negócio etc. Na maioria dos casos, os empreendedores veem o contador apenas como o coletor de recursos para pagar as contas. É uma visão um tanto restrita, que, na verdade, ocorre por erro de ambas as partes, já que muitos contadores, de fato, se comportam como meros cobradores de impostos e como aqueles que mandam alertas ao empreendedor sobre as contas a pagar da empresa perante o fisco municipal, estadual e federal. Por isso, é de extrema importância escolher adequadamente o escritório de contabilidade que dará suporte ao seu negócio, pois o vínculo com tal profissional geralmente é duradouro. Assim, cabe ao empreendedor buscar um profissional de confiança e proativo, que o auxilie a tomar decisões e não apenas a cumprir com suas obrigações.

Agência de publicidade

No passado, contratar uma agência de publicidade era algo restrito a grandes empresas. Hoje em dia, há várias agências focadas em atender a pequenos e médios negócios e que auxiliam o empreendedor na definição da melhor estratégia de comunicação de seu negócio, das mídias mais adequadas e de como criar campanhas vencedoras que fidelizarão o público-alvo à empresa. O investimento em serviços como esse deve ser medido adequadamente, para que o empreendedor tenha a certeza de que está tendo retorno. Não basta apenas investir em recursos em publicidade sem um plano coerente que possua objetivos claros a serem atingidos pela empresa. Há ainda as agências focadas na internet ou agências digitais. Atualmente, o orçamento de publicidade dos pequenos negócios é praticamente reservado para ações *online*. Por isso, contratar uma agência digital especializada pode ser uma boa saída para o empreendedor.

Assessoria de imprensa

O serviço de assessoria de imprensa pode ser eventualmente prestado por agências de publicidade, mas há profissionais especializados e focados apenas nessa área. Os assessores auxiliam não só na divulgação adequada de informações importantes da empresa junto aos órgãos de imprensa, como na filtragem e seleção dos melhores veículos de comunicação, mais adequados para o negócio. Muitas vezes, ao contratar tais serviços, o empreendedor pode economizar consideravelmente

226

em seu orçamento de marketing, pois bons assessores sempre conseguem inserções gratuitas nos principais órgãos de imprensa, pois são criativos e sabem criar a comunicação adequada para falar de lançamento de produtos, novidades da empresa, entre outros.

Agência de recursos humanos

Contratar bons funcionários tem sido um desafio para os empreendedores de negócios iniciantes. Isso ocorre porque não basta apenas ler um currículo e fazer uma entrevista para garantir uma boa contratação. Hoje em dia, há sofisticadas técnicas de seleção de funcionários que podem aumentar as chances de sucesso de contratar melhores funcionários. Além disso, antes de selecionar os melhores, você precisa ter candidatos adequados interessados em trabalhar na sua empresa. As agências de emprego podem ser uma boa alternativa. Porém, o empreendedor deve ficar atento para selecionar uma boa agência, já que muitas trabalham em vários mercados e focam apenas a quantidade, não a qualidade.

Outros fornecedores importantes

Dependendo do tipo do negócio, pode haver a necessidade de contratação de serviços especializados mesmo antes de começar a empresa. Por exemplo, uma empresa de comércio eletrônico pode optar por desenvolver seu site por conta própria ou terceirizar o trabalho para uma empresa especializada. Outro exemplo que se aplica a toda empresa é o fato de, hoje em dia, haver a necessidade de se ter um bom site do negócio na internet. Para isso, você certamente precisará ter bons fornecedores de hospedagem, manutenção e atualização do site. Liste a seguir de quais outros tipos de serviços ou assessoria você pode precisar em sua empresa e que devam necessariamente ser terceirizados, pela impossibilidade de fazê-los internamente.

Demais fornecedores importantes

1.

2.

3.

4.

5.

Capítulo 9

9.2 Fontes de recursos financeiros

As principais fontes de recursos para os empreendedores começarem um negócio são o próprio bolso do empreendedor e os recursos de sua família e amigos. Isso se aplica a empreendedores de qualquer lugar do planeta e ocorre pelo fato de qualquer negócio em fase inicial ser muito susceptível ao risco. Nesses casos, as pessoas mais próximas do empreendedor são geralmente as que estarão dispostas a investir nele e não necessariamente no negócio, ou seja, as pessoas estão menos preocupadas com a empresa em si e investem mais para ajudar o familiar ou amigo.

Os bancos de varejo comerciais são outra fonte que muitos empreendedores acabam acessando, pois estão fisicamente próximos ao empreendedor, que muitas vezes possui sua própria conta-corrente de pessoa física no banco e conhece o gerente da agência. Acaba sendo algo natural pensar em contrair um empréstimo no banco, o que, na prática, nem sempre é simples de se concretizar, pois os bancos solicitam garantias reais para emprestar dinheiro a qualquer negócio. Essa prática muitas vezes inviabiliza os empréstimos a empresas iniciantes, que geralmente não possuem ativos que possam ser transformados em garantias.

Além dessas fontes mais comuns ou mais conhecidas, há outras que o empreendedor pode tentar abordar, mas cabe ressaltar que a concorrência por essas fontes de recursos geralmente é acirrada, o que limita as chances de sucesso de captação de recursos.

Porém, como os empreendedores gostam de desafios, não podem desistir na primeira recusa que receberem. É raro um empreendedor conseguir acessar as fontes apresentadas a seguir e, já no primeiro contato, obter o recurso desejado. Na maioria das vezes, a peregrinação é considerável, e o empreendedor e seus sócios precisam gastar muita sola de sapato para obter resultados.

Os fundos de capital de risco são assim conhecidos porque injetam dinheiro em empresas, assumindo o risco do negócio com os empreendedores. Não se trata de financiamento, mas de investimento. O fundo geralmente fica com uma parcela da empresa e se torna sócio da empreitada visando ganhos futuros. Se o negócio evoluir bem, todos ganham; se naufragar, todos perdem, mas o empreendedor não fica com dívida com o fundo. É uma alternativa muito difundida, principalmente nos Estados Unidos, e tem crescido como opção de investimento em empresas no Brasil. Deve-se ressaltar que tais fundos preferem investir em empresas que possuam a inovação como base do seu modelo de negócio e que atuem em setores de rápido crescimento. Por isso, essa alternativa de investimento não é comum para negócios de setores tradicionais. Há variações desses fundos, dependendo do estágio da empresa a ser investida, como mostra a Figura 9.1.

228

Fazendo acontecer

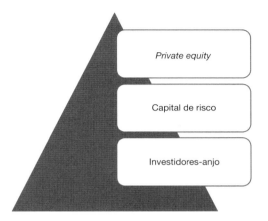

Figura 9.1 Possibilidades de investimento de risco.

Investidores-anjo

Os investidores-anjo são os que aportam recursos em empresas embrionárias, que, muitas vezes, estão no papel ou nem têm um plano de negócios estruturado. Os anjos são investidores pessoas físicas, atuam individualmente ou em grupos e aportam a partir de R$ 10.000,00 em novos negócios. Seus investimentos, contudo, podem chegar a valores superiores a R$ 1 milhão. Esse tipo de investidor tem crescido nos últimos anos no Brasil e vem se organizando em grupos de investidores ou clubes, como ocorre nos Estados Unidos.

Aceleradoras

Mais recentemente, houve uma variação no tipo de investimento de risco para negócios em fase inicial, com a criação de uma nova fase de aceleradoras de negócios. Isso já havia ocorrido no final da década de 1990 nos Estados Unidos e, de maneira pontual, no Brasil. Agora, porém, o movimento é mais forte, e as aceleradoras focam principalmente *startups* de tecnologia. Muitas aceleradoras promovem competições e *workshops* em um único fim de semana para a seleção de novas empresas que receberão aporte de capital. Os valores que as aceleradoras aportam nas empresas são geralmente inferiores a R$ 50 mil por empresa, mas, além de dinheiro, há assessoria no desenvolvimento do negócio e na obtenção de mais recursos para o crescimento da empresa junto a fundos de capital de risco e outras vias de investimento ou financiamento.

Capítulo 9

Financiamento coletivo

Uma novidade no mundo de investimento de iniciativas empreendedoras tem sido os investimentos ou financiamentos coletivos (*crowdfunding*). Nos Estados Unidos, os investimentos coletivos aportam recursos a empresas, projetos culturais, sociais etc. Há iniciativas muito bem-sucedidas, que envolvem dezenas de milhares de investidores individuais que injetam poucos recursos, valores muito pequenos se comparados com o que os anjos aportam, mas que, somados, geram o montante necessário para tirar do papel a ideia de negócio. Geralmente, o empreendedor apresenta sua ideia em um site, rede social ou outro ambiente coletivo, no qual haja pessoas dispostas a analisar as ideias e aportar recursos pelas quais mais se interessem. No Brasil, isso também já vem ocorrendo, mas predominam os investimentos coletivos em negócios culturais e espetáculos musicais.

Capital de risco

Os fundos de capital de risco são estruturados, regulados pela Comissão de Valores Mobiliários (CVM) e geralmente captam seus recursos com grandes investidores, empresas, governos, outros fundos etc. Os fundos de capital de risco atuam geralmente de maneira setorial e buscam empresas já estruturadas em fase de crescimento para aportar recursos. Esses fundos não têm o hábito de aportar recursos em empresas embrionárias. Por isso, buscam negócios que faturem a partir de R$ 10 milhões ao ano.

Private equity

Os fundos de *private equity* (participação privada em empresas) funcionam da mesma maneira que os fundos de capital de risco, mas investem em empresas de maior porte e buscam negociações que gerem retorno por meio de fusões e aquisições ou abertura de capital na Bolsa de Valores. Negócios com faturamento anual a partir de R$ 50 milhões são o alvo desses fundos.

Recursos públicos

Além das possibilidades citadas, há ainda as fontes de recursos governamentais, que podem ser acessadas por bancos de investimentos públicos, como o BNDES, ou por meio das agências de fomento aos negócios inovadores, como a Financiadora de Estudos e Projetos (FINEP). Há ainda agências estaduais, como as que apoiam a pesquisa em pequenas empresas. Essas agências incentivam a inovação na pequena empresa, subsidiando ou mesmo aplicando recursos não reembolsáveis nesses negócios, por meio de subvenção econômica. O empreendedor não contrairá dívida nem terá de abrir mão de participação de seu negócio para conquistar esses recursos, mas terá de provar que seu projeto é inovador e, ainda, enfrentar muita burocracia, desde a fase de submissão do projeto para análise à obtenção e gestão dos recursos angariados.

Incubadoras de empresas

As incubadoras de empresas são um fenômeno mundial, e o Brasil é um dos países com maior quantidade de incubadoras, que atualmente somam cerca de 400, em todos os estados da nação. Apesar de não aportarem recursos diretamente nas empresas, as incubadoras são celeiros de desenvolvimento de negócios em fase inicial e oferecem infraestrutura e suporte em gestão e marketing, com o intuito de acelerar as empresas para que atinjam rapidamente a maturidade. Além disso, os empreendedores são submetidos a um ambiente que respira inovação, propício ao desenvolvimento de relacionamentos e parcerias. Muitas incubadoras são ligadas a universidades e centros de pesquisa e auxiliam na transferência de tecnologia, permitindo que negócios inovadores surjam a partir de pesquisas e projetos científicos.

Há muitas fontes de investimento e financiamento no mercado, e o empreendedor deve aprender a lidar com cada uma para saber qual ou quais deverá abordar em cada fase de desenvolvimento de seu negócio. O desafio não é apenas conseguir os recursos, mas aplicá-los de maneira adequada na empresa para que gerem os frutos almejados. Muitos empreendedores contentam-se, erroneamente, com o simples fato de terem conseguido um aporte de capital. Essa é a primeira fase do início do negócio. Os desafios maiores estão por vir. Conseguir o dinheiro é um grande desafio, mas apenas um dos primeiros que o empreendedor deverá enfrentar ao longo da jornada empreendedora.

Em busca do pote de ouro

1. Pesquise nos sites *www.abvcap.com.br*, *www.anprotec.org.br* e *www.finep.gov.br* quais os requisitos para uma empresa iniciante ter acesso a fundos de investimentos de risco, vaga em uma incubadora de empresas e para conseguir recursos financeiros para projetos inovadores. Quais as suas conclusões a respeito? O que você sugere para que o acesso à informação seja facilitado e, com isso, mais empreendedores possam competir por tais recursos?
2. Pesquise na internet quais os principais clubes ou grupos de investidores-anjo atuando no Brasil. Selecione um, entre em contato pelo site do clube e diga que está fazendo um trabalho acadêmico. Pergunte qual a taxa de sucesso do clube, ou

Capítulo 9

Na prática

seja, qual o percentual de negócios investidos que continuam em atividade e em crescimento. Caso não consiga retorno, busque dados públicos na internet. Compare-os com a taxa de mortalidade de empresas publicada pelo SEBRAE, no site *www.sebrae.com.br*. Qual a sua conclusão sobre os negócios apoiados por anjos? Esses negócios estão mais preparados para evoluir ou você não vê diferença em relação às demais empresas em fase inicial?

3. Pesquise os requisitos que uma empresa deve ter para aderir ao **Simples Nacional**. Diga se os seguintes negócios estão ou não aptos ao **Simples** e por quê:
    a. Empresa de consultoria em gestão empresarial.
    b. Indústria de chinelos com os seguintes faturamentos projetados: R$ 3,6 milhões no primeiro ano; R$ 5 milhões no segundo ano; R$ 10 milhões no terceiro ano.
    c. Comércio eletrônico de cosméticos.
    d. Franquia de alimentação em um *shopping center*.

Acesse o fórum de empreendedorismo em *www.josedornelas.com.br*, coloque suas respostas e veja o que outras pessoas pensam sobre o acesso a recursos e a adesão ao SIMPLES.

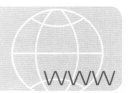

Resumo

Delegar ou assumir a dianteira nem sempre é fácil para o empreendedor, que geralmente prefere a segunda opção. Porém, há áreas nas quais ele pode ganhar tempo e economizar recursos se for assessorado por profissionais e empresas capacitadas e experientes. Obter recursos financeiros no mercado é um dos desafios iniciais de todo empreendedor e que continuará a existir em todas as fases de desenvolvimento de seu negócio. Há várias fontes de financiamento e investimento no Brasil, e o empreendedor precisa conhecê-las para criar a melhor estratégia de abordagem a cada fonte e, assim, conquistar e alocar os recursos necessários para o desenvolvimento de seu negócio.

10

Os desafios além da fase inicial

Capítulo 10

Ao compreender os estágios de crescimento de um negócio, o empreendedor conclui que a criação do negócio foi apenas o primeiro desafio. A partir da colocação da empresa em funcionamento, os problemas e adversidades surgem diariamente e, com isso, o empreendedor precisa cada vez mais abraçar a gestão administrativa como algo primordial ao sucesso do negócio.

Muitos empreendedores iniciam um negócio porque possuem competência técnica ou conhecimento profundo do produto, mas poucos são preparados, desde o início, para a gestão da empresa em crescimento. Esse aprendizado ocorre com a prática e com o tempo à frente do empreendimento.

Aos poucos, a empresa vai adquirindo uma identidade intimamente ligada às crenças e aos valores do empreendedor, que lidera o processo de desenvolvimento do negócio. A cultura corporativa começa a tomar corpo, e as regras explícitas e implícitas passam a fazer parte do dia a dia do negócio. Com isso, fica mais evidente a burocracia, que nada mais é que a tentativa de embutir controle às atividades para evitar o caos. A burocracia quase sempre se mostra mais uma maneira de engessar os processos da empresa que de facilitar o cumprimento das regras de negócio.

Esses são os problemas típicos que todo empreendedor vai enfrentar quando sua empresa crescer, mas pelos os quais ele jamais imaginou passar quando decidiu criar a própria empresa. Empreendedores que já criaram mais de uma empresa conseguem fazer com que esses problemas se tornem menos evidentes, mas não conseguem eliminá-los. Isso ocorre porque é impossível replicar tudo o que se sabe em uma nova empresa e tratar o negócio como uma máquina perfeita, que funciona a partir do acionamento de um botão.

As empresas são, essencialmente, um local no qual há pessoas que criam um ambiente social e de convivência. São essas pessoas que tornam a empresa viva e, por isso, suas crenças e valores pessoais, objetivos de vida e carreira, também influenciarão no desenvolvimento do negócio.

Muitos podem, então, questionar que, se é para ter mais problemas, o melhor seria não crescer, deixar a empresa com uma estrutura e tamanho controláveis para que pudesse ser gerida com mais facilidade. De fato, essa é uma opção de muitos empreendedores, mas outros problemas surgirão mesmo para a empresa que não cresce. Na verdade, o risco de o empreendedor decidir não fazer a empresa crescer é muito alto. Não crescer significa rejeitar uma expansão de mercado e dar espaço para a concorrência. Essa decisão pode se mostrar equivocada, e o negócio pode rapidamente sucumbir, pois a concorrência vai querer entrar no seu espaço. Há ainda o papel dos próprios clientes, que querem cada vez mais o novo e o inovador.

Isso não significa que a tradição não ganhe o jogo. Há muitos negócios que conseguem se manter ativos por décadas, com estrutura enxuta e eficiente e com a estratégia deliberada do empreendedor-líder de não crescer além de determinado patamar. Qual o segredo do sucesso de tais negócios? A construção de uma

Os desafios além da fase inicial

marca, de um diferencial e da fidelização dos clientes. Porém, hoje em dia, ter esses ingredientes todos juntos, em um único negócio, tem sido tarefa cada vez mais difícil de concretizar, pois não depende apenas do papel do empreendedor. O cliente de hoje é diferente do cliente do passado. Hoje, a exigência é considerável, e a fidelidade deixa de existir quando uma alternativa mais inovadora, mais eficiente e eventualmente mais barata é apresentada ao mercado.

Há um ditado americano que diz: "É melhor pensar grande que pequeno. O trabalho do empreendedor vai ser grande nos dois casos. Portanto, é melhor escolher a opção que possa trazer mais retorno!" De fato, ousar pode ser o caminho mais acertado, mas não é fácil ousar sem preparo. Não bastam coragem e vontade de fazer acontecer. O empreendedor ousado precisa conhecer muito bem o chão que pisa e ter um diferencial considerável: ser inovador na sua proposta de valor, no produto/serviço e, com isso, criar uma barreira para seus potenciais competidores.

Talvez, com essa abordagem, o empreendedor consiga criar uma empresa admirável interna e externamente, aos olhos dos colaboradores, dos clientes, competidores e demais observadores. Mas isso não tem a ver com massagem no ego do empreendedor, mas com a criação de valor e do retorno à sociedade. Trata-se do maior legado que um empreendedor pode deixar, que pode ser perpetuado não só por eventuais herdeiros que assumam o comando do negócio, mas por aqueles que aderiram à cultura da empresa e querem levá-la à frente. Afinal, o que o empreendedor busca além de realização, de deixar algo de concreto e inspirar os outros a seguir seu caminho?

A realização financeira é apenas uma, não a única, das métricas para medir o sucesso do empreendedor. Por isso, os empreendedores bem-sucedidos dizem que o dinheiro não era o objetivo principal, mas apenas uma métrica importante e sem a qual nada seria possível. O dinheiro pelo dinheiro não leva à realização empreendedora, mas é o combustível para toda a jornada.

O empreendedor deve ter vários objetivos ao longo da vida, como ficou claro com o PEP, mas não pode se esquecer de aproveitar a jornada. Observe os relatos de quem já chegou ao cume do Everest. O objetivo atingido é o grande resultado, mas nada substitui o prazer das realizações intermediárias, dos problemas e desafios superados durante toda a jornada. Se isso tudo não fosse importante, não teria sentido passar apenas alguns minutos no cume, depois de tanto esforço empreendido. E depois tem a volta, ainda mais desafiadora...

Com o empreendedor é igual. Deve-se aproveitar a jornada e cada realização. Pode ser que você leve sua empresa a um estágio tal que a próxima decisão seja vendê-la e sair de cena como o dono do negócio. Alguém pode dizer que tudo foi construído em vão, já que, depois de anos, o empreendedor deixou de estar à frente de sua "criação". Mas não é verdade. O empreendedor que passa por essa experiência geralmente começa algo novo com ou sem fins lucrativos. Os propósitos são outros, mas o resultado final será o mesmo: gerar valor para a sociedade.

235

Notas Bibliográficas

1 De acordo com o livro *Capitalismo, Socialismo e Democracia* (1942), de Joseph Schumpeter. Editado por George Allen e Unwin Ltd., traduzido por Ruy Jungmann. Rio de Janeiro: Editora Fundo de Cultura, 1961. Tradução do original inglês *Capitalism, Socialism, and Democracy*.

2 Relatório executivo do estudo GEM Brasil 2012, publicado pelo Instituto Brasileiro de Qualidade e Produtividade (IBQP) e SEBRAE.

3 O Brasil é a economia menos globalizada da América Latina: Latin Trade Group, *http://latinbusinesschronicle.com*.

4 Evolução do setor de franquias no Brasil. Associação Brasileira de Franchising, 2012. *www.abf.com.br*.

5 Dados de internacionalização do empreendedorismo brasileiro, obtidos no relatório executivo do estudo GEM Brasil 2011, publicado pelo IBQP e SEBRAE.

6 Dados de inovação e o empreendedorismo brasileiro, obtidos no relatório executivo do estudo GEM Brasil 2011, publicado pelo IBQP e SEBRAE.

7 Matriz de classificação de ideia, adaptada de *The Portable MBA in Entrepreneurship*, de William Bygrave e Andrew Zacharakis. Hoboken, NJ: Wiley, 2009.

8 Dados obtidos nos sites *enalta.com* e *fastcompany.com* em 2013.

9 Dados consolidados obtidos em *Entrepreneurship at a Glance*. OECD, 2012. *www.oecd.org*

10 De acordo com o Relatório executivo do estudo internacional GEM 2012, *Total Early Stage Entrepreneurial Activity*. *www.gemconsortium.org*

11 Estudo da Comissão Europeia: *Entrepreneurship in the EU and Beyond Report 2012. http://europa.eu/rapid/press-release_MEMO-13-7_en.htm*

12 Obtido em 2013, no site *www.portaldoempreendedor.gov.br*.

13 Obtido em 2013, no site *www.doingbusiness.org*

14 *Sustainability Nears a Tipping Point*. MIT Sloan Management Review and Boston Consulting Group. Massachusetts Institute of Technology, 2012.

15 De acordo com o *Cisco® Visual Networking Index (VNI) Global Mobile Data Traffic Forecast 2012-2017*, obtido em *www.cisco.com*, em fevereiro de 2013.

16 Taxa de sobrevivência das empresas no Brasil, publicada no site do SEBRAE, em 2012. *www.sebrae.com.br*.

17 Expectativa de criação de empregos em até cinco anos, de acordo com relatório executivo do estudo GEM Brasil 2012, publicado pelo IBQP e SEBRAE.

18 *The Survival of Newly-Incorporated Companies and Founding Director Characteristics*. Nick Wilson, Mike Wright e Ali Altanlar. International Small Business Journal, fevereiro de 2013.

19 *Empreendedorismo na Prática*. José Dornelas, Rio de Janeiro: Campus/Elsevier, 2007.

Notas bibliográficas

20 Conjunto de características empreendedoras disseminadas pelo SEBRAE (*www.sebrae.com.br*), tendo como referência as pesquisas realizadas por David McClelland nas décadas de 1960 e 1970.

21 *Empreendedorismo, Transformando Ideias em Negócios.* José Dornelas. 5ª ed. Rio de Janeiro: Empreende/LTC, 2013.

22 *Empreendedorismo na Prática.* José Dornelas. Rio de Janeiro: Campus/Elsevier, 2007.

23 *Criação de Novos Negócios.* José Dornelas; Jeffry Timmons e Stephen Spinelli. Rio de Janeiro: Campus/Elsevier, 2010.

24 Portal Plano de Negócios. Teste de perfil empreendedor. *www.planodenegocios.com.br.*

25 Teste de McClelland para *smartphones* e *tablets. http://bit.ly/perfilempreendedor.*

26 *Nature or Nurture? Decoding the DNA of the Entrepreneur.* Ernst & Young, 2011. *www.ey.com.* Disponível em: http://www.ey.com/GL/en/Services/Strategic-Growth-Markets/Nature-or-nurture--Decoding-the-DNA-of-the-entrepreneur---What-traditional-companies-can-learn-from-entrepreneurial-leaders.

27 *Effectuation. Elements of Entrepreneurial Expertise.* Saras D. Sarasvathy. Cheltenham, UK: Edward Elgar Publishing Limited, 2008.

28 *Just Start. Take Action, Embrace Uncertainty, Create the Future.* Leonard Schlesinger e Charles Kiefer.. Boston: Harvard Business Review Press, 2012.

29 *A Crucial World Mission: Teaching the Entrepreneurial Mindset.* Heidi Neck. Lima: REE Latin America, 2010.

30 Adaptado de *Plano de Negócios, Seu Guia Definitivo.* José Dornelas. Rio de Janeiro: Campus/Elsevier, 2011.

31 *Criação de Novos Negócios.* José Dornelas, Jeffry Timmons, Stephen Spinelli. Rio de Janeiro: Campus/Elsevier, 2010.

32 *Empreendedorismo, Transformando Ideias em Negócios.* José Dornelas. 5ª Ed. Rio de Janeiro: Empreende/LTC, 2013.

33 *The Four Steps to the Epiphany.* 4a. ed. Steven Gary Blank, 2007.

34 *The Startup Owner's Manual.* Steve Gary Blank e Bob Dorf. Pescadero, CA: K&S Ranch Press, 2012.

35 *Business Model Generation: A Handbook for Visionaries, Game Changers, and Challengers.* Alexander Osterwalder e Yves Pigneur. Hoboken, NJ: Wiley, 2010.

36 *Effectual Entrepreneurship.* Stuart Read, Saras Sarasvathy, Nick Dew, Robert Wiltbank e Anne-Valerie Ohlsson. Nova York: Routledge, 2011.

37 Conforme descrito no livro *Plano de Negócios, Seu Guia Definitivo.* José Dornelas. Rio de Janeiro: Campus/Elsevier, 2011.

38 Os exemplos citados neste capítulo foram adaptados e/ou extraídos dos planos de negócios originais desenvolvidos pelos alunos da disciplina Empreendedorismo e Plano de negócios, lecionada por José Dornelas no MBA do PECE/USP, no ano de 2013, relacionados a seguir.

- *Aplicativo de Celular para Usuários de Transporte Público.* Denyson Longuini, Diego Amaral, Dimitri Castiglia, Fernando Molina, Jefferson Antunes e Nikolas Padula.

- *Aulas de Reforço.* Adriana Duran da Motta, Luciano Vieira Alves, Osmar De Souza Carvalho, Rogerio Luiz de Albuquerque e Wellington de Almeida Soares.

- *Editora* online: Claudio Murano, Eliana Hessel, Fabio Nitta, Leonardo Villabón, Luis Felipe Fernandes, Maury Souza

Notas bibliográficas

- *Clube de Empreendedores.* Andrea Imamura, Fábio Fernandes Sá, Humberto Bernardino de Andrade, Milton José Antônio dos Santos e Rodolfo Samadello Ferreira.

- Pet shop online. Alexandre Batista, Bruno Torchio, Jorge Pino, Jorge Sato e Jussara Florencio.

- *Centro de Entretenimento para a Terceira Idade.* Acram Zahredine, Douglas Dimase, Luiz Felipe Fossatti, Rafael Sartorelli e Rodrigo Arruga.

39 Adaptado de *Developing an Elevator Pitch for a Project*. L. M. Applegate. Boston: Harvard Business School Publishing, 2002.

40 Esta atividade foi desenvolvida originalmente pela empresa Empreende para utilização com executivos de empresas nacionais e multinacionais, bem como a empreendedores do próprio negócio e estudantes. A inspiração para seu desenvolvimento ocorreu a partir da análise de um programa mais amplo, utilizado no Babson College, em seus cursos de graduação em administração de empresas.

41 O PEP foi inspirado e adaptado de instrumentos de desenvolvimento do potencial empreendedor, apresentados no livro *Criação de Novos Negócios*, de José Dornelas, Jeffry Timmons e Stephen Spinelli. Rio de Janeiro: Campus/Elsevier, 2010.

239

Índice

A

Ação, 67
Aceleradoras, 229
Agência
    publicidade, 226
    recursos humanos, 227
Agilidade, 55
Ambiente propício ao empreendedorismo, 21, 56
Assessoria
    imprensa, 226
    jurídica, 225
Atributos no empreendedorismo, 4
Atualidade e empreendedorismo, 2
Autonomia, 38, 45, 46, 53
Avaliação das oportunidades, 77-90
    modelos
        3M (Timmons), 80
        efectual, 86
        negócios (Canvas), 83

B

Brainstorming, 79
Brasil
    classificação em algumas categorias do ranking *Doing Business* do Banco Mundial, 20
    economia menos globalizada da América Latina, 7
    empreendedores individuais, 20
Brasileiro é empreendedor, 16

C

Capital de risco, 230
Carência de conhecimento explícito, 36
Clube de empreendedores
    estratégia de crescimento, 148
    infraestrutura, 134
    localização, 134

marketing, 140
política de recursos humanos, 136
posicionamento, 140
praça, 140
preço, 140
processos, 135
projeção de vendas, 141
propaganda e comunicação, 141
Competências empreendedoras e gerenciais, 210
Competidores, 96, 101-117
Conceito do negócio, 96
Conhecimento do empreendedor, 52
Consultoria financeira, 225
Contador, 226
Crescimento do negócio, 97
Criação, 67, 68
    empregos, expectativas, 28
    empresa, 34
Criatividade do empreendedor, 52

D

Decisão, tomadas, 3, 52
Dedicação, 53
Demissão, 36
Desafios, 3, 233
Desemprego, 36
Discurso de venda, 184

E

Economias movidas
    eficiência, 14
    fatores, 14
    inovação, 14
Empreendedor(es), 39
    ambiente, influência, 56
    assumir risco, 52
    autonomia, 53
    características empreendedoras, 51

Índice

conhecer (entrevista), 58
conhecimento, 43, 52
  autonomia, nível, 46
  dedicação ao trabalho, 46
  ganho, 46
  objetivo, 46
  recursos para a iniciativa, 46
  risco, nível, 46
  trabalho em equipe, 46
cooperado, 42
  autonomia, nível, 45
  dedicação ao trabalho, 45
  ganho, 45
  objetivo, 45
  recursos para a iniciativa, 45
  risco, nível, 45
  trabalho em equipe, 45
corporativo, 42
  autonomia, nível, 46
  dedicação ao trabalho, 46
  ganho, 46
  objetivo, 46
  recursos para a iniciativa, 46
  risco, nível, 46
  trabalho em equipe, 46
criatividade, 52
dedicação, 53
dinamismo, 52
experiência, 56
fazer a diferença, 52
fracasso, 55
franquia, 42
  autonomia, nível, 45
  dedicação ao trabalho, 45
  ganho, 45
  objetivo, 45
  recursos para a iniciativa, 45
  risco, nível, 45
  trabalho em equipe, 45
identificação, 48
individual, 42
  autonomia, nível, 45
  dedicação ao trabalho, 45
  ganho, 45
  objetivo, 45
  recursos para a iniciativa, 45
  risco, nível, 45
  trabalho em equipe, 45
informal, 42
  autonomia, nível, 45
  dedicação ao trabalho, 45

  ganho, 45
  objetivo, 45
  recursos para a iniciativa, 45
  risco, nível, 45
  trabalho em equipe, 45
iniciativa, 51
isolamento, 56
liderança, 52
modelos de referência, 56
motivação, 51
nato, 43
negócio próprio, 43
  autonomia, nível, 46
  dedicação ao trabalho, 46
  ganho, 46
  objetivo, 46
  perfil, 54
  recursos para a iniciativa, 46
  risco, nível, 46
  trabalho em equipe, 46
networking, 51
normal (planejado), 44
organização, 52
paciência *versus* agilidade, 55
paixão, 51
perfil, 50, 54
persuasão, 53
planejamento e resultados, 52, 56
público, 42
  autonomia, nível, 46
  dedicação ao trabalho, 46
  ganho, 46
  objetivo, 46
  recursos para a iniciativa, 46
  risco, nível, 46
  trabalho em equipe, 46
serial (cria novos negócios), 44
social, 42
  autonomia, nível, 45
  dedicação ao trabalho, 45
  ganho, 45
  objetivo, 45
  recursos para a iniciativa, 45
  risco, nível, 45
  trabalho em equipe, 45
sonho, 57
sorte, 55
  tomada de decisões, 52
  trabalho em equipe, 52
  valor para a sociedade, 53
  visão, 51

Índice

Empreendedorismo, 2
  agora ou no futuro, 5
  atributos, 4
  atualidade, 2
  brasileiro é empreendedor, 16
  criação de um ambiente propício, 21
  decisão do momento de empreender, 3
  erros, 4
  globalização e seu impacto, 8
  idade, 8
  identificação de ideias inovadoras, 16
  início do processo, 62
  inovação, 11
  internacionalização, 11
  maneiras diferentes, 33-48
  mulheres, 29, 30
  mundo em transformação, 5
  necessidade, fatores de motivação, 36
  negócios sustentáveis, 21
  oportunidade, fatores de motivação, 37
  para todos, 57
  realidade atual e criação das bases do futuro, 28
  revolução tecnológica criando novas oportunidades de negócio, 25
Empresas
  aplicativo de celular para usuários de transporte público, 98
    conceito do negócio e a oportunidade, 175
    equipe de gestão, 175
    estrutura e operações, 176
    finanças, 166, 176
      marketing e vendas, 176
    mercado e competidores, 175
    produtos e serviços e vantagens competitivas, 175
  aulas de reforço escolar, 100
    análise do setor, 104
    competidores, 107
    estratégia de crescimento, 150
    mercado-alvo, 106
  entretenimento para a terceira idade, equipe de gestão, 121
    estrutura e operações, 132
  plataforma *online* de assinantes, 127
  principais atividades, 126
  serviço, 126
Equipe de gestão, 96, 117-124
Erros, 4
Escritório de contabilidade, 226
Estratégia de crescimento, 147

Estrutura dos negócios, 96, 131-136
Experiência, 56

F

Falta de acesso a oportunidades de trabalho formal como empregado, 36
Finanças, 97, 153
Financiamento coletivo, 230
Fontes de recursos financeiros, 228
  aceleradoras, 229
  capital de risco, 230
  financiamento coletivo, 230
  incubadoras de empresas, 231
  investidores-anjo, 229
  private equity, 230
  recursos públicos, 230
Fracasso, 55
Franquia, 42
  autonomia, nível 45
  dedicação ao trabalho, 45
  ganho, 45
  objetivo, 45
  recursos para a iniciativa, 45
  risco, nível, 45
  trabalho em equipe, 45
Futuro e empreendedorismo, 5
  criação de bases, 28

G

GEM (Global Entrepreneurship Monitor), 9, 13, 17
Globalização e seu impacto no empreendedorismo brasileiro, 8

H

Herdeiros, 38
Hyundai, 8

I

Idade para empreender, 5, 6, 8
Ideia(s)
  de negócio definida, 69
  inovadoras, 16
Incubadoras de empresas, 231
Iniciativa do empreendedor, 51
Inovação, 11
Internacionalização do empreendedorismo brasileiro, 11

243

Índice

Investidores-anjo, 229
Isolamento, 56

J

Jornada empreendedora, 3, 73, 90, 205, 217, 231, 235

K

Kia, 8
Kroton, 107

L

LG, 8
Liderança do empreendedor, 52

M

Marketing, 96, 137-147
Mercado, 96, 101-117
    análise
        nicho de mercado e do público-alvo principal, 103
        setor, 103
Método empreendedor, 64
Modelos
    avaliação de oportunidade
        3M (Timmons), 80
        efectual, 86
        negócio (Canvas), 83
    referência, 56
Momento de empreender, 5
Motivação do empreendedor, 51
Mulheres empreendedoras, 28-30
Mundo em transformação, 5

N

Negócios
    conceito, 96, 98
    próprio, 43
    sustentáveis, 21
Networking, 51
Novo empreendedor, 22

O

OCDE (Organização para a Cooperação e Desenvolvimento Econômico), 16

Operações dos negócios, 96, 131-136
Oportunidades, 52
    avaliação, 77-90
    modelos
        3M (Timmons), 80
        efectual, 86
        negócios (Canvas), 83
Organização, 52
Orientação internacional de empreendedores iniciais, 10

P

Paciência, 55
Paixão do empreendedor, 51
Pensamento, 67
Perfil do empreendedor, 50
Persuasão, 53, 182
Planejamento, 52, 56
Planos
    empreendedor pessoal (PEP), 203-222
        conhecer suas competências empreendedoras e gerenciais, 210
        criação de métricas para tornar o sonho possível, 216
        sonho, 205
    negócio(s), 91-180
        conceito, 96, 98
        equipe de gestão, 96, 117-124
        estratégia de crescimento, 97, 147-152
        estrutura e operações, 96, 131-137
        etapas de desenvolvimento, 94
        finanças, 97, 153-173
        marketing e vendas, 96, 137-147
        mercado e competidores, 96, 101-116
        produtos e serviços, 96, 124-131
        sumário executivo, 96, 173-180
Posicionamento dos produtos/serviços, 138
Potencial empreendedor, 181-202
    convencer os outros, 182
    prática do discurso de venda, 184
    vivenciando o empreendedorismo, 185
Praça, produtos/serviços, 138
Preços dos produtos/serviços, 138
Previsão, 68
Private equity, 230
Processo empreendedor, 61-75
    execução, 74
    início, 62
Produtos, 96, 124-130
Propaganda, 138

Índice

Q

Qualidade dos serviços, 11, 14, 15, 30, 36, 42, 53, 78, 99, 104, 124

R

Realidade atual, 28
Recursos
financeiros mínimos para arcar com as demandas da sobrevivência, 36
públicos, 230
Resultados, 56
Riscos, 3, 52

S

Samsung, 8
Schumpeter, Joseph, 3, 4
Serviços, 96, 124-130
Sonhos, 57, 205
transformar em objetivos e metas, 216
Sorte, 55
Sucesso, 224
Sumário executivo do plano de negócios, 96, 173
Sustentabilidade, 21-23

T

Taxa percentual de empreendedores, 6

Tecnologia

revolução criando novas oportunidades de negócio, 25
tendências, 27
Trabalho em equipe, 52
Tráfego global de dados móveis em 2017, 25

U

União Europeia, 10

V

Valor do empreendedor para a sociedade, 53
Vendas, 96, 137-147
Viabilidades para avaliação de oportunidades
econômica, 88
financeira, 88
mercadológica, 87
tecnológica, 87
Visão do empreendedor, 51
Vivenciando o empreendedorismo, 185

W

Windows, 128

Y

Yahoo, 144
YouTube, 25, 58

Pré-impressão, impressão e acabamento

grafica@editorasantuario.com.br
www.editorasantuario.com.br
Aparecida-SP